OBSERVATIONS
SUR
QUELQUES COUTUMES
DE PROVENCE.

ESSAIS
Sur la Simulation, etc., etc.

OBSERVATIONS

SUR QUELQUES COUTUMES ET USAGES DE PROVENCE

Recueillis par JEAN DE BOMY.

ESSAIS

SUR LA SIMULATION ; SUR LA SÉPARATION DES PATRIMOINES; SUR LES OBLIGATIONS DE LA FEMME MARIÉE ET L'AUTORISATION MARITALE.

PAR M. JOSEPH DUBREÜIL, Avocat, ancien Assesseur d'Aix et Procureur du Pays de Provence.

A AIX,

De l'Imprimerie D'AUGUSTIN PONTIER, Libraire, rue du Pont-Moreau.

1815.

AVERTISSEMENT.

*L*ES Observations *que je présente sur quelques coutumes de Provence, conservées par le code civil, ont été l'occasion de ce petit recueil.*

Les Essais *que j'y joins, sont le résultat des recherches auxquelles ma profession m'a mis dans le cas de me livrer sur des objets d'un usage plus fréquent.*

On trouvera peut-être, que je renferme dans un cadre bien resserré, des matières importantes, susceptibles d'un plus grand développement.

Mais, je n'aurois fait que répéter ce qui est dit par-tout. Mon plan a été de présenter dans un exposé méthodique, la série des principes; d'en fixer le véritable esprit; de faciliter par l'indication des sources, des recherches plus approfondies.

Telle m'a paru être aujourd'hui la méthode la plus sûre, pour déterminer l'application des nouvelles lois; pour mettre les principes, toujours invariables, en harmonie avec les changemens qu'elles ont opérés et qui pourront s'opérer encore.

ÉDITIONS

De quelques ouvrages cités dans ce Volume.

On ne comprendra, dans cette nomenclature, que les ouvrages moins connus hors du pays, ou dont il existe différentes éditions.

Auteurs de Provence.

Saint-Jean, *Francisci Stephani Decisiones*; in-4.°, Aix, 1646.

Bomy; Aix, 1665.

Mourgues; Aix, 1658.

Arrêts de Boniface, 1.re Compilation, 2 vol. in-fol., 1670; 2.e Compilation, 3 vol., 1689.

Dupérier; Notes manuscrites.

Œuvres de Dupérier; 3 vol. in-4.°, 1759.

Code Buisson; Manuscrit.

Arrêts de Debézieux; 1 vol. in-fol., 1750.

Arrêts de Bonnet; 1 vol. in-4.°, 1737.

Arrêts notables; in-4.°, 1746.

Arrêts de Janety, ou Journal du palais de Provence, de 1775 à 1784, 6 vol. in-4.°

Idem, Commentaire sur le Règlement de la Cour; 2 vol. in-4.°, 1780.

Mouret, Arrêts de la Cour impériale d'Aix; in-4.° Ce journal a été commencé en 1813.

De Cormis, Consultations; 2 vol. in-fol, 1735.

MONTVALLON, *Epitome Juris*; in-8.°, 1756.
Idem, des Successions; 2 vol. in-4.°, 1780.
LATOULOUBRE, Jurisprudence féodale; 2 vol. in-8.°, 1773.
ACTES DE NOTORIÉTÉ du Parlement d'Aix; in-8.°, 1756.
PRIVILÈGES de la ville d'Aix; 1 vol. in-4.°, 1741.
Livre des Termes; vid. *la Notice* ci-après.

Auteurs étrangers à la Provence.

CÆPOLLA, de Servitutibus; 1 vol. in-4.°, 1666.
LALAURE, des Servitudes; 1 vol. in-4.°, 1777.
PARDESSUS, des Servitudes; in-8.°, 1812.
FOURNEL, Traité du voisinage; 2 vol. in-12, an 13.
DESGODETS, Lois des bâtimens; in-8.°, 1777.
HENRION DE PANSEY, Compétence des Juges-de-Paix; in-8.°, 1812.
Discussions du Code, par MM. JOUANNEAU et SOLON; 3 vol. in-4.°, 1805. Le 3.e volume est de M. LAPORTE.
LOCRÉ, Esprit du Code civil; in-4.°
Recueil de Jurisprudence et des Arrêts, par M. PROST DE ROYER; 7 vol. in-4.°, 1781 et 1788. Cet ouvrage est cité sous la dénomination de *Nouveau Brillon*.
POTHIER, *Pandectæ Justinianeæ*; 3 vol. in-fol., 1748.
RICHERI, *universa civilis et criminalis Jurisprudentia*; 12 vol. in-4.°, Turin, 1775.
LEBRUN, des successions; 1 vol. in-fol., 1692.
Nouveau Répertoire, 3.e édition; 13 vol. in-4.°, 1807 et 1809.
Questions de Droit; 9 vol. in-4.°, an 11 et 13; et Supplémens, 4 vol. in-4.°, 1810.

LAMOIGNON, Arrêtés; in-4.º, 1783.
DANTI, de la Preuve par témoins; in-4.º, 1752.
GRENIER, des Donations, etc.; 2.ᵉ édition, 2 vol. in-4.º, 1812
POTHIER, Traité de la Communauté, et Traité de la Puissance du Mari, etc.; 2 vol. in-12, 1770.

AVANT-PROPOS.

AVANT-PROPOS.

La Provence, régie par le droit écrit, par les statuts de nos Comtes, par les ordonnances de nos Rois, l'étoit encore sur des objets particuliers, par des usages locaux.

Ses statuts, recueillis par *Masse* en 1598, commentés par *Mourgues* en 1642, le furent de nouveau par M. *Julien* en 1778.

Cet auteur recommandable, étoit loin de prévoir que dans moins de trente ans, le droit écrit, les statuts, les ordonnances disparoîtroient devant une législation nouvelle.

Le code civil a néanmoins maintenu sur quelques objets, les usages locaux, parce que ces usages, dépendans le plus souvent des circonstances locales, ne sont pas susceptibles d'une règle générale et uniforme. Tel a été le cri général en France, quand le projet du nouveau code rural a été annoncé; et le travail a été sagement ajourné.

En 1620, M. *Bomy* publia un *Recueil de quelques coutumes du Pays de Provence*, suivi d'un petit traité, intitulé: *Mélanges de quelques matières concernant la Provence*.

Le *Recueil*, divisé en deux parties, contient dans la *première*, quelques statuts, dont quelques-uns qui étoient encore en vigueur, sont entrés dans le travail de M. Julien.

La seconde partie renferme vingt-deux chapitres; seize sont relatifs aux lois du voisinage; les six autres sont aujourd'hui hors d'usage.

Les *Mélanges* contiennent neuf chapitres. Les trois premiers traitent de la répression et estimation des dommages donnés dans les champs. Les autres sont aujourd'hui sans intérêt, dans l'ordre de la législation.

Nos observations sur la première partie du *Recueil*, se bornent à deux articles : *la révocation du précaire, la faculté de dériver les eaux d'arrosage le long des chemins.*

Les *Mélanges* ne nous ont présenté qu'un article intéressant, les *dommages donnés dans les champs.*

Les quinze premiers chapitres et le vingt-unième de la seconde partie du *Recueil*, relatifs aux lois du voisinage, sont l'objet principal de nos recherches.

Cette matière, généralement peu connue avant le traité intéressant et si utile de M. Fournel, embrasse tous les états, toutes les situations, tous les âges. La qualité de voisin, dit cet auteur, se déclare pour l'homme en société, dès le moment de sa naissance. Les lois du voisinage le suivent jusques au tombeau ; à la ville, à la campagne, il est en contact avec d'autres hommes, soit par sa personne, soit par son habitation, soit par ses propriétés.

Ces lois sont de véritables servitudes naturelles ou légales, basées sur les droits et les devoirs respectifs des hommes en société.

C'est dans le droit romain, source inépuisable de toute justice sociale, qu'il faut en chercher les développemens. C'est dans les diverses coutumes, qu'il faut chercher les règles particulières, attachées aux diverses localités. M. Fournel a fait un judicieux usage de tous ces matériaux. Son ouvrage ne laissoit à désirer parmi nous, que quelques explications sur nos cou-

Avant-Propos.

tumes locales, explications devenues plus nécessaires depuis les changemens opérés dans la législation.

Notre objet est d'indiquer quels sont ceux de nos usages qui sont maintenus ; quelle doit être sur les autres l'influence des nouvelles lois, par rapport au passé ; de donner, autant qu'il nous sera possible, des idées claires et précises sur des règles nouvelles parmi nous, telles que les marques de la non-mitoyenneté des murs, la destination du père de famille que nos usages n'admettoient pas, etc.

Bien qu'une jurisprudence constante, ait assuré aux coutumes recueillies par *Bomy*, une autorité irrécusable, il étoit naturel de chercher à en connoître les sources.

Bomy les indique lui-même, en se référant presque par-tout, au livre dit, *Livre des Termes*.

Cet ouvrage, rédigé vers le commencement du quatorzième siècle, par l'ordre et sous les yeux du Roi Robert, Comte de Provence, *et par les soins d'Arnaud de Villeneuve*, est un traité de l'arpentage et de la plantation des termes.

C'est par occasion que nos usages y sont retracés ; mais ils le sont comme règles positives, existantes déjà de temps immémorial ; et l'autorité du Souverain qui présida à sa confection, ne laisseroit, au besoin, aucun doute sur leur certitude (1).

---

(1) Une anecdote peu connue prouve que tel étoit le jugement qu'en portoit le Parlement d'Aix.

L'édition de *Bomy*, de 1620, contenoit, dans la deuxième partie du recueil, vingt-trois chapitres. *Bomy* avoit établi dans le dix-neuvième, que la directe universelle n'étoit pas une conséquence de la justice. La règle étoit vraie ; mais elle n'étoit pas le résultat d'une coutume locale. La Cour, sur la demande des syndics de la noblesse, déclara qu'en permettant l'impression de l'ouvrage, *elle n'avoit pas entendu autoriser cet article, ni comme statut, ni comme coutume.* Elle enjoignit à l'imprimeur, d'insérer son arrêt au commencement du livre.

On trouva plus à propos de supprimer ce chapitre dans les éditions subséquentes de 1665 et 1786.

Cet arrêt est noté sans date, à la marge de l'exemplaire de la première édition qui avoit appartenu à notre célèbre Dupérier, et que M. Double, Avoué, a bien voulu me communiquer.

NOTICE

DU LIVRE DES TERMES.

LE Livre des Termes, dont la seconde partie du recueil de *Bomy* n'est proprement qu'un extrait, fût, nous l'avons dit, rédigé vers le commencement du quatorzième siècle, par les soins d'Arnaud de Villeneuve, par l'ordre du Roi Robert, célèbre dans l'histoire par ses connoissances, non moins que par ses vertus.

C'est ce que prouve le titre même de l'ouvrage. *Sec se lo libre que ensenha de destrar et de terminar.... Strach de hun libre ordenat per Maistre Arnault de Villanova, à la resquesta del Rey Robert.*

C'est ce qu'on voit encore au chapitre 39 de la deuxième partie, où on lit: *Et quant nouestre senhour lo Rey Robert et nos Arnault de Villanova, aguen vist, legit, studiat aquest capitol, de mot en mot..... atrouben que lo capitol aquest era et es veray et vertadier et grandement sotil.*

Le Roi Robert succéda à Charles II son père, au mois de mai 1309; il mourut en 1343. C'est donc dans cet intervalle que l'ouvrage a été composé.

Mais, qui étoit cet Arnaud de Villeneuve ? Tout ce que nous voyons dans son ouvrage, c'est qu'il étoit né en Catalogne. *In Cataluenha*, dit-il au même chapitre 39, *don hieu Arnault de Villanova son nat.*

Seroit-ce ce célèbre médecin dont les historiographes ont tant parlé, dont les ouvrages ont été imprimés à Lyon, en 1520, in-fol., et à Bâle, en 1585; également attaché au Roi Robert, et chéri de ce prince?

Les historiens placent l'époque de sa mort, les uns en 1309, les autres en 1313.

Les uns le font naître en Catalogne, d'autres en Languedoc, d'autres en Provence, à Villeneuve-lès-Vence.

M. de Haitze, Gentilhomme provençal, mort en 1737, très-instruit dans l'histoire du pays, sur laquelle il a composé une foule d'ouvrages, a imprimé en 1719, une vie de cet Arnaud de Villeneuve. Il y donne le catalogue de ses œuvres; il n'y fait aucune mention du Livre des Termes. Il est difficile cependant que ce livre ne lui fût pas connu, puisqu'il a composé une longue histoire manuscrite de la ville d'Aix, dont l'original se trouve dans la bibliothèque publique léguée à la Province par M. le Marquis de Méjanes, et que le Livre des Termes, déposé dans les archives de la Ville, y existoit déjà avant 1676.

Aucun auteur de Provence, soit historien soit jurisconsulte, n'en a également parlé, si ce n'est Bomy et M. Bouche le jeune, dans son *essai* sur l'histoire de Provence.

M. de Haitze soutient que le médecin Arnaud de Villeneuve étoit né en Provence. Il se fonde sur ce que, dans l'épître dédicatoire au Roi Robert, de son traité sur la conservation de la jeunesse, il dit à ce prince : *qui ex* INNATÆ *fidelitatis devotione, pro salute vestrâ meritò semper oro*. Or, dit M. de Haitze, ni la Catalogne, ni le Languedoc, n'ont jamais appartenu au Roi Robert. Mais cette expression *innatæ*, ne signifieroit-elle pas ici une fidélité vouée et absolue? Nous laissons aux critiques à décider ce point.

Y auroit-il eu deux Arnaud de Villeneuve? Mais alors il

faudroit supposer qu'ils ont existé l'un et l'autre dans le même temps, l'un et l'autre également attachés au Roi Robert.

Quoiqu'il en soit de ce problême historique, dont la solution n'ajouteroit aucune utilité à notre travail, bornons-nous à donner une idée du livre, quel qu'en ait été l'auteur.

Il paroît par l'intitulation, qu'il fut extrait d'un ouvrage plus étendu, d'abord composé en latin : *Liber Terminum* ; que c'est à Arles qu'il fut traduit en provençal, de ce temps (1), idiôme dans lequel il se trouve aujourd'hui ; *et quar es stat treslatat en la cieutat d'Arles*, et c'est par ce motif, qu'on y traite d'abord des mesures usitées à Arles : *per so premierament se fara mention del pal d'Arles et del destre.*

L'ouvrage est divisé en deux parties principales :

La première, qui contient quarante-deux chapitres, présente les règles de l'arpentage, *de destrar*.

Elle est précédée de quelques détails sur les mesures d'Arles.

Elle est suivie d'autres détails sur la réduction et la combinaison de ces mêmes mesures.

On trouve ensuite deux chapitres isolés, l'un sur la distance à observer entre les ruches de deux voisins ; l'autre, sur les fossés des moulins.

La seconde partie, divisée en quatre-vingt-douze chapitres, traite de la plantation des termes. *Terminar, agachonar, scayrar terras et autras possessions.*

---

(1) *Essai* sur l'histoire de Provence, par M. *Bouche*, tom. 1, pag. XXIX.

L'ouvrage est terminé par la description des diverses sortes de termes.

Il ne paroît pas que le Livre des Termes ait jamais été imprimé.

Il en existe deux exemplaires manuscrits, dans les archives de la ville d'Aix.

L'un, en vieux langage provençal, dont l'écriture sur papier ordinaire, paroît être du 14.ᵉ siècle, formant un petit volume in-8.º, cité dans l'inventaire des archives de la ville d'Aix, fait en 1608.

Les citations de *Bomy*, indiquent que c'est celui sur lequel il a travaillé.

L'autre, in-fol., d'une écriture très-lisible, est en deux colonnes, l'une en provençal, l'autre en français.

Ce dernier porte au bas de la première page, et à la date du 28 août 1677, le *visa* des commissaires du conseil municipal, qui procédèrent dans la même année, à l'inventaire des mêmes archives. On le trouve, dans cet inventaire, sous le n.º 4, en ces termes: *copie du précédent.*

Cet exemplaire est complet; il contient 295 feuillets ou 590 pages.

L'autre présente, dans la seconde partie, une lacune des quarante-deux derniers chapitres, d'une partie du chapitre 50, et de la description des diverses sortes de termes. Il résulte de l'inventaire de 1608, qu'il contenoit alors 150 feuillets : il n'en contient plus que 71. Les citations de *Bomy*, prouvent que cette lacune n'existoit pas de son temps.

On trouve dans les deux exemplaires, au bas de plusieurs chapitres, des figures grossièrement dessinées et coloriées, destinées à faciliter l'intelligence et l'application des règles.

Pour

NOTICE DU LIVRE DES TERMES.　　xvij

Pour la commodité de ceux qui seroient bien aises de recourir au livre lui-même, nous citerons toujours l'exemplaire in-folio (2).

---

(2) Je dois consigner ici ma reconnoissance pour l'obligeance avec laquelle M. Roux-Alpheran, Secrétaire de la Mairie, a bien voulu se prêter à toutes mes recherches dans les archives de la Ville, dont le bel arrangement est dû au zèle désintéressé et à l'intelligence de feu M. Roux son père, Greffier de la Ville.

J'espérois que la riche bibliothèque léguée en 1785 à la Provence, par M. le Marquis de Méjanes, Citoyen d'Arles, et composée de près de 80000 volumes, sans compter les manuscrits, m'auroit fourni quelques renseignemens sur le Livre des Termes ; mais M. Gibelin, Docteur en Médecine, et Bibliothécaire en chef, à qui nous devons la conservation de ce précieux dépôt pendant les orages révolutionnaires, n'a encore rien trouvé sur ce sujet, ni dans les livres imprimés, ni dans les manuscrits.

TABLE DES TITRES.

Titre Ier. Des Abeilles.
Tit. II. Des Arbres.
   § 1. Distance.
   § 2. Racines, ombre.
   § 3. Arbres sur la limite.
   § 4. Fruits de l'arbre mitoyen, ou dont les branches penchent sur le fonds voisin.
Tit. III. Des Fossés.
   § 1. Fossé creusé près le fonds voisin.
   § 2. Fossé entre deux héritages.
   § 3. Fossé des moulins.
   § 4. Fossé d'arrosage.
Tit. IV. Des Puits et Puisards.
Tit. V. Latrines ou Privés.
Tit. VI. Chemins.
   Article 1. Chemins publics.
   Art. 2. Chemins privés.
   § 1. Chemins voisinaux.
   § 2. Chemin particulier, Droit de passage.
      N.º 1. Acquisition.
         2. Étendue.
         3. Emplacement.
         4. Largeur.
         5. Réparations.
         6. Perte du droit.

Art. 3. Compétence en matière de chemins.
Tit. VII. Des Murs.
　　Art. 1. Murs mitoyens.
　　Art. 2. Murs de clôture.
　　Art. 3. Murs de soutenement aux champs.
　　Art. 4. Murs, exhaussement.
　　Art. 5. Maisons possédées par divers propriétaires.
Tit. VIII. Des vues et fenêtres.
　　　　Appendix sur les Titres précédens.
　§ 1. Destination du père de famille.
　§ 2. Entreprises, réclamations sans intérêt et par émulation.
Tit. IX. Des Termes.
Tit. X. Dommages faits dans les champs.
Tit. XI. De la révocation du précaire.

OBSERVATIONS
SUR
QUELQUES COUTUMES ET USAGES
DE PROVENCE.

TITRE I.er
Des Abeilles.

I. Les abeilles, comme tous les animaux sauvages, *quorum fera est natura*, n'appartiennent à personne, pas même au propriétaire du fonds sur lequel elles se trouvent, jusques à ce qu'il se les soit appropriées en les renfermant dans ses ruches. Alors seulement elles font partie de son domaine, comme accessoires à une propriété à laquelle elles sont incorporées (1).

II. Chacun peut donc jusques alors, les prendre là où elles se trouvent, ainsi que la cire et le miel; et bien que le propriétaire du fonds ait le droit d'en prohiber l'entrée, ce droit n'emporte pas le droit de réclamer des objets que la loi déclare appartenir au premier occupant (2).

---

(1) § 14, Inst. *de rer. divis.* — Leg. 5, § 2, ff. *de acquir. rer. dom.* — *Bomy*, chap. 1. pag. 17. — *Nouv. Brillon*, *Nouv. Répert.*, *Fournel*, v.º abeilles. — *Julien*, *Élémens*, etc., pag. 166, n.º 5.

(2) D.º § 14. — D.a Leg. 5, § 3. — Leg. 3, § 1 eod. — Leg. 26, ff. *de furt.* — *Nouv. Brillon*, *Fournel*, loc. cit. — *Sirey*, tom. 14, part. 2, pag. 121.

III. Mais lorsqu'elles ont été fixées dans le fonds, le propriétaire a le droit de poursuivre l'essaim qui s'envole, de le reprendre par-tout; il conserve ce droit tant qu'il n'a pas perdu l'essaim de vue (3).

IV. La nature porte ces animaux à vaguer de tous les côtés pour chercher leur nourriture; mais tant qu'ils n'ont pas perdu l'habitude de retourner, ils ne cessent pas d'appartenir à leur maître (4).

V. Le droit coutumier déclaroit *épave* l'essaim abandonné: il l'adjugeoit au seigneur haut justicier, à la charge d'en abandonner la moitié à celui qui l'avoit trouvé. Il seroit aujourd'hui inutile d'examiner, si comme l'a prétendu l'auteur de la *Jurisprudence féodale*, sur la seule autorité des coutumes, il en étoit de même parmi nous (5).

VI. Ni le droit romain, ni le droit coutumier ne se sont occupés de la distance du fonds voisin, à laquelle il est permis de placer ses ruches. Une loi de Dracon l'avoit fixée à 300 pas chez les Athéniens. Notre coutume est plus sévère (6).

» Si notre voisin, dit *Bomy*, veut faire un apier auprès du
» nôtre, il ne peut le faire, si pour le moins, il n'est distant
» et éloigné du nôtre de 500 pas, pour les inconvéniens qui
» peuvent arriver. La vieille coutume de Provence étoit de 700
» pas. »

---

(3) *Nouv. Brillon*, *Fournel*, loc. cit. — Code rural 1791, tit. 1. sect. 3, art. 4.
(4) D.ª leg. 5, § 6. — § 15, inst. *de rer. divis.* — Leg. 8, § 1, ff. *famil. ercisc.*
(5) Jurispr. féod., tit. *des épaves*, n.º 2, 9.—Nouv. Rép., v.º *abeilles*.
(6) *Fournel*, v.º *abeilles*, pag. 29.—*Bomy*, chap. 1, pag. 17.

Titre I. *Abeilles.*

» Cette plus grande distance, » ajoute-t-il, en parlant de la loi de Dracon, » est très-pertinente pour obvier aux combats et » aux guerres qui s'élèvent quelquefois entre les abeilles de » deux apiers. Joint que ladite plus grande distance garde que le » plus grand apier n'attire le moindre, et d'ailleurs fournit » aux abeilles une plus large campagne et une plus grande mois- » son de fleurs pour la confection de la cire et du miel. »

VII. Il arrive par fois, qu'un jeune essaim sorti d'une ruche et suivi par son propriétaire, va se placer dans une ruche du voisin. » Dans ce cas, dit *Boniy*, il faut que notredit voisin » nous le paye ou qu'il nous baille le premier essaim qui sortira » de ladite *verrière* (ruche), et s'il venoit à mourir sans es- » chemer, il faudra que notredit voisin nous baille les rayons » ou *bresques* qui se trouveront de ladite verrière, *ce qui se* » *fait par coutume du pays,* afin que pour retirer ledit essaim » de ladite verrière, il ne fallût rompre et démolir la muraille » d'icelle (7). » (*Livre des Termes, fol. 47.*)

VIII. Le code civil n'a parlé des abeilles que pour déclarer immeubles par destination les ruches attachées au fonds (8), question jusques alors controversée (9); on ne pense donc pas que nos usages, que l'on vient de retracer, aient cessé d'avoir force de loi, d'après la loi du 30 ventôse an 12, qui n'est relative qu'aux *matières qui sont l'objet du code.*

IX. Aucune loi n'a déterminé le nombre des ruches qu'un propriétaire peut tenir dans son fonds. Nous n'avons sur ce point aucune règle particulière; mais les auteurs ont pensé que

---

(7) *Julien, Elémens*, etc., pag. 166.
(8) Cod. civ., art. 524.
(9) *Nouv. Brillon*, v.° abeilles, n.° 6.

cette liberté indéfinie pourroit être restrainte suivant les circonstances (10).

X. Il n'est pas permis de placer des abeilles dans l'enceinte des villes, villages ou hameaux (11).

XI. La loi punit comme un délit toute manœuvre pratiquée pour faire périr ou mettre en fuite les abeilles du voisin (12).

XII. Une dernière observation intéressante sur cette matière est relative à la saisie des ruches.

Le code rural les déclaroit insaisissables pour aucune dette, même pour *contributions publiques*, à l'instar des engrais, ustensiles et autres meubles utiles à l'exploitation des terres et bestiaux servans au labourage, si ce n'est au profit de ceux qui ont fourni lesdits objets, ou pour l'acquittement de la créance du propriétaire envers son fermier.

Dans le cas même de saisie légitime, il déclare que les ruches ne pourroient être déplacées que dans les mois de décembre, janvier et février, pour ne pas *troubler les abeilles dans leurs courses et travaux* (13).

Le code de procédure, art. 592, a déclaré généralement insaisissables par voie de *saisie-exécution*, *les objets que la loi déclare immeubles par destination* (et les ruches, on l'a vu, sont comprises dans cette classe par l'art. 524 du code civil).

L'art. 593, permet néanmoins de les saisir pour les causes

---

(10) *Nouv. Brillon*, v.º abeilles, n.º 7. — *Fournel*, eod. v.º pag. 28.

(11) *Les mêmes.*

(12) Leg. 49, ff. *ad leg. aquil.*—*Fournel, Nouv. Brillon*, loc. cit.— *Cœpolla, de servit. urb. præd*, cap. 53, n.º 2, p. 166. —Vid. *Code pénal*, art. 479.

(13) Tit. 1, sect. 3, art. 1, n.º 2, 3 . — *Pigeau*, tom. 2, pag. 78.

ci-dessus expliquées, comme encore *pour alimens fournis à la partie saisie, fermages ou moisson des terres à la culture desquelles ils sont employés.* Mais la disposition du code rural sur l'époque du déplacement n'a reçu aucune atteinte.

TITRE II.
Des Arbres.

I. L'arbre peut porter préjudice au voisin par sa proximité, par ses racines, par son ombre.

Planté sur la limite, il peut donner lieu à une question de propriété.

S'il penche sur le fonds voisin, le droit d'en cueillir les fruits devient encore un objet de contestation.

§ 1. *Distance du fonds voisin.*

II. Une loi de Solon adoptée par le droit romain fixait cette distance à neuf pieds pour l'olivier et le figuier, à cinq pieds pour tous les autres arbres.

La haie vive pouvait être plantée sur les bords, *terminum ne excedito* (1).

III. La jurisprudence française se référait aux usages locaux. MM. Fournel et Pardessus observent judicieusement, que l'idée *d'uniformiser* cette distance par une loi de quelques lignes *est impraticable*, que la diversité du sol, des exploitations rurales, des espèces de plantations et même des mœurs des habitans, doit influer d'une manière puissante sur la distance des plantations (2).

---

(1) *Bomy*, chap. 2, pag. 18. — Leg. *ult.* ff. *fin. regund.*
(2) *Fournel*, v.° arbres, pag. 142. — *Pardessus*, traité *des Servitudes*, n.° 194, pag. 349.

Le code civil a adopté ce principe (3).

« Les arbres de haute tige ne peuvent être plantés, dit cette
» loi, qu'à la distance prescrite par les règlemens particuliers ac-
» tuellement existans ou par les usages constans et reconnus. «

A défaut de règlemens ou usages, il détermine cette distance
à deux mètres pour ces sortes d'arbres; à un demi mètre pour
les autres arbres et les haies vives.

Nos usages sont donc maintenus.

IV. Parmi nous, la distance pour toutes sortes d'arbres est
de huit pans ou une canne.

« Si quelqu'un, dit *Bomy*, ch. 2, p. 18, veut planter des
» arbres en sa possession au pays de Provence, il le peut faire,
» pourvu qu'il les plante une canne loin de la propriété de
» son voisin (4). »

Après avoir rappelé la loi de Solon, qui exigeoit, comme
on l'a vu, une plus grande distance pour l'olivier et le figuier,
il ajoute : « notre coutume est plus plantureuse que ladite loi ;
» d'autant que *sans distinction*, tous arbres en ce pays, doi-
» vent être plantés une canne loin du fonds de notre voisin. »
(*Livre des termes*, part. 2, ch. 80, fol. 244.)

V. La vigne exige une moindre distance. « Si quelqu'un,
» dit-il, *chap. 3, pag. 19*, veut faire un plantier auprès de la
» vigne vieille de son voisin, il doit laisser entre-deux la dis-
» tance de quatre pans. »

A défaut, » les estimateurs lui feront arracher les maillots
» dudit plantier, jusques à la proportion de ladite distance. »
(*Livre des termes*, part. 1, chap. 14, fol. 68.)

---

(3) Art. 671.
(4) *Julien*, sur les Statuts, tom. 2, pag. 553, n.° 24.

TITRE II. *Arbres*. § 1.

Le code civil donne le même droit au voisin pour les arbres à l'égard desquels on n'a pas gardé la distance légale (5).

VI. Nos usages, et ceux de Marseille n'ont rien de particulier sur les haies vives, peu usitées parmi nous, attendu la sécheresse du climat.

Dès-lors, elles n'ont pu être plantées depuis le code, qu'à un demi mètre de distance.

Celles qui existoient auparavant, et qui ne dépassent pas le terme, doivent subsister, parce que tel étoit le droit commun, et que le code ne dispose que pour l'avenir (6).

On a demandé si l'on pouvoit former une haie vive de mûriers sauvages, vulgairement dits *porrettes*.

L'art. 670 du code distingue les arbres *à haute tige* des *autres arbres* et *haies vives*. Il assimile donc à la haie vive, tout arbre qui n'est pas de haute tige; et dès-lors, il ne s'agit plus que de savoir si la *porrette* est un arbre de haute tige.

Les agriculteurs conviennent que, livrée à elle-même, elle s'élèveroit comme le mûrier, mais en même temps ils observent que le *sureau*, l'*aubépine*, la *charmille*, que les auteurs (7) rangent dans la classe des plantes dont on peut former des haies vives, deviendroient aussi des arbres à haute tige, si on les laissoit s'élever, comme on en voit des exemples dans les gros fonds naturellement humides.

Sous ce rapport, il nous paroîtroit difficile d'exclure les *porrettes*, sur tout si l'on observe avec M. Pardessus (8), 1.° que

---

(5) Art. 672.
(6) *Fournel*, v.° haie, tom. 2, pag. 163. *Vid. suprà*, n.° II.
(7) *Nouv. Répert.*, *Fournel*, v.° haie. — *Lois des Bâtimens*, sur l'art. 220, n.° 18, pag. 406.
(8) *Pardessus*, n.° 197, pag. 356.

le voisin a le droit d'exiger que la haie soit tenue à la hauteur ordinaire des haies; 2.º qu'ainsi qu'on le verra au § 2, il a également le droit de couper lui-même dans son fonds les racines qui y ont pénétré, et de demander la coupe des branches qui avancent sur son héritage.

VII. Là où la distance légale n'a pas été observée, le voisin qui a laissé subsister pendant 30 ans l'arbre, la vigne ou la haie de son voisin, n'est plus recevable à se plaindre.

Cette règle, contredite par Valla, *de rebus dubiis*, et par M. de Bézieux(9), a été reconnue et consacrée par divers arrêts des Parlemens de Paris, de Rouen, et d'Aix; M. de Bézieux lui-même en rapporte un du Parlement d'Aix, du 16 mai 1664 (10).

» Nous pensons, dit le Nouveau Brillon, qu'on se confor-
» meroit à cette décision dans tous les Tribunaux du Royaume. »

On opposoit qu'on ne prescrit pas contre les statuts; mais on répondoit avec raison, que le principe ne peut être invoqué que dans l'intérêt public.

Aucune loi n'a défendu aux voisins de convenir entr'eux qu'il leur seroit permis de planter sans observer la distance légale. Or, la prescription n'est que le résultat du consentement présumé; elle opère une preuve absolue (11); elle suppose le titre,

---

(9) *Valla*, disc. 8, n.º 8. — *De Bézieux* pag. 605.

(10) *De Bézieux*, loc. cit. — *Boniface*, tom. 1, pag. 533. — *De Cormis*, tom. 2, col. 1529. — *Julien*, sur les Stat., tom. 2, pag. 554, — *Nouv. Brillon*, v.º arbres, n.º 14, pag. 138. — *Fournel*, v.º arbres, pag. 140.

(11) Leg. 28, ff. *de verbor. signif.* — *Dunod*, pag. 2. — Code civ. art. 1350.

Titre II. *Arbres.* § 1.

titre, du moins, elle le supplée; et tout ce qui peut tomber en convention, peut être acquis par la prescription.

M. de Bézieux opposoit encore que l'accroissement que prennent les arbres étant successif et caché, il étoit difficile d'en acquérir la prescription par une possession uniforme.

Mais comme l'observe le Nouveau Brillon, cette objection n'est *que spécieuse.* » Le voisin a dû prévoir qu'un arbre gros-
» sissoit tous les jours; il n'a pas dû garder pendant 30 ans
» un silence blâmable, dont le résultat présente une fin de non-
» recevoir bien légitime contre sa réclamation tardive. »

C'est en Provence sur-tout, que l'utilité de cette règle se fait sentir. La sécheresse du climat y est un obstacle à la végétation; la conservation, la reproduction des arbres ne sauroient y être trop favorisées.

VIII. On ne s'arrête pas à des réclamations sans intérêt réel qui ne seroient qu'un effet d'humeur, de jalousie ou d'émulation (12).

IX. Il n'y a pas de règle pour les jardins de ville; il ne seroit presque plus possible d'y planter. Il suffit qu'ils ne portent pas préjudice aux édifices du voisin (13).

Desgodets dit néanmoins, qu'on ne peut appliquer un espalier contre le mur s'il est mitoyen; qu'il faut laisser dans ce cas, une distance de six pouces, si le mur appartient au maître du jardin, et de 18 pouces, s'il appartient au voisin, sans qu'alors il puisse y attacher les branches; mais son annotateur, en con-

---

(12) *Nouv. Brillon*, loc. cit., n.° 14, pag. 137. — *Fournel*, v.° arbres, pag. 140. — *Vid. infrà* à *l'Appendix*, § 2.

(13) *Buisson*, cod. de interdict. — *Nouv. Brillon*, loc. cit. — *Lois des bâtimens*, art. 210, n.° 22, pag. 408, art. 192, pag. 134.

venant de la justice de cette précaution, observe qu'il n'y a pas *de distance fixée*; que dans l'usage, on n'en observe aucune, même pour les plates-bandes contre le mur divisoire; qu'il suffit que les racines ne pénètrent point dans le mur, mitoyen ou non, et que les branches n'y soient point attachées (14).

---

(14) *Lois des bâtimens*, loc. cit.

§ 2. *Racines, Ombre des Arbres.*

I. L'arbre, quoique planté à la distance légale, peut nuire au voisin par ses racines ou par son ombre.

Le droit romain autorisoit le voisin à demander que celui dont les racines portoient préjudice à ses édifices fût coupé (1).

Que les branches qui penchoient sur son fonds, fussent taillées en tout ce qui excède 18 pieds d'élévation (2).

Que l'arbre lui-même fût arraché, s'il avançoit sur sa maison ; car, dit Terrasson, le propriétaire d'une maison doit l'être aussi de l'air et du jour qui y entrent (3).

Mais il ne lui permettoit pas de les couper lui-même (4).

La jurisprudence française l'y autorisoit (5).

Bomy ne parle que des arbres dont les branches ou quelqu'une des branches *vont totalement inclinans sur la propriété du voisin.* » Le voisin, dit-il, pourra les faire couper ou

---

(1) Leg. 1, cod. *de interdict.*
(2) *Terrasson* sur la loi 72 des 12 tables, pag. 171. — Leg. 1, 8, ff. *de arborib. cœdend.* — *Pothier*, contrat *de société*, n.º 243.
(3) *Les mêmes.*
(4) Leg. 6, § 2, ff. *arbor. furt. cœsar.*
(5) *Nouv. Brillon*, v.º *arbres*, n.º 6. *Fournel*, v.º *arbres*, pag. 144.

TITRE II. *Arbres.* § 2.

» couper lui-même, sans licence d'aucun, ni de partie, ni d'au-
» tre personne (6). »

Le code civil a distingué les racines des branches.

» Celui, dit l'art. 672, sur la propriété duquel avancent
» les branches des arbres du voisin, *peut contraindre* celui-ci
» à couper ces branches.

» Si ce sont *les racines* qui avancent sur son héritage, *il a*
le droit de les y couper lui-même. »

Le voisin n'auroit donc plus parmi nous le droit de couper
lui-même les branches qui penchent sur son fonds.

II. Le droit romain avoit déterminé à quelle distance des
aqueducs publics il étoit permis de planter (7).

Nous n'avons sur ce point aucun usage particulier. Le droit
commun suffit pour autoriser le propriétaire d'un aqueduc,
même privé, à se plaindre d'un préjudice réel ou imminent,
s'il étoit reconnu devoir bientôt se vérifier; et c'est par cette
distinction que l'on doit expliquer les divers arrêts intervenus
sur cette question, dont les détails n'entrent pas dans notre
plan (8).

La règle générale qui ne permet pas d'intercepter le vent
à l'aire du voisin, reçoit son application aux plantations (9). Il

---

(6) *Bomy*, ch. 4, pag. 19.
(7) Leg. 6, 10, cod. *de aquæduct.* — *Nouv. Brillon*, v.° *aqueduc*, n.° 19.
(8) Leg. 2, ff. *de damn. infect.* — Leg. 1, § 1, ff. *aqu. pluv. arcend.*
(9) Leg. 14, § 1, cod. *de servit.* — *Cœpolla, de servit. rust. præd.*, cap. 43, n.° 7, pag. 460. — *De servit. præd. urban.* cap. 27, n.° 4, pag. 73. *Fournel*, v.° *van.*, pag. 539, v.° *vent*, pag. 550. — *De Luca, de servitut.*, disc. 13, n.° 10, pag. 21. tom. 1. — *Cod. Buisson*, lib. 3, tit. 34, *in fine*.

en étoit jadis de même des moulins à vent : mais la défense à leur égard a été levée par l'édit du 13 août 1776, attendu leur grande multiplication (10).

---

(10) *Fournel*, v.° *vent*, pag. 550.

§ 3. *Arbres plantés sur la limite.*

I. Le droit romain adjugeoit l'arbre planté vers les confins des deux héritages, à celui dans le fonds duquel il étoit planté, lors même qu'il eût poussé une partie de ses racines dans le fonds voisin (1).

Il le déclaroit commun, s'il étoit planté sur la ligne divisoire (2).

Sauf le droit d'en requérir l'enlèvement (3).

II. Le code civil, art. 673, déclare mitoyen l'arbre planté dans la haie mitoyenne.

Il autorise les deux propriétaires à demander qu'il soit abattu.

III. Nos usages distinguent l'arbre planté sur la limite d'un commun accord, de celui qui s'y trouve sans que l'on sache comment, et par qui il a été planté.

Dans les deux cas, l'arbre et les fruits sont communs ; mais dans le premier, aucune des parties ne peut demander qu'il soit coupé.

» Si lesdits arbres, dit *Bomy*, ch. 5, p. 20, ont été plantés
» par les parties ou par autres pour eux, auxdits confins, ils
» sont communs entre icelles, et leurs fruits aussi, sans que

---

(1) Leg. 6. § 2, ff. *arbor. furt. cœsar.* — *Nouv. Brillon*, v.° *arbres*, n.° 7, pag. 127. — *Lois des bâtimens*, art. 210, n.° 20, pag. 406.
(2) *Nouv. Brillon*, loc. cit., — Leg. 19, ff. *Comm. divid.*
(3) Leg. 1, cod. *de interdict.* — *Nouv. Brillon*, loc. cit.

Titre. II. *Arbres.* § 3.

» l'une ose couper ou endommager lesdits arbres contre le gré
» de l'autre. »

» Mais si les parties disent qu'ils n'ont planté lesdits arbres,
» et ne savent qui les a plantés ou fait planter, ains, les ont
» trouvé plantés en l'état qu'ils sont, lesdits arbres et leurs
» fruits doivent être déclarés communs, jusques au jour du dif-
» férent, et lesdits fruits recueillis et également partagés.

» Les estimateurs doivent déclarer que lesdites parties cou-
» peront ou arracheront tous lesdits arbres, aux communs dé-
» pends, afin qu'à l'avenir, n'en puisse naître aucun débat, et
» que le bois desdits arbres sera partagé par moitié entre les-
» dites parties. » (*Livre des termes, part.* 2, *chap.* 80, *fol.*
242.)

On ne sauroit penser avec M. Pardessus, n.º 187, p. 342, que l'art. 673 du code que l'on vient de rappeler, ait fait cesser cette distinction, fondée sur les premiers principes du droit naturel, *pacta servabo*. Deux voisins ont pu légitimement convenir entre eux sur un objet qui n'est prohibé dans l'intérêt public, ni par la loi ni par les mœurs.

Souvent les arbres ont été placés sur ce point pour servir de limite (4). Le code pénal le reconnoît dans l'art. 456. Cet article prononce des peines contre celui qui auroit coupé ou arraché des arbres *plantés ou reconnus pour établir les limites entre différens héritages.*

Lors même qu'ils ne l'auroient pas été dans cet objet, » puis-
» qu'en ce temps-là, dit *Bomy*, les parties furent d'accord de
» planter lesdits arbres auxdits confins, elles savoient que si
» lesdits arbres vivoient, il pouvoit arriver naturellement qu'ils

---

(4) Vid. ci-après, tit. 9 *des termes*, n.º VIII.

» pencheroient en delà ou en deçà, et toutefois n'avoient pourvu
» à ce cas là. »

Les mêmes motifs s'appliquent à l'arbre dont les racines auroient poussé dans le fonds voisin, car ce fait étoit encore plus naturel à prévoir que l'inclinaison des branches.

L'article 673 du code ne nous paroît donc applicable qu'à l'arbre qui se trouve planté sur la limite, sans qu'on puisse dire par qui et de l'ordre de qui il a été planté. *Pachos soun avant leis.*

§ 4. *Fruits de l'arbre mitoyen ou qui penche sur le fonds voisin.*

I. Le droit romain permettoit au propriétaire de l'arbre dont les fruits étoient tombés sur le fonds voisin, d'aller les y cueillir dans les trois jours (1).

Cette règle n'étoit point admise en France; on y avoit adopté le partage des fruits (2).

Tel étoit aussi notre usage.

Les fruits, dit *Bomy*, chap. 4, p. 19, en parlant de l'arbre qui penche sur le fonds voisin, *doivent être communs et également divisés entre ceux qui possèdent les deux possessions.*

» Il est raisonnable, ajoute-t-il, que le propriétaire du fonds
» dans lequel l'arbre est planté *et prend vie et nourriture*,
» ait la moitié des fruits, et que l'autre moitié appartienne au

---

(1) Leg. 1, ff. *de gland. legend.*—Leg. 9, § 1, ff. *ad exhibend.*—*Terrasson* sur la loi 73 des 12 tabl., pag. 272. — *Pothier*, pandect. eod., tom. 2, pag. XCVI.

(2) *Fournel*, v.º *arbres*, pag. 148. — *Nouv. Brillon*, eod. v.º, n.º 84, pag. 139. — *Nouv. Répert.*, eod. v.º, n.º 8, pag. 310.

» voisin sur la possession duquel l'arbre va penchant, *pour*
» *réparation du dommage* qu'il souffre par l'inclinaison desdites
» branches sur sa propriété. »

Sauf à ce dernier, comme on l'a vu, de préférer que l'arbre ou les branches qui penchent sur son fonds soient coupés, *s'il ne se soucioit de ladite moitié, pour la grande foule et dommage que sa propriété endure.* (*Livre des termes, part.* 2, *chap. 44, fol. 149.*)

Le code civil ne s'est pas expliqué sur cet objet. M. Pardessus, n.º 196, pag. 354, en a conclu que le partage ne doit plus avoir lieu, sauf le droit du voisin de faire couper l'arbre; mais nous ne voyons rien dans le code qui ait dérogé à nos usages sur ce point.

TITRE III.

Des Fossés.

I. *Bomy* parle des fossés sous divers rapports,
   1.º Fossé creusé près le fonds du voisin;
   2.º Fossé entre deux héritages;
   3.º Fossé de moulins et autres engins;
   4.º Fossé d'arrosage à travers les chemins.

§ 1. *Fossé creusé près le fonds voisin.*

I. » Si le voisin, dit *Bomy*, chap. 6, p. 21, veut faire un
» fossé près de la pièce de son voisin, il doit être autant
» éloigné de ladite pièce que ledit fossé aura de profondeur. »

Telle étoit la décision de la loi dernière, ff. *fin. regund.*

Il faut encore que le talus de la berge soit suffisant pour empêcher que la berge ne s'éboule, et pour qu'il reste un pied audelà entre le talus et l'héritage du voisin (1).

---

(1) *Fournel*, v.º *Fossés*, pag. 114. — *Julien, Élémens*, etc., pag. 153.

§ 2. *Fossés entre deux héritages.*

I. Il ne paroît pas que le droit romain se soit occupé des fossés établis entre deux héritages.

Ces fossés servent de séparation ou de clôture, ou ils sont destinés à l'écoulement des eaux pluviales.

II. La jurisprudence les a toujours réputés mitoyens, s'il n'y a *titre* ou *marque* du contraire (1).

Elle regardoit comme marque de non-mitoyenneté, si le jet de la terre provenant du recurement du fossé étoit entièrement d'un seul côté. *Qui a la douve, a le fossé* (2).

Tel étoit notre usage.

» Si un valat, dit *Bomy*, chap. 6, p. 21, est au milieu de » deux possessions, il doit être censé appartenir à celui qui est » le maître de la possession en laquelle on a jetté le terrein » dudit valat. Que si le terrein a été jetté tant d'une part que » de l'autre, le valat doit être réputé commun. » (*Livre des termes*, part. 2.', ch. 46, fol. 121.)

Le code civil a adopté les mêmes règles (3).

III.

---

(1) *Fournel*, v.º *fossé*, pag. 111. — *Pardessus*, n.º 180, pag. 331. — *Nouv. Répert.*, v.º *fossé*, — *Coquille*, tom. 2, quest. 298. — *Pothier, de la société*, n.º 224.

(2) *Les mêmes.* — *Loysel*, Instit. coutum., liv. 2, tit. 3, n.º 7.

(3) Art. 666, 667, 668.

Titre III. *Fossés.* § 2.

III. Trois questions se sont élevées sur ces fossés :

1.º N'y a-t-il aucune autre marque de non-mitoyenneté que le terre-jet ?

2.º L'un des copropriétaires peut-il se décharger de l'entretien commun en abandonnant à l'autre la totalité du fossé ?

3.º La mitoyenneté est-elle prescriptible ?

IV. Sur la première, on a vu que nos usages et le code n'indiquent aucune autre marque de non-mitoyenneté.

De là, M. Pardessus a pensé qu'on ne pourroit en admettre d'autres, et que lors même qu'il n'existeroit plus de vestiges du terre-jet, de côté ni d'autre, le fossé devoit être réputé mitoyen. Il compare le fossé au mur qui sépare deux bâtimens ou deux propriétés, et que le code, art. 653 et 654, déclare mitoyen, si l'on n'y trouve des marques de non-mitoyenneté, que ces articles déterminent, et que M. Pardessus regarde comme exclusives (4).

M. Fournel a pensé au contraire, que dans le doute, le fossé appartient à celui qui avoit intérêt à se clorre. Il se fonde sur ce que l'art. 670 du code a établi cette règle pour la haie qui sépare deux héritages (5). M. Pardessus repousse cette analogie, parce que la clôture est l'objet principal de la haie; tandis que le fossé peut avoir eu pour objet la démarcation des héritages ou l'écoulement des eaux.

Mais n'y a-t-il pas encore plus de différence entre un mur et un fossé, qu'entre un fossé et une haie ? Le mur n'est réputé mitoyen dans les champs, qu'autant qu'il est entre enclos. (cod. art. 653.) Comment donc réputer mitoyen un fossé

---

(4) *Pardessus*, n.º 181, pag. 333.

(5) *Fournel*, v.º *fossé*, pag. 116.

entre deux propriétés, dont l'une seroit un pré, un vignoble, un jardin, etc., et l'autre une terre herme, vague, sans culture, presque sans utilité pour son propriétaire.

Une règle absolue et uniforme, sur un objet qui, le plus souvent, tient aux localités, paroîtroit dure à admettre dans tous les cas ; et malgré que notre coutume et le code n'aient indiqué d'autre marque de non-mitoyenneté que le terre-jet, nous aurions de la peine à adopter l'opinion, d'ailleurs bien imposante, de M. Pardessus.

V. Sur la deuxième question, on pense avec ces deux auteurs, que le copropriétaire du fossé peut se décharger de l'entretien commun, en renonçant à la mitoyenneté ; mais qu'il n'y seroit pas admis, si le fossé avoit été établi, soit par suite d'un règlement de police, soit pour donner un écoulement aux eaux pluviales (6).

VI. *Bomy* ne parle pas de la troisième question.

Le code civil a admis la prescription contre la mitoyenneté pour la haie ; *s'il n'y a*, dit l'art. 670, *possession suffisante au contraire*.

Il ne parle pas de la prescription du fossé.

Il est peut-être plus difficile de prouver la possession exclusive d'un fossé que d'une haie.

Mais enfin, cette preuve n'est pas impossible. Elle peut résulter de la jouissance exclusive des arbres et herbages qui naissent sur ses bords, de l'entretien, du recurage exclusifs. Il n'est pas de propriété particulière qui ne soit prescriptible ; M.

---

(6) *Fournel*, v.° *fossé*, pag. 111. — *Pardessus*, n.° 182, pag. 336. — *Lois des bâtimens*, art. 213, n.° 2, not. 3, pag. 421.

Titre III. *Fossés.* § 2.

Pardessus regarde comme prescriptible la mitoyenneté même du mur, quoique le code n'en ait pas plus parlé que de celle du fossé; il a émis la même opinion sur la mitoyenneté du fossé, et l'on pense que c'est avec raison (7).

(7) N.º 181, pag. 335.

§ 3. *Fossés des moulins.*

I. *Bomy*, chap. 7, pag. 22, établit que le fossé d'un moulin ou autre engin, doit avoir *6 pans de large et autant de profond.*

Qu'à ces conditions, le maître du moulin ne répond pas du débordement occasionné par un orage imprévu ou tout autre cas fortuit.

Mais qu'il en répondroit, s'il y avoit de sa faute. » Si l'eau,
» dit-il, fuit du fossé à cause des brèches qu'il y a aux bords,
» ou pour n'être pas bien curé, ou pour n'avoir sa juste lar-
» geur et profondeur ou autrement, par la faute dudit fossé,
» et nuit aux possessions des voisins, ledit maître est tenu de
» leurs dommages-intérêts (1). (*Livre des termes*, *fol. 48 v.º*)

II. Le propriétaire de l'engin est censé l'être du *bief* ou canal qui y conduit l'eau dans la partie la plus proche de la roue, bien qu'il n'en soit pas parlé dans la vente du moulin, si toutes fois le bief a été fait à mains d'hommes (2).

III. Nous ne parlerons pas ici de la faculté accordée par le Roi Réné, Comte de Provence, confirmée par l'édit du 26

(1) *D'Olive*, liv. 1, chap. 35.
(2) *Nouv. Répert.*, v.º *bief*, pag. 699, v.º *moulin*, § 12, pag. 406.— *Henrys*, tom. 2, liv. 4, quest. 35.— *Pardessus*, n.º 107, pag. 199.

mai 1647, à tout propriétaire de moulins et engins, d'y conduire les eaux par les propriétés de ses voisins, *en payant toutesfois l'intérêt des parties*. Cette faculté a été expliquée par M. Julien dans son commentaire sur nos statuts, tom. 1, pag. 507.

Nous nous bornerons à observer que San-Léger la présente comme une faculté de droit commun (3), et qu'il n'y a pas de raison pour la regarder comme supprimée par le silence des nouvelles lois, où l'on ne trouve rien de relatif à cet objet.

---

(3) *Résolut. civ.*, tom. 1, cap. 48, n.° 11, pag. 100.

§ 4. *Fossés.*

Dérivation de l'eau par les chemins.

I. *Bomy* dans la première partie de son recueil, pag. 10, rapporte un statut de la Reine Isabel, du 9 décembre 1440, qui permet de dériver par les *chemins publics*, les eaux destinées à l'arrosage, *sans grand dommage toutefois desdits chemins, et sans préjudicier aux voisins*.

Il résulte de la supplique sur laquelle cette faculté fut accordée, qu'elle avoit été demandée pour les chemins *privés et publics* ; mais elle ne fut accordée que pour ces derniers, parce que le souverain qui accorde un privilège, ne l'accorde jamais contre les droits du particulier (1).

II. Le privilège ne pourroit s'exercer aujourd'hui sans la permission de l'autorité administrative, à laquelle appartiennent la surveillance et la police des chemins publics.

---

(1) *Julien* sur les Statuts, tom. 1, pag. 508, n.° 9.

TITRE IV.

Des Puits et Puisards.

I. *Bomy*, chap. 6, pag. 21, dit que si un voisin veut faire un puits, le puits *doit être éloigné d'un pas* du fonds voisin, conformément à la loi dernière ff. *fin. regund.*, que notre coutume avoit adoptée, comme l'observe M. Julien dans ses *élémens de jurisprudence* (1).

L'art. 674 du code civil, a maintenu à cet égard *les règlemens et usages particuliers*.

Cette distance pourroit ne pas suffire, là où les puits n'ont presque pas de profondeur (2).

Elle suffit parmi nous où cette profondeur laisse toujours les fondemens des murs et bâtisses bien au-dessus du niveau de l'eau.

II. Dans tous les cas, le propriétaire seroit tenu de réparer le dommage que la construction ou la chûte du puits pourroient occasionner au voisin (3).

III. A la différence des puits destinés à fournir l'eau nécessaire à l'usage domestique, le *puisard* ou fossé d'épuisement est destiné à recevoir les eaux superflues ou infectes, auxquelles l'état des lieux ne permet pas de donner un autre dégorgement.

Ce mot est synonime de *cloaque* (4).

Nous n'avons pas des règles particulières sur les puisards. Les

---

(1) *Julien*, liv. 2, tit. 2, n.° 10, pag. 133.
(2) *Fournel*, v.° *puits*, pag. 420. — Vid. *Pardessus*, n° 199, pag. 359. — *Lois des bâtimens*, art. 191, pag. 115. — *Nouv. Rép.*, v.° *puits*.
(3) *Pardessus*, *Nouv. Rép.*, loc. cit.
(4) *Fournel*, v.° *égout*, v.° *puisard*.

auteurs retracent les divers usages locaux, tant sur leur distance que sur le mode de construction.

Ils conviennent tous, que si malgré les précautions qui ont été mises en usage, le voisin en reçoit quelque préjudice, ou par les filtrations ou par des odeurs infectes, le propriétaire est tenu de réparer le dommage, même de supprimer le puisard, s'il n'y a pas d'autre moyen (5).

---

(5) *Lois des bâtimens*, art. 217, pag. 444.— *Fournel*, v.° *puisard*, pag. 414.— *Nouv. Rép.*, v.° *cloaque*. — *Pardessus*, n.° 199, pag. 359.

TITRE V.

Latrines ou Privés.

I. *La Justice, comme un soleil*, dit *Bomy*, chap. 12, pag. 31, *jette son œil par-tout sans souiller ses rayons.*

C'est sous ces auspices, qu'il parle des latrines ou *privés*.

Il retrace nos usages sur le mode de construction.

II. » Quiconque, dit-il, fera des *privés* contre une muraille
» commune, soit en haut, soit en bas, doit *doubler* ladite mu-
» raille d'une autre muraille d'*épaisseur compétente*, qu'il fera
» expressément faire pour conserver ladite muraille commune,
» lequel doublement de muraille se doit faire *en laissant une*
» *petite distance entre-deux*, suivant l'avis des experts mieux
» sensés.

» Quelque précaution qu'on puisse apporter en bâtissant des
» privés contre une muraille commune, tant de fois qu'il se
» trouvera que l'humidité des immondices apportera nuisance
» à ladite muraille, le maître desdits privés sera toujours con-

Titre V. *Latrines ou Privés.*

» damné à la rebâtir et réparer à ses propres coûts et dé-
» pends (1). »

Il n'est pas inutile d'observer que nos *privés* exigent bien moins de précautions que les fosses d'aisance, dont ils diffèrent, tant pour la profondeur que pour l'époque des vuidanges, et cette considération a été sans doute pesée par les rédacteurs du code, lorsque par l'art. 674, ils se sont encore référés *aux règlemens et usages particuliers.*

---

(1) *Fournel*, v.° *fosse d'aisance*, pag. 121. — *Pardessus*, n.° 199, pag. 359. — *Lois des bâtimens*, art. 191, pag. 115.

TITRE VI.

Des Chemins.

I. *Bomy*, chap. 8 et 9, pag. 22 et 23, parle des chemins sous deux rapports.

La largeur légale des chemins royaux.

Le droit dû à tout propriétaire qui n'a aucun chemin pour arriver à son fonds, d'en demander un à ses voisins.

Les changemens que la nouvelle législation a opérés en général sur cette matière intéressante, nous ont paru exiger quelques développemens.

II. Les chemins sont publics ou privés : c'est leur destination et la propriété du sol qu'ils occupent, qui les rangent dans l'une ou l'autre classe (1).

---

(1) *Terrasson* sur la loi 67 des 12 tables, pag. 165. — Leg. 2, § *viam publicam* 21 etc., ff. *ne quid in loc. publ.*

ARTICLE 1.er

Chemins publics.

I. Les chemins publics étoient distingués parmi nous, en chemins *royaux de 1.re et de 2.e classe*, chemins *de viguerie*, *chemins de communauté à communauté*, ou d'une communauté aux divers quartiers de son territoire.

Ces derniers sont ceux que le droit français appelle *chemins vicinaux*, ou chemins *publics* simplement, par opposition aux chemins *royaux*, qu'on appelle *grands chemins* (1).

Les chemins *royaux* étoient construits et entretenus par la province qui en avoit la direction exclusive.

Les chemins *de viguerie* étoient à la charge de chaque viguerie dans son arrondissement.

Les chemins *vicinaux* étoient à la charge des communes pour l'intérêt desquelles ils étoient établis (2).

Les chemins *royaux* et de viguerie sont aujourd'hui à la charge de l'État.

Les chemins *vicinaux* sont restés à la charge des communes, sous l'inspection de l'autorité administrative qui en détermine la largeur (3).

Le préfet peut supprimer ceux qui sont reconnus inutiles, pour en rendre le sol à la culture (4).

Si,

---

(1) *Terrasson* sur la loi 67 des 12 tables, pag. 165. — *Nouv. Rép.*, v.º *chemin*, v.º *chemin public — D.a* Leg. 2. § *viarum* 22.

(2) Réglement de l'Assemblée générale des communautés, du 22 novembre 1771.

(3) *Nouv. Rép.*, v.º *chemin public*, n.º 3, pag. 261.

(4) Arrêté du Direct. exécut., du 22 messidor an 5.

Titre VI. *Chemins. Art.* 1.

Si, par leur mauvais état, le voyageur est obligé de passer dans les champs, la commune répond du dommage (5).

---

(5) Loi du 28 septembre 1791, tit. 2, art. 41. — *Henrion*, chap. 22, § 3, pag. 213.

Article 2.

Chemins privés.

I. Les chemins privés se divisent en deux classes.

Chemin dû à un particulier, pour l'utilité de son fonds, qu'on appelle *chemin de souffrance* (1).

Chemin dû aux divers propriétaires dans un même quartier, que l'on appelle *chemins voisinaux ou de quartier* (2).

II. Le sol des premiers ne cesse pas d'appartenir au propriétaire du fonds sur lequel le chemin est établi; celui à qui il est dû, n'en a que l'usage relativement au passage (3).

Le sol des chemins *voisinaux* devient en quelque sorte public entre les co-usagers; sous ce rapport, ces chemins sont en quelque manière des chemins publics (4).

---

(1) *Nouv. Rép.*, v.º *chemins de souffrance.* — D.ª leg. 2, § 22.
(2) D.º § 22, et § 23.
(3) D.ª leg. § 21.
(4) D.ª leg. § 23.

§ 1. *Chemins voisinaux.*

I. La largeur des chemins *voisinaux* ou *de quartier*, a été déterminée pour le terroir d'Aix, par le règlement des consuls d'Aix, du 6 septembre 1729, homologué par arrêt du Parlement, du 16 du même mois (1).

La largeur ordinaire est de huit pans. Elle est de dix pans, s'il y a d'un seul côté des haies ou des murailles ; de douze pans, s'il en existe des deux côtés.

Cette largeur est augmentée de quatre, de six pans et même plus, dans les contours, suivant les localités.

II. Le terrein est payé par tous les intéressés, même par celui à qui il appartient, ainsi que les haies ou les murs qu'il faut abattre.

La dépense est repartie entre eux tous, en raison de l'étendue de chaque propriété.

III. Celui qui a un autre chemin, peut s'affranchir de toute contribution, en renonçant au nouveau chemin.

IV. Un seul des intéressés peut requérir l'agrandissement.

V. D'après ce réglement, les estimateurs d'*honneur* (2) procédoient à toutes les opérations et répartitions ; l'opposition n'étoit pas suspensive ; le recours étoit vuidé par les estimateurs antécédens, et en dernier ressort, par les consuls.

Cette marche simple, peu dispendieuse, a dû céder à des formes nouvelles, longues et coûteuses. C'est de l'autorité du tribunal civil que tout doit être fait, les propriétaires se sont

---

(1) *Privilèges d'Aix*, pag. 226.

(2) Les estimateurs d'*honneur* étoient pris dans l'état bourgeois, nommés au scrutin par le conseil municipal ; ils étoient chargés en général de toutes estimations. *Privil. d'Aix*, pag. 70 ; art. 36, pag. 161. Leur procédure étoit très-sommaire et presque sans frais.

dégoûtés et les chemins voisinaux sont dégradés presque partout.

VI. La largeur de ces chemins indique qu'ils sont destinés aux charrois, et nul des intéressés ne pourroit s'opposer à l'exercice de cette faculté, sous prétexte qu'ils n'auroient pas toute la largeur légale (3).

VII. Sous l'assessorat de mon père, il avoit été proposé à l'Assemblée générale des communautés, de rendre le règlement d'Aix exécutoire dans toute la Province (4). Des raisons de localité exigeoient quelques modifications. Le projet resta sans suite; mais le règlement, dans ses dispositions générales, n'est pas moins regardé comme le droit commun du pays.

VIII. Marseille vivoit sous une administration séparée de l'administration générale du pays. On voit dans ses *statuts*, livr. 1, chap. 42, que deux citoyens étoient annuellement chargés de veiller à ce que les chemins publics de son territoire eussent la largeur convenable. Un statut plus récent avoit fixé la largeur de ces chemins à quinze pans; une ordonnance rendue par M. l'Intendant, en 1750, la porta de quinze à vingt pans (5), mais cette ordonnance ne concerne que les chemins *publics vicinaux*, et il n'y a point de règlement pour la largeur des chemins *voisinaux* ou *de quartier*.

---

(3) Arrêts de *Janety*, 1783, pag. 31.
(4) Cahiers des assemblées de 1743, pag. 95; et 1744, pag. 26, 43.
(5) Arrêts de *Janety*, loc. cit., pag. 33.

§ 2. *Chemins privés, droit de passage.*

I. Un particulier peut obtenir le droit de passer sur le fonds d'un autre particulier pour arriver à sa propriété.

II. De quelque manière que ce droit soit établi, il est une servitude imposée sur un fonds, au profit d'un autre fonds. De là il est appelé *chemin de souffrance, servitude de passage.*

III. Plusieurs choses sont à considérer sur le droit de passage.

1.º Les moyens de l'acquérir;
2.º Son étendue;
3.º L'emplacement du chemin;
4.º Sa largeur;
5.º Les réparations qu'il exige;
6.º La perte du droit;
7.º La nature de l'action qui en dérive.

Nous traiterons sommairement dans un troisième article de la compétence en matière de chemins.

N.º 1. *Moyens de l'acquérir.*

I. Le droit de passage dérive des titres, de la possession, de la situation des lieux (1).

II. Le titre règle les parties; les doutes s'expliquent par l'usage et la possession.

III. Le titre est formel ou présumé.

On le présume, lorsqu'il paroît que l'intention des parties stipulantes, ou de celui qui a donné ou légué un fonds, a été d'acheter le droit de passage pour arriver au fonds.

---

(1) *Fournel*, v.º *passage*, pag. 356. — *Richeri*, tom. 3, § 1082, pag. 261.

Ainsi, dans les conventions, celui qui, en vendant un fonds, s'est réservé un tombeau, est censé s'être réservé le passage pour arriver au tombeau (2).

Le droit de puisage comprend le passage (3).

Mais celui qui vend un fonds sans parler du chemin, n'est pas censé avoir promis le chemin (4).

Ainsi, dans les dispositions à titre gratuit, l'héritier doit le passage au légataire de l'usufruit d'un fonds ; et toute clause qui l'en dispenseroit, seroit regardée comme non écrite (5).

Le légataire doit le passage soit à l'héritier, soit même à un autre légataire, s'il n'y a pas d'autre chemin (6).

Dans les partages, le juge peut établir le passage sur un fonds, pour arriver à un autre fonds (7).

Si plusieurs acquièrent diverses parties d'un même fonds, ils se doivent respectivement le passage (8).

IV. La possession étoit dans nos mœurs, comme par le droit romain, un titre légitime d'acquisition.

---

(2) Leg. 10, ff. *de religios. et sumptib. funer.* — Leg. 5, ff. *de sepulcr. violat.*

(3) Leg. 3, § 3. — Leg. 20, § 2, ff. *de servit. præd. rustic.*

(4) Leg. 66, ff. *de contr. empt.*

(5) Leg. 1, § 2, 3, ff. *si ususfr. petat.* — Leg. 2, § 2, ff. *si servit. vindic.* — Leg. 10, ff. *de servit. urb. præd.* — Leg. 3, § 6, ff. *de adimend. vel transfer. legat.*

(6) Leg. 41, ff. *eod.* — Leg. 81, § 3, ff. *de legat.* 2.° — Leg. 15, § 1, ff. *de us. et usufr. et redit.*

(7) Leg. 22, § 3, *famil. ercisc.* — Leg. 18, ff. *comm. divid.* — *Richeri*, tom. 3, § 1084.

(8) Leg. 23, § 3, ff. *de servit. præd. rust.* — *Richeri*, loc. cit., § 1098.

Elle devoit être immémoriale, parce que cette servitude est du genre des servitudes discontinues (9).

Trente ans suffisoient, quand elle étoit fondée sur un titre *à non domino*, ou sur une dénonciation formelle (10).

Il n'eût fallu que dix ans, si le propriétaire du fonds dominant avoit établi sur le fonds servile un ouvrage visible et permanent, indicatif du passage (11).

Le droit coutumier n'admettoit pas de servitude discontinue sans titre (12).

Le code civil a adopté ce principe, sauf néanmoins le droit déjà acquis à l'époque de sa promulgation, là où il pouvoit l'être par le seul effet de la possession (13).

La possession même immémoriale, ne suffiroit donc plus aujourd'hui ; et la Cour de cassation, contre l'opinion de M. Pardessus, a étendu cette règle au passage forcé, résultant de la situation des lieux, non que le passage ne pût être exigé s'il n'en existoit pas d'autre ; mais sous le rapport de l'indemnité due au propriétaire du fonds servile (14).

V. La situation des lieux donne droit au passage en faveur de celui qui n'a aucun chemin pour arriver à sa propriété.

Le droit romain ne présente qu'un exemple direct de ce

---

(9) *Julien*, sur le Statut, tom. 2, pag. 542. — *Janety*, 1780, pag. 287.

(10) *Julien*, loc. cit., pag. 547.

(11) *Julien*, loc. cit., pag. 550.

(12) *Pardessus*, n.° 275, pag. 476. — *Nouv. Rép.*, v.° *servitude*, sect. 16.

(13) Art. 691.

(14) *Pardessus*, n.° 222, pag. 399. — *Sirey*, tom. 13, pag. 463 ; tom. 12, pag. 298. — *La Laure*, part. 3, chap. 7, pag. 232.

droit. La loi 12, ff. *de religios. etc.*, autorisoit le possesseur d'un sépulcre dans l'enclave d'un fonds, à demander au propriétaire du fonds, le passage pour arriver au sépulcre.

Mais le bien public qui ne permet pas que les fonds restent inutiles, a fait étendre cette décision à tous les cas où le propriétaire se trouve sans chemin (15).

» Si quelqu'un, dit *Bomy*, chap. 9, pag. 23, a une pos-
» session close, en sorte qu'il n'ait aucun chemin pour y aller,
» il faut que le juge accède sur les lieux avec experts et sa-
» piteurs, tous les propriétaires des possessions voisines appelés.

» Là où il ne trouveroit ou ne pourroit reconnoître par
» quel *chemin*, *sentier* ou *viol*, on alloit jadis en ladite pos-
» session close, il faut qu'il avise de quel côté ou de quel bout on
» pourroit plutôt arriver de ladite possession au chemin royal
» ou vicinal avec moins de dam.

» Il établira le chemin de tant de large; c'est à savoir de
» cinq pans, ou de plus, si ainsi bon lui semble.

» Il ordonnera que le maître de ladite possession close,
» payera *au double* ledit chemin audit maître de la possession
» servile; comme si le journal est estimé 10 florins, il lui en
» payera 20, *pour l'indemniser de la servitude de sa posses-*
» *sion* (16). » (*Livre des termes*, part. 2, chap. 21, *fol.*
176, *v.*°)

Le code civil qui a consacré les mêmes règles par les art.

---

(15) *Richeri*, tom. 3, § 1083, pag. 261. — *Julien*, tom. 1, pag. 506, n.° 3. — *Janety*, 1781, pag. 201, 204. — *Pardessus*, n.° 216, pag. 387. — *Cœpoll., de servit. prœd. rust.*, cap. 1, n.° 24, pag. 243. — *Domat, des servitudes*, sect. 1, n.° 10. — *Dunod*, part. 1, chap. 12, pag. 85.

(16) *Janety*, arrêts 1780, n.° 18, pag. 201.

682, etc., veut également que l'*indemnité soit proportionnée au dommage que le passage peut occasionner*, ce qui comprend la valeur du sol et la charge résultante de la servitude. Notre usage, en fixant le tout au double de la valeur du sol, a l'avantage de prévenir les contestations que l'expertise peut faire naître.

VI. Quoique le passage doive régulièrement être pris du côté où le trajet est le plus court, du fonds enclavé à la voie publique, le code et notre coutume, veulent également qu'on ait égard au moins dommageable à celui sur le fonds duquel il est accordé.

VII. La demande ne seroit pas recevable s'il existoit un autre chemin, quelqu'incommode qu'il pût être. La nécessité absolue peut seule autoriser cette atteinte au droit de propriété. Celui, dit *Bomy*, qui n'a *aucun chemin, sentier ou viol*, ensorte que sa propriété soit *close*. Le propriétaire, dit le code, dont les fonds *sont enclavés et qui n'a aucune issue, sur la voie publique* (17).

Il suit de là que le chemin devroit cesser, si l'ouverture d'une voie publique venoit à le rendre inutile (18).

VIII. Il est encore d'autres circonstances où le voisin peut être forcé d'accorder un passage. Telles sont, 1.º l'exploitation des mines, le desséchement d'un marais (19); 2.º les réparations

à

---

(17) *Julien*, sur le Statut, tom. 1, pag. 506, n.º 3. — *Fournel*, v.º *passage*, pag. 344. — *Pardessus*, n.º 218, pag. 392. — *Nouv. Répert.*, v.º *voisinage*, § 4, n.º 4.

(18) *Pardessus*, n.º 225, pag. 403.

(19) *Pardessus*, n.º 226, pag. 404. — *Sirey*, tom. 10, part. 2, pag.

TITRE VI. *Chemins. Art.* 2. § 2.   33

à faire à un bâtiment, à un mur de séparation, soit mitoyen ou de simple clôture, dans l'intérieur des villes.

Dans ces deux dernières hypothèses, le passage momentané est dû sans indemnité en payant le dommage ; mais M. Pardessus pense que l'indemnité seroit due s'il s'agissoit d'une réparation au couvert d'une maison dont le propriétaire n'auroit pas sur le voisin le droit d'égout ou de stillicide (20).

182; tom. 7, part. 2, pag. 218. — Loi sur les *mines*, 21 avril 1810, art. 80. — Loi sur les *desséchemens*, tit. 11, art. 48, etc.
(20) *Pardessus*, n.° 227, pag. 406.

N.° 2. *Étendue du droit de Passage.*

I. Le droit romain distinguoit trois espèces de passage, *iter*, *actus*, *via*.

Iter, le droit de passer à pied ou à cheval.

Actus, celui de faire passer des bêtes chargées, quelquefois même des charriots modérément chargés.

Via, le droit indéfini de passage pour gens, bêtes, voitures, et charrois de toute espèce (1).

Ces distinctions ne sont plus en usage : nous connoissons le *sentier* ou *viol* pour les gens et bêtes chargées; le *chemin* ordinaire pour voitures et charrettes (2).

II. L'étendue du droit se règle par le titre, à défaut, par

---

(1) Leg. 13, ff. *de servit.* — Leg. 7, 8, 12, 23, ff. *de servit. præd. rust.* — *Terrasson*, sur la loi 67 des 12 tables, pag. 163. — *Pothier*, pandect. *de servit. præd. rust.*, n.° 2, tom. 1, pag. 243. — Leg. 11, § 6, ff. *de except. rei judic.* — *Janety*, arrêts, 1780, pag. 306.
(2) *Janety*, loc. cit.

la possession trentenaire (3) ; à défaut de l'une et de l'autre, par l'objet de la concession et par les circonstances particulières (4).

Si rien ne pouvoit expliquer le doute et l'intention, il n'est plus dû qu'un simple sentier, car toute servitude par la nature même de ce droit, est restrainte au pur nécessaire et moins dommageable (5).

III. Le titre détermine quelquefois les époques du passage. Cette précaution est sur-tout utile pour le passage à travers les maisons, jardins et lieux clos ; celui qui jouit de ce droit, n'a pas la liberté d'en jouir à des heures indues, au préjudice du repos et de la sûreté du voisin. Régulièrement, dans les lieux fermés, il ne s'étend pas au temps de nuit (6).

---

(3) *Janety*, loc. cit.
(4) Leg. 3, § 3, ff. *de servit. prœd. rust.* — Leg. 4, § 1, ff. *de servit.*
(5) Leg. 9, ff. *de servit.* — *Richeri*, tom. 3, *de servit.*, § 1090, pag. 263. — *Domat*, tit. *des servitudes*, sect. 1, n.º 9. — *Pardessus*, n.º 62, pag. 108.
(6) Leg. 14, ff. *comm. prœd.* — *Fournel*, v.º *passage*, pag. 375. — *Mornac*, sur ladite loi 14.

N.º 3. *Emplacement du passage.*

I. Si le titre ou la possession n'ont pas déterminé l'emplacement du passage, le droit romain en laissoit le choix au propriétaire du fonds servile, s'il l'avoit accordé à titre gratuit ou au propriétaire du fonds dominant, s'il l'avoit acquis à titre onéreux.

Le nouveau Répertoire observe que là où les parties ne sont pas d'accord, dans l'un et l'autre cas, c'est au juge à décider.

Titre VI. *Chemins. Art.* 2. § 2.

Mais on pense qu'il doit équitablement avoir encore égard à la différence entre ces deux hypothèses (1).

II. L'emplacement une fois déterminé, ne peut plus être changé contre le gré de l'une des parties ; néanmoins celui qui le doit est autorisé à ce changement, si celui à qui le chemin est dû ne doit en recevoir aucun préjudice (2).

Celui-ci de son côté, ne peut rien se permettre qui aggrave la condition du fonds servile (3).

---

(1) Leg. 13, § 1 et ult. — Leg. 21, 22, 26, ff. *de servit. præd. rust.* — Leg. 9, ff. *de servit.* — *Richeri*, tom. 3, § 1070, pag. 259. — *Domat*, loc. cit., sect. 1, n.º 9. — *Pardessus*, n.º 62, pag. 109 ; n.º 219, pag. 393. — *Nouv. Répert*, v.º *servitude*, § 29. — *Fournel*, v.º *passage*, n.º 1, pag. 356.

(2) *Julien*, dans ses *élémens etc.*, pag. 156 — *Cœpolla*, part. 2, cap. 1, n.º 12, pag. 236. — Leg. 20, § 5, ff. *de servit. præd. rust.* — *De Cormis*, tom. 2, col. 1731. — *Nouv. Répert.*, v.º *servitude*, § 29, n.º 4. — *Pardessus*, n.º 70, pag. 123. — *Cod. civ.*, art. 701, 702.

(3) D.º, art. 702. — *Julien, Pardessus, Nouv. Répert.*, loc. cit.

N.º 4. *Largeur du chemin.*

I. La largeur du passage absolu, *via*, étoit fixé par le droit romain, à huit pieds en droite ligne, à seize pieds dans les contours.

Ce droit n'avoit pas déterminé la largeur des deux autres passages, *iter*, *actus* ; il renvoyoit ce point à fixer à des experts arbitres (1).

---

(1) Leg. 13, § 2, 3. — Leg. 8 ; Leg. 23, ff. *de servit. præd. rust.* — *Pothier*, pandect. cod., n.º 3. — *Richeri*, tom. 3, § 1072, pag. 259.

Le règlement de 1729 a fixé parmi nous la largeur des chemins voisinaux. (*Vid. ci-dessus* § 1, n.º 2.)

Il semble donc que telle doit être encore la largeur d'un chemin accordé à un particulier avec faculté absolue de tous charrois.

Fournel fixe la largeur du sentier à deux pieds (2).

Parmi nous, il paroît qu'elle doit être de cinq pans, y compris les bords, puisque telle est, comme on l'a vu, la moindre largeur du passage à accorder à celui qui n'en a point (3). Le règlement *du sort* précité, l'a fixée à Marseille, à quatre pans, si un seul voisin a droit d'y passer; à cinq pans, s'ils sont deux; à sept pans, s'ils sont trois ou au-delà.

II. Celui qui n'a qu'un sentier peut-il demander un chemin de voiture ?

C'est ce qui n'est pas douteux pour le chemin voisinal ou de quartier, dont chaque usager peut, on l'a vu, demander l'agrandissement.

Mais ce droit n'appartient pas à celui à qui il n'est dû qu'un chemin particulier de servitude ou de souffrance, soit qu'il l'ait acquis par titre ou par possession.

Par titre, parce qu'il ne peut rien réclamer au-delà de ce que son titre lui donne.

Par possession, parce qu'elle n'acquiert que ce que l'on a possédé.

Inutilement on voudroit faire valoir l'incommodité qui résulte d'un passage trop resserré, le mode actuel d'exploitation

---

(2) *Fournel*, v.º *chemin*, pag. 293.
(3) *Janety*, 1781, pag. 201.

qui a substitué presque par-tout le transport par charroi au transport par bêtes de charge ; par cela même que ce mode est nouveau, il n'est pas absolument nécessaire, et la servitude est restrainte à l'absolu nécessaire.

Le droit romain prohiboit à celui qui réparoit le chemin, d'en changer l'état, notamment, de l'élargir : *ne quis dilatet* (4).

Le code civil, art. 702, veut que celui à qui la servitude est due, ne puisse en user *que suivant son titre* ; qu'il ne puisse faire dans le fonds *qui la doit*, de changement qui en *aggrave la condition*.

Celui qui a un chemin, quelque incommode qu'il puisse être, n'en peut demander un autre.

Comment donc celui qui a un sentier, pourroit-il demander un chemin plus large, et se procurer, dans une matière où tout est de rigueur, un avantage repoussé par les principes conservateurs du droit de propriété (5).

---

(4) Leg. 3, § 15, ff. *de itiner. actuque privat.*
(5) *Pardessus*, n.º 220, pag. 396, 397.

N.º 5. *Réparations.*

Le droit de passage comprend le droit de l'établir, de le réparer, de l'entretenir à ses frais, à la charge d'indemniser le propriétaire du fonds servile de tout le dommage qu'il peut en recevoir (1).

---

(1) Leg. 10, 15, § 1, ff. *de servit.*—Leg. 20, § 1, ff. *de servit. præd. urb.*—Leg. 11 et § 1, ff. *comm. præd.*—Leg. 4, § 5, ff. *si servit. vindic.*—Leg. 3, § 14.—Leg. 5 et § 1, ff. *de itin. actuque privat.*—Cod. civ., art. 697.

N.º 6. *Perte du droit de Passage.*

Cette question dont les principes sont par-tout, n'entre dans notre plan que pour une observation relative au changement de la législation.

Ce droit, comme les autres servitudes discontinues, se perdoit parmi nous par le non usage pendant dix ou vingt ans (1).

Le code civil exige trente ans (2).

Ainsi, celui qui depuis la publication du code n'aurait cessé de jouir que depuis 5, 8 ou 9 ans, ne perdroit son droit qu'après 30 ans, du jour où il a commencé de ne plus jouir.

---

(1) *Julien*, sur le Statut; tom. 2, pag. 554, n.º 25.
(2) Art. 706, 707.

N.º 7. *Action résultante du droit de Passage.*

I. La servitude, stipulée pour l'intérêt du fonds, est un droit réel, immobilier par l'objet auquel elle s'applique (1); l'action qui en dérive est donc une action réelle (2).

Cette action peut être intentée ou sur le droit au fonds, ou sur le possessoire.

C'est sous le rapport du possessoire, que l'on va présenter quelques observations relatives à la législation actuelle.

II. On sait que l'action possessoire ou en complainte est celle qui compète à celui qui possède un fonds ou un droit réel depuis l'an et jour, *nec vi, nec clàm, nec precario* (3).

---

(1) Leg. 34, ff. *de servit. præd. rust.* — *Cod. civ.*, art. 637.
(2) § 2, infr. *de act.*—Leg. 2, 6, § 3, ff. *si servit. vind.*—*Pardessus*, n.º 322, pag. 552.
(3) *Cod. de Procéd.*, art. 23. — *Henrion*, chap. 36, pag. 369. — *Pardessus*, loc. cit., pag. 553.

Titre VI. *Chemins. Art.* 2. § 2.

Qu'elle est fondée sur cette présomption, que celui qui possède est légitime possesseur et propriétaire (4).

Elle est admise en matière de servitude, vû que la servitude est un droit réel (5).

III. Elle étoit donc admise parmi nous pour le droit de passage, parce que, comme on l'a vu, le droit pouvant y être acquis par le seul effet de la possession immémoriale, la possession annale faisoit présumer la propriété.

Mais depuis que le code civil a déclaré que les servitudes discontinues ne pourroient être acquises sans titre, la possession n'étant plus une présomption de propriété, l'action en complainte ne peut plus être admise sur le fait de la simple possession (6).

IV. Il en seroit autrement, si cette possession étoit fondée en titre : l'exécution provisoire est alors due au titre, suivi de la possession de l'an et jour.

Bien qu'en règle ordinaire, le titre soit étranger à l'action possessoire, il doit néanmoins être consulté lorsque les preuves de possession respective se balancent mutuellement. Dans ce cas, « ce n'est pas un titre que le juge applique, c'est un indicateur

---

(4) *Idem*, n.º 323, pag. 554.— *Pothier*, tit. de la *possession*, n.º 83.

(5) *Henrion*, chap. 43, § 6, pag. 421. — *Pardessus*, n.º 322, pag. 552. — *Janety*, sur le *règlement de la cour*, tom. 2, pag. 119. — *Sirey*, tom. 10, pag. 333; tom. 8, pag. 37.— *Nouv. Répert.*, v.º *complainte*, § 3, pag. 656.

(6) *Henrion*, chap. 43, § 6, pag. 421.— *Pothier*, de la *possession*, n.º 9091. — *Nouv. Répert.*, v.º *complainte*, § 2, pag. 656. — *Pardessus*, n.º 323, pag. 554.—*Quest. de droit*, v.º *servitude*, § 5; au *supplément*, tom. 4, pag. 172.— *Sirey*, tom. 7, pag. 75; tom. 8, pag. 37, 493; tom. 6, pag. 273.

» qu'il consulte ; ce n'est pas le *pétitoire* qu'il juge, c'est le
» *possessoire* qu'il éclaire ; il ne contrevient donc pas à la loi
» qui lui défend de les cumuler (7). »

V. On a vu que le code en excluant à l'avenir la possession immémoriale en fait de servitude discontinue, a néanmoins conservé celles qui déjà, à cette époque, se trouvoient acquises par cette voie.

De là s'est élevée la question de savoir si, dans cette hypothèse, le propriétaire d'un droit de passage seroit admis à la complainte, en cas de trouble depuis le code.

Dès que le droit au fonds est conservé, l'action possessoire qui en est l'accessoire naturel, semble d'abord l'avoir été aussi. Il semble qu'on ne pourroit la refuser sans faire rétroagir le code, lors même qu'il a respecté le droit au fonds.

Mais la complainte n'admet d'autre preuve que celle de la possession annale. Cette preuve, on l'a vu, seroit aujourd'hui insuffisante ; la feroit-on remonter à la possession annale avant le code, ce seroit dénaturer l'action qui n'est fondée que sur cette possession dans l'an qui a précédé le trouble. Le juge admetroit-il la preuve de la possession immémoriale avant le code, alors il jugeroit le fonds, quand la loi ne lui permet que de juger le possessoire, et lui défend expressément de les cumuler.

L'auteur des *Questions de droit*, et la Cour de cassation,
paroissoient

---

(7) *Henrion*, chap. 51, pag. 496. — *Dunod*, part. 3, chap. 6, pag. 289. — *Questions de droit*, v.º *complainte*, § 2, pag. 451. — *Sircy*, tom. 10, pag. 334 ; tom. 13, pag. 81.

paroissoient avoir regardé cette question comme douteuse (8). Mais le 10 février 1812, cette Cour se décida pour la négative, conformément à l'opinion de M. Henrion de Pansey (9).

Cette décision est rigoureuse. Le possesseur légitime seroit bien à plaindre, s'il pouvoit être troublé impunément, par cela seul que son droit au fonds, n'est pas encore établi. On sait d'ailleurs que la preuve au possessoire termine presque toujours la contestation ; il étoit rare parmi nous de voir les parties se livrer après cette preuve, à la discussion du fonds.

Il est à désirer qu'on puisse trouver sur cette question transitoire, un juste tempérament, qui concilie les droits du propriétaire à la complainte, avec la nature et la marche de cette action.

---

(8) *Questions de droit*, v.° *servitude*, § 5 ; tom. 4 du supplément, pag. 172. — *Sirey*, tom. 10, pag. 333.

(9) *Sirey*, tom. 13, pag. 3. — *Henrion*, chap. 43, § 7, pag. 428.

ARTICLE 3.

Compétence en matière de Chemins.

I. Les contraventions aux règlemens sur les chemins royaux ou *grands chemins*, sont de la compétence des conseils de préfecture, sauf l'appel au conseil d'état.

Mais, si outre l'amende qui résulte de ces contraventions, il y avoit lieu à une autre peine, le conseil de préfecture prononce l'amende et renvoie pour l'application de la peine, au tribunal correctionnel (1).

---

(1) *Loi* du 29 floréal an 10. — *Décis. du cons. d'état*, du 21 mars 1807. — *Nouv. Répert.*, v.° *chemin*, pag. 256. — *Henrion*, chap. 22, § 2, pag. 203.

II. Il en est de même des chemins *vicinaux* ou *publics*, pour la reconnoissance de leurs limites, la fixation de leur largeur, les discussions qui s'élèvent au sujet des arbres plantés sur leurs bords (2).

Mais les poursuites contre ceux qui les dégradent, ou qui les obstruent par divers embarras, sont, suivant la nature des peines, de la compétence des tribunaux de simple police ou des tribunaux correctionnels (3).

III. La question de savoir si un chemin est *grand chemin* ou seulement chemin *vicinal* ou public, est de la compétence des conseils de préfecture (4).

IV. Mais la question de savoir si un chemin est *vicinal* ou *public*, ou une propriété privée, un simple chemin de servitude, de *souffrance*, dégénérant en question de propriété, est de la compétence exclusive des tribunaux civils. En conséquence, le tribunal correctionnel, quand cette exception lui est proposée, est tenu de surseoir à la plainte, jusques à ce que les tribunaux ordinaires aient statué sur la question de propriété(5).

V. Tout ce qui concerne les chemins particuliers ou privés, *voisinaux* ou autres, est de la compétence des tribunaux civils (6).

---

(2) *Loi* du 9 ventôse an 13. — *Nouv. Répert.*, v.° *chemin public*, pag. 261.

(3) *Nouv. Répert.*, loc. cit., pag. 263.—*Pardessus*, n.° 216, pag. 389. — *Henrion*, loc. cit., § 3, pag. 214.

(4) *Nouv. Répert.*, loc. cit., pag. 263. — *Pardessus*, n.o 216, pag. 389.—*Henrion*, loc. cit., § 3, pag. 214.

(5) *Nouv. Répert.*, v.° *chemin public*, n.o 6, pag. 261, 262.—*Quest. de droit*, v.o *délit*, § 6, pag. 285. — *Sirey*, tom. 9, pag. 235; tom. 10, pag. 263; tom. 13, part. 2, pag. 7.—*Henrion*, chap. 22, § 1, pag. 199.

(6) *Sirey*, tom. 7, part. 2, pag. 825.—*Pardessus*, n.o 216, pag. 389.

Titre VI. *Chemins. Art.* 3.

VI. L'action possessoire ou en complainte est de la compétence exclusive des juges de paix (7).

Même dans les matières à l'égard des quelles le droit au fonds est du ressort de l'autorité administrative et dont les tribunaux civils ne pourroient connoître au *pétitoire* (8).

VII. Cependant, si déjà les parties se trouvoient en procès par devant un tribunal civil sur le fonds du droit, l'action en complainte résultante du trouble donné au possesseur pendant le litige, devroit être portée au tribunal saisi du litige; car il ne peut y avoir pour le même objet, deux procès pendans au même tems dans deux tribunaux différens (9).

---

(7) *Loi* du 24 août 1790, tit. 3, art. 10. — *Henrion*, chap. 31, pag. 350.

(8) *Henrion*, chap. 40, pag. 398. — *Nouv. Répert.*, v.° *complainte*, § 6, n.° 4; v.° *Actes administratifs.* — *Sirey*, tom. 7, part. 2, pag. 392.

(9) *Henrion*, chap. 54, pag. 514.

TITRE VII.
Des Murs.

Nos usages sur les murs qui séparent deux édifices ou deux fonds, sont exposés par *Bomy*, chap. 10, 11, 12, 13, 14 et 21.

Nous diviserons les observations dont cette matière est susceptible, en cinq articles:

1.° Murs mitoyens;
2.° Murs de clôture;
3.° Murs de soutènement aux champs;
4.° Exhaussement des murs;
5.° Obligations des copropriétaires d'une même maison, relativement aux réparations qu'elle exige.

Article I.er

Mur mitoyen.

I. Un mur est *mitoyen*, lorsqu'il a été construit à frais communs, sur un sol commun, par ceux dont il sépare les édifices ou les propriétés;

Ou, lorsque construit par l'un d'eux seulement, et sur son sol, l'autre en a acquis la copropriété (1).

II. La mitoyenneté est de droit pour les murs servans de séparation, entre maisons, cours et jardins, dans les villes et leurs faubourgs, jusques à la hauteur de la clôture, telle qu'elle est déterminée par les règlemens locaux. A défaut, le code civil, art. 663, fixe cette hauteur à 8 ou 10 pieds, suivant leur population.

Elle est parmi nous de 10 pans (2).

III. L'épaisseur du mur mitoyen doit être proportionnée à sa hauteur et à la charge qu'il est destiné à supporter. Les uns lui donnent en général, 15 pouces, d'autres 18 (3); notre usage est d'un pan et demi.

IV. Le droit commun a toujours présumé *mitoyen* le mur qui sépare deux possessions.

Telle étoit notre règle (4).

Le code civil, art. 653, a posé le principe comme il suit.

---

(1) *Nouv. Répert.* v.º *mitoyenneté*, § 1, pag. 312. — *Fournel*, eod. v.º, pag. 270. — *Pardessus*, n.º 143, pag. 262.

(2) *Bomy*, chap. 10, pag. 25.

(3) *Pardessus*, n.º 150, pag. 275. — *Lois des bâtimens*, art. 193, pag. 183.

(4) *Bomy*, chap. 10, 11. — Vid. *Richeri*, tom. 3, § 1024, pag. 248.

Titre VII. *Murs. Art.* 1.

« Dans les villes et campagnes, tout mur servant de sépa-
» ration *entre bâtimens*, jusques à l'héberge (5), ou *entre*
» *cours et jardins*, et même *entre enclos dans les champs*,
» est présumé mitoyen, *s'il n'y a titre ou marque contraire.* »

Mais cette nouvelle loi diffère de nos usages sur les marques de non-mitoyenneté.

« Il y a marque de non-mitoyenneté, dit l'art. 654 du code,
» lorque la sommité du mur est droite et aplomb de son pare-
» ment d'un côté, et présente de l'autre un plan incliné.
» Lorsqu'il n'y a que d'un côté, ou un *chaperon* (6), ou un
» *filet* ou *corbeaux de pierre* (7) qui y auroient été mis *en*
» *bâtissant le mur*.
» Dans ce cas, le mur est censé appartenir exclusivement
» au propriétaire du côté duquel sont l'*égout* ou les *corbeaux*
» et *filets* de pierre. »

Le code présume donc le mur mitoyen, soit que ces signes extérieurs se trouvent des deux côtés du mur, soit qu'il n'y en ait aucuns.

Notre coutume, conforme à l'opinion reçue dans le pays de droit écrit (8), avoit adopté d'autres règles.

---

(5) Hauteur et superficie de la maison relativement à celle du voisin. — *Ancien Répert.*, v.° héberge. — *Lois des bâtimens*, pag. XXI. — *Lalaure*, liv. 3, chap. 9, not. 6.

(6) Plan incliné, pratiqué au haut du mur pour l'écoulement des eaux pluviales. — *Lois des bâtimens*, art. 209, pag. 345, n.° 40.

(7) Pierres ou fers, posés en saillie sur le nud du mur, en dessous des poûtres. — *Lois des bâtimens*, v.° corbeau, pag. XVII. *Id.*, art. 207, n.° 11, pag. 322. — *Pardessus*, n.° 161, pag. 297.

(8) *Cœpolla*, part. 1, cap. 40, n.° 13, pag. 127. — *Richeri*, tom. 3, n.° 1025, pag. 248.

Bomy, chap. 11, pag. 26, raisonnant sur un mur divisoire de deux maisons de hauteur inégale, indique comme marques de non-mitoyenneté les faits suivans :

1.º Si les poutres de la maison plus basse ne sont *plantées et fichées dans ladite muraille depuis long-temps*, que cette maison fut seulement *ajustée et bâtie tout joignant ladite muraille, ayant seulement le toît d'icelle*, son RIVET ou SERRADE *fait avec du mortier contre ladite muraille*. « Car, dit-il, ladite
» *serrade* qui se fait pour garantir ladite maison basse du dégoût
» de l'eau pluviale qui pourroit glisser entre ledit toît et ladite
» muraille, n'attribue aucun droit ni seigneurie en faveur de
» celui qui l'a fait faire. »

2.º S'il n'y a sur le mur des fenêtres des deux côtés.

3.º « Si depuis le toît de la maison basse, tirant vers le haut
» de ladite muraille, il n'apparoissoit pas de vieux trous de
» sommiers ou *redons*, que ladite maison basse eut été jadis
» bâtie plus haut, et que par ce moyen elle eut eu son appuyage
» sur ladite muraille. » (*Livre des termes, part. 2, chap. 84, fol. 258 v.º*).

Du reste, nos usages et le code s'accordent sur ce point, que l'apposition des signes ou la construction des ouvrages ne sont marques de non-mitoyenneté, qu'autant qu'ils dattent de la construction du mur, ou du moins, d'une époque ancienne, *depuis long-temps*, dit *Bomy* ; et bien que le code exige que les signes y aient été mis, *en bâtissant le mur*, le Nouveau Répertoire observe que ceux qui existent depuis 30 ans, sont présumés remonter à cette époque ; *leur existence trentenaire est une présomption légale qu'ils ont été faits régulièrement* (9).

---

(9) V.º *mitoyenneté*.

C'est sur quoi nous reviendrons plus bas, art. 2, n.º X.

Il étoit de règle à Marseille que tout mur joignant le fonds voisin, y étoit réputé mitoyen, s'il n'y avoit *titre* contraire; mais dans le terroir, il n'y avoit de mitoyenneté que de gré à gré et par convention.

V. On a demandé si les marques de non-mitoyenneté adoptées par le code sont désormais exclusives de toutes autres présomptions.

Les Cours d'appel d'Aix, de Toulouse et de Lyon, avoient proposé d'ajouter à ces marques celles qui résultoient dans les pays de droit écrit des ouvertures extérieures, telles que portes ou fenêtres, ou des signes de ces anciennes ouvertures (10). Le silence de la loi, qui d'ailleurs n'a pas jugé à propos de se référer sur ce point aux usages locaux, ne permet pas de croire, dit M. Pardessus (11), qu'on ait accueilli leurs observations.

Mais comme l'observe le même auteur, la disposition du code ne s'applique qu'aux murs construits depuis cette loi, et c'est encore d'après les usages locaux, que l'on devra se régler pour les murs dont l'existence remonte à une époque antérieure.

VI. Le code, on l'a vu, ne présume la mitoyenneté dans les champs, qu'*entre enclos*. Si donc les deux fonds ne sont pas tous les deux enclos, la présomption cesse; on doit alors se décider par d'autres circonstances; et c'est à cette hypothèse que l'on peut appliquer les observations du Nouveau Répertoire

---

(10) *Discus. du code*, art. 684, tom. 1, pag. 632, not. 2. — *Pardessus*, n.º 161, 181, pag. 298, 334.

(11) *Pardessus*, loc. cit., n.º 161.

et de M. Malleville (12), sur les terrains de hauteur inégale ; sur deux fonds dont l'un seroit vigne ou verger, quand l'autre ne seroit qu'une terre labourable ou un bois.

Mais si les deux fonds sont également clos, la disposition du code est absolue. L'inégalité de hauteur devient indifférente, dit M. Pardessus ; le propriétaire de l'enclos dont le sol est plus élevé, construit et entretient à ses frais le mur qui soutient son terrain ; mais le mur de clôture, construit sur le mur de terrasse qui lui sert de fondement, est toujours réputé mitoyen (13).

VII. Lorsque le mur n'est pas mitoyen, le voisin peut obliger le propriétaire de le rendre mitoyen en tout ou en partie.

Telle est la disposition des art. 660 et 661 du code, soit que ce mur soit entièrement propre au voisin, soit que, commun dans le principe à tous les deux, l'un d'eux seulement l'eût fait exhausser à ses frais.

Dans ce dernier cas, l'autre peut acquérir encore la mitoyenneté de l'exhaussement.

A cet effet, celui, dit l'art. 661, qui veut acquérir la mitoyenneté, doit rembourser au maître du mur la moitié de sa valeur, ou la moitié de la valeur qu'il veut rendre mitoyenne, et moitié de la valeur du sol sur lequel le mur est bâti.

Celui, dit l'art. 660, qui veut acquérir la mitoyenneté de l'exhaussement, doit payer la moitié de la dépense que cet exhaussement a coûté, et de la valeur du sol fourni pour l'excédent de l'épaisseur, s'il y en a (14). Tels

---

(12) *Nouv. Répert.*, v.° *mitoyenneté*, n.° 5, pag 314. — *Malleville*, sur l'art. 654.

(13) *Pardessus*, n.° 149, pag. 272.

(14) *Fournel*, v.° *mur de clôture*, n.° 5, pag. 294. — *Pardessus*, n.° 150, pag. 277. — *Lois des bâtimens*, art. 195, pag. 176.

Tels étoient nos usages expliqués par *Bomy*, quoiqu'avec moins de précision.

Au chap. 10, pag. 25, il dit, en parlant d'un mur non mitoyen : « Si le voisin veut, il peut bâtir contre ladite muraille, sans » payer carq ou droit d'appuyage, que de ce qui est pardessus » dix pans. » (Hauteur de la clôture, jusques à laquelle on a vu, n.º 11, que tout mur divisoire est de droit mitoyen.)

Au chap. 14, pag. 33, il dit : « Si quelque propriétaire a tenu » sa maison basse, et qu'en après il lui vienne à gré de la re- » hausser, il pourra le faire... et en la rehaussant, ficher et en- » chasser és dites murailles, ses sommiers, poûtres, soliveaux » et chevrons, *en payant le droit de carq ou d'appuyage*, » lequel s'estime à la moitié du prix et valeur que peuvent » valoir les dites murailles, ayant égard au temps du rehaus- » sement et appuyage.

» Item, si ledit propriétaire veut faire sadite maison plus » haute que ne sont les murailles de ses voisins, il pourra bâ- » tir de ça et de là sur lesdites murailles, *ayant payé le droit* » *de carq*.

» Ce que dessus est gardé et observé *suivant la coutume* » *provençale*, laquelle n'est conforme à la disposition du droit » romain, qui prohibe de ficher, enchasser sommiers ni poûtres, » soliveaux ni chevrons dans les murailles de nos voisins, ni » bâtir sur icelles, qu'on n'ait préalablement acquis le droit qu'on » appelle *tigni immitendi*, ou la servitude *oneris ferendi*. » (*Livre des termes*, part. 2, chap. 78, fol. 230.)

Bomy, dans ces divers passages, ne raisonne que dans l'hypothèse où le voisin n'acquiert la mitoyenneté, que pour en faire usage sur le champ, ou pour mieux dire, où il ne l'acquiert que par cet usage.

De-là, on pourroit croire qu'il ne lui donne pas le droit de l'acquérir, indépendamment de l'usage qu'il pourroit en faire par la suite.

Mais l'art. 661 du code, exclut cette idée; l'on tient que la mitoyenneté peut être acquise par celui même qui ne se proposeroit pas d'en user pour le moment, et c'est ce que la Cour de cassation a décidé le premier décembre 1813 (15).

Notre auteur appelle droit *de carq ou d'appuyage* le remboursement dû au propriétaire du mur. Ce droit, dit-il, s'estime à la moitié du prix et valeur du mur, au temps du rehaussement et appuyage.

Il est sensible que celui qui acquiert la mitoyenneté d'un mur, doit rembourser la moitié de sa valeur, ainsi que de celle du sol sur lequel le mur est établi.

Mais si ensuite, il vient à rehausser ce mur, il doit encore *l'indemnité de la charge*, en raison *de l'exhaussement*. (*Cod. civ.*, art 658.) Tel est proprement le droit de *carq*, et il faut convenir que le code présente sur ce point des idées plus nettes et plus précises, autant qu'elles sont justes et convenables à la nature de la chose; car toute acquisition doit avoir un prix, tout préjudice doit être réparé.

Mais en acquérant la mitoyenneté, doit-on payer le mur et le sol tels qu'ils se trouvent, lors même que l'épaisseur ou la qualité des matériaux excéderoient l'épaisseur ou les qualités ordinaires ?

---

(15) *Pothier*, contrat de *société*, n.º 248. — *Pardessus*, n.º 164, pag. 282. — *Lois des bâtimens*, art. 194, pag. 159, n.º 8. — *Sirey*, tom. 14, pag. 95.

C'est ce qui paroît légal et juste, quand l'acquisition est volontaire.

Mais lorsque celui des deux voisins qui a construit ou rebâti le mur à ses frais, répète de l'autre la moitié de la dépense, il ne peut exiger que la valeur ordinaire (16).

VIII. Une question bien importante est de savoir ce que chacun des copropriétaires peut se permettre sur le mur *mitoyen*.

En général, nos usages étoient à cet égard conformes à la règle établie par les art. 637, 658, 662, 674 et 675 du code.

Le copropriétaire peut bâtir contre le mur mitoyen (17);

Y placer ses poûtres et solives (18);

Le faire exhausser (19);

Il ne peut y pratiquer ni fenêtres ni ouvertures (20) ni enfoncemens (21);

Ni y appliquer ou appuyer aucun ouvrage sans le consentement de l'autre, ou sans avoir, à son refus, fait régler par experts les moyens nécessaires pour que le nouvel ouvrage ne soit pas nuisible aux droits de l'autre (22).

Les puits, les fosses d'aisance, les cheminées, âtres, forges, fours ou fourneaux, les étables, les magasins de sel ou amas de matières corrosives, ne peuvent être établis près de tout mur

---

(16) *Pardessus*, n.° 154, pag. 283. — *Lois des batimens*, art. 194, n.° 28, pag. 171.

(17) *Cod.*, art. 657.

(18) *Eodem.*

(19) Art. 658.

(20) Art. 675, vid. *infrà* tit. 8.

(21) Art. 652.

(22) *Eodem.*

mitoyen ou non, qu'en laissant la distance prescrite par les règlemens et usages locaux, ou en faisant les ouvrages prescrits par les mêmes règlemens et usages, pour éviter de nuire au voisin (23).

Les mêmes règles se résument de ce que dit *Bomy*, chap. 10, 11, 14, 6 et 12. Elles sont observées pour les puits à Marseille ; l'usage est d'y pratiquer un contre-mur d'un pied d'épaisseur, suivant l'art. 191 de la coutume de Paris.

Nos usages différoient de l'art. 657 du code, en ce que cet article permettant de placer dans toute l'épaisseur du mur mitoyen, des poûtres ou solives à deux pouces près, réserve au voisin le droit de faire réduire à l'ébauchoir, le poûtre *jusques à la moitié du mur*, dans le cas où il voudroit lui-même asseoir des poûtres dans le même lieu, ou y adosser une cheminée (24).

Ce retranchement n'étoit pas permis parmi nous, sauf au voisin de placer ses poûtres par-tout ailleurs, qu'au point de rencontre. C'est ce que le Parlement d'Aix avoit jugé en mars 1680 (25).

Il semble que ce juste tempérament devroit encore être suivi, quand la chose est praticable sans inconvénient pour le voisin. Son insistance dans ce cas, ne seroit qu'un trait d'humeur et d'émulation.

La prohibition de pratiquer dans le mur mitoyen, des enfoncemens, des fenêtres, des ouvertures est absolue. C'est ce que l'on verra pour les fenêtres sur le titre suivant.

―――――

(23) Art. 674.
(24) *Pardessus*, n.º 169, 171, 172, pag. 312. — *Lois des bâtimens*, art. 203, pag. 308.
(25) *Decormis*, tom. 2, col. 1819. — *Lois des bâtimens*, art. 203, pag. 308.

Titre VII. *Murs. Art.* 1.

On ne peut donc construire des cheminées dans l'épaisseur du mur mitoyen (26).

Au contraire, la prohibition d'y appliquer ou appuyer aucun ouvrage, est subordonée aux précautions nécessaires pour éviter de nuire au voisin.

De là les auteurs observent que la permission deviendroit inutile, s'il ne s'agit que d'adosser contre le mur des objets incapables de le dégrader (27).

Nous parlerons de l'exhaussement sur l'art. 4.

IX. Les réparations et reconstructions du mur mitoyen sont à la charge commune des copropriétaires, en proportion des droits qu'ils peuvent y avoir (28).

Si le mur n'étoit pas construit d'après les règles ordinaires, soit pour l'épaisseur, soit pour la qualité des matériaux, l'un d'eux peut exiger lors de la réconstruction, qu'il soit refait tel qu'il auroit dû l'être (29).

Le copropriétaire peut se soustraire à toute contribution, en abandonnant la mitoyenneté, pourvu toutefois que le mur ne soutienne pas un bâtiment qui lui appartienne (30).

M. Pardessus pense que par une conséquence de l'art. 661 du code, il peut revenir ensuite sur ses pas et racheter la mitoyenneté (31).

(26) *Lois des bâtimens*, art. 189, pag. 103; art. 208, n.º 9, pag. 337.
(27) *Pardessus*, n.º 169, 174, pag. 312, 321.—*Lois des bâtimens*, art. 194, n.º 12, pag. 162.—*Fournel*, v.º *Mur*, n.º 4, pag. 293.
(28) *Pardessus*, n.º 165, pag. 304.—*Fournel*, loc. cit., n.º 6, pag. 296.—*Bomy*, chap. 10, pag. 25, 26.—*Cod. civ.*, art. 655.
(29) *Pardessus*, n.º 166, pag. 308.
(30) *Cod. civ.*, art. 656.—*Pardessus*, n.º 167.
(31) *Idem*, n.º 168, pag. 311.

X. La mitoyenneté peut se perdre par la prescription. Rien ne s'oppose à ce que l'un des copropriétaires cède à l'autre l'entière propriété du mur, et la prescription de trente ans suppose le titre.

C'est ainsi que, comme on l'a vu ci-dessus n.º IV, on perd le droit de mitoyenneté, si pendant trente ans, on a toléré de la part du voisin, des entreprises inconciliables avec ce droit, ou des signes extérieurs placés d'un seul coté (32).

---

(32) *Pardessus*, n.º 160, 162, pag. 294, 299. — *Nouv. Répert.*, v.º *mitoyenneté*, n.º 6, 8, pag. 314, 315.

ARTICLE 2.
Murs de clôture.

I. « Chacun, dit l'art. 663 du code, peut contraindre son » voisin dans les *villes et faubourgs*, à contribuer aux cons- » tructions et réparations de la clôture faisant séparation de leurs » *maisons, cours et jardins.* »

On a vu, ci-dessus, art. 1, n.º II, que la hauteur de cette clôture est parmi nous de 10 pans.

On voit dans *la discussion du code*, sur cet article, que cette obligation paroissoit n'avoir été adoptée en principe, que pour les villes d'*une population un peu nombreuse*. Mais l'article ne présente plus cette modification (1).

Au-dessus de la hauteur de la clôture, le mur est à la charge de celui à qui il appartient (2).

II. Le mur de simple clôture peut être construit en terre (3).

---

(1) *Malleville*, sur l'art. 663. — *Nouv. Répert.*, v.º *clôture*, § 2.
(2) *Bomy*, chap. 10, pag. 25.
(3) *Pardessus* n.º 148, pag. 270. — Vid. *lois des bâtimens*, art. 209, n.º 7, pag. 345.

Lors même qu'il soutiendroit le bâtiment d'un des deux voisins, l'autre ne sauroit être justement soumis à une plus forte dépense, puisqu'il ne profite pas de la plus grande solidité, sauf s'il vouloit bâtir ensuite sur ce mur, de payer à plein la moitié de sa valeur, comme on l'a dit, art. 1, n.º VII.

III. Si les terreins que sépare le mur de clôture sont de hauteur inégale, le propriétaire du terrein supérieur construit à ses frais le mur qui soutient son terrein. Le mur établi sur le mur de soutènement, est seul mur de clôture et à frais communs, ainsi qu'on l'a expliqué sur l'art. 1, n.º VI.

IV. Celui qui a fait construire seul le mur de clôture, peut-il répéter contre son voisin la moitié des frais? Desgodets paroît dire que ce n'est que lorsqu'il faudroit reconstruire ou réparer le mur qu'il pourroit obliger le voisin d'y contribuer. M. Pardessus pense le contraire, et depuis que le code a fait de la clôture une obligation générale et absolue, cette opinion paroît préférable (4).

V. Par suite du même principe, on pense avec le même auteur, qu'on ne pourroit se refuser à la reconstruction de la clôture, en offrant au voisin le sol nécessaire.

VI. On a demandé si le propriétaire voisin d'un mur de clôture dans les champs, peut cultiver son fonds jusques à sa limite, tout comme il eût pu le faire avant la construction du mur, ou s'il doit laisser un intervalle libre, pour prévenir la dégradation du mur.

Cette question sera plus utilement discutée sur l'article suivant.

---

(4) *Pardessus*, n.º 151, pag. 276. — *Lois des bâtimens*, art. 194, n.º 11, pag. 161.

Article 3.

Mur de soutènement aux champs.

I. Il se rencontre souvent dans les campagnes des fonds limitrophes dont l'un est plus élevé que l'autre.

On a vu sur l'art. 1, n.º 1, et sur l'art. 2, n.º III, que le mur qui soutient le terrein plus élevé, est à la charge du propriétaire supérieur.

Cette règle est fondée sur ce que le propriétaire supérieur l'est aussi de la rive, ensemble des arbres qui croissent sur cette rive. *La ribo es d'oou subeiran.*

« La coutume, dit *Bomy*, chap. 21, pag. 42, porte que
» le maître du fonds supérieur ou *subeiran*, doit entretenir et
» réparer ladite muraille à ses dépends, et être déclaré pro-
» priétaire desdites rives et arbres les bordans.

» Cette règle, ajoute-t-il, a lieu, encore que le maître du
» fonds supérieur ait donné chemin à quelque sien voisin par
» sondit fonds, joignant quelques-unes desdites murailles ou
» rives, ne plus ne moins que si ledit chemin n'existoit pas. »

II. C'est ici le lieu d'examiner la question proposée sur l'article précédent, n.º VI.

Cette question peut être examinée dans deux hypothèses.

La première, est celle où les deux fonds de hauteur inégale, sont séparés par une rive, comme on vient de le voir.

La seconde est celle où ils se trouvent de niveau ou à peu près.

Dans la première hypothèse, le propriétaire supérieur a dû pour établir le mur, couper la rive, naturellement en talus, et en laisser même au-delà, une partie que l'on appelle en Provence

vence : *Lou Récoousset.* Le voisin doit donc laisser cette partie intacte. Il ne lui seroit pas permis d'y étendre ses cultures, puisqu'elle ne lui appartient pas.

Là où les deux fonds ne sont pas limités par des termes, notre usage a fixé la largeur du *récoousset* à 18 pouces.

Il arrive quelquefois que, contre la règle ordinaire, la rive appartient à l'inférieur, soit par titre ou par prescription, et que c'est lui qui a construit le mur de soutènement. Dans ce cas, il est sensible que si le supérieur poussoit ses cultures jusques et joignant le mur, l'infiltration des eaux l'auroit bientôt dégradé. Il doit donc laisser encore le même espace, non à titre de propriété, mais parce qu'en accordant à l'inférieur la rive qui lui appartenoit de droit, il s'est interdit nécessairement de porter préjudice au mur qui la soutient; *qui vult finem, vult media.* (Cod. civ. art. 701.)

Dans la deuxième hypothèse, là où les deux fonds sont de niveau, il faut distinguer : ou le mur joint à l'héritage voisin avec moyens, ou il le joint immédiatement et sans moyens.

Le droit romain vouloit que le voisin ne pût établir son mur qu'à un pied de distance du fonds voisin ; *si maceriam, pedem relinquito.* (Leg. 13, ff. *famil. ercisc.*)

Nous n'avons pas adopté cette règle en France ; le voisin peut établir son mur sur la limite joignant sans moyens le fonds voisin.

Il est cependant assez d'usage de laisser entre le mur et le fonds voisin, un espace libre que l'on appelle *le tour de l'échelle*; mais il n'est parmi nous ni loi, ni coutumes qui en aient fait une obligation (1).

---

(1) Vid. *Fournel*, v.º *mur*, § 174, n.º 1, etc., pag. 284.

Dans ce cas, il est sensible que le voisin ne peut cultiver cet espace que le propriétaire du mur a laissé en dehors pour sa commodité.

Lors, au contraire, que le mur établi sur la limite, joint le fonds voisin sans moyens, on ne voit pas sur quels fondemens le propriétaire de ce fonds pourroit être obligé d'en laisser une partie sans culture ; il pouvoit cultiver son champ jusques à la limite, quand le mur n'existoit pas ; la construction du mur ne sauroit lui avoir enlevé ce droit. Si le mur doit en souffrir, c'est la faute du propriétaire qui l'a établi ; il ne tenoit qu'à lui d'éviter ce préjudice, en reculant son mur dans son propre fonds.

Du reste, ni *Bomy*, ni le Livre *des termes*, ne présentent rien sur cette question qui n'a été prévue par aucun de nos auteurs.

ARTICLE 4.

Mur, Exhaussement.

I. Nous avons vu, art. 1, n.° VIII, que le copropriétaire du mur mitoyen peut le faire exhausser.

Dans ce cas, l'art. 658 du code déclare qu'il doit payer seul la dépense de l'exhaussement, les réparations d'entretien de la partie exhaussée et en outre, l'indemnité de la charge résultante de l'exhaussement.

Si le mur n'étoit pas en état de supporter cet exhaussement, il doit le reconstruire en entier à ses frais et prendre de son coté l'excédent d'épaisseur (art. 659).

Tel a toujours été le droit commun (1).

---

(1) *Lois des bâtimens*, art. 195, pag. 176.

Tels étoient nos usages, comme on l'induit de tout ce que dit *Bomy*, chap. 14.

II. L'un des voisins peut également faire exhausser le mur de clôture, soit pour y bâtir ou autrement, mais à ses frais (2).

III. Mais dans les deux hypothèses, cet exhaussement peut-il être porté à une hauteur tellement arbitraire, que sans utilité réelle pour celui qui l'entreprend, il puisse porter à l'autre un préjudice grave ?

On verra dans l'*Appendix*, § 2, que la loi, en respectant les droits de la propriété, réprouve néanmoins toute œuvre qui n'a d'autre but que de nuire au voisin.

Aussi, les auteurs et la jurisprudence se sont réunis pour condamner et proscrire les exhaussemens excessifs (3).

Les maisons religieuses seules, étoient exceptées, vu l'inconvenance et le danger des vues libres sur l'intérieur de leurs maisons et enclos (4).

IV. Les règles que l'on vient de retracer n'ont rien de commun avec le droit que le voisin a pu obtenir de son voisin, ou d'élever arbitrairement, ou de l'empêcher d'élever au-dessus d'une certaine hauteur ; c'est ce qu'on appelle servitude. *Altiùs tollendi, altiùs non tollendi* (5).

---

(2) Id., art. 196, 197, pag. 197, 202.—*Pardessus*, n.° 150, pag. 275.
(3) *Pardessus*, n.° 174, pag. 323.—*Pothier, contrat de société*, n.° 212.—*Lois des bâtimens*, art. 195, pag. 177, n.° 1.—*Sirey*, tom. 7, part. 2, pag. 188.—*Jurispr. du cod.*, tom. 8, pag. 171.—*Denisart*, v.° *servitude*, n.° 16.—*Cœpolla*, part. 1, cap. 39, n.° 2, 3, pag. 118, col. 2.
(4) *Lois des bâtimens*, loc. cit., n.° 3, pag. 180.
(5) *Pothier*, pandect. *de servit. urb. præd.*, n.° 315.—*Julien, élémens*, etc., liv. 2., tit. 2, n.° 8, pag. 131.

Ce droit qui peut être acquis par titre, par possession, par contradiction, suivie de trente ans de possession, n'entre pas dans notre plan.

Article 5.

Maisons possédées par divers propriétaires.

I. Les réparations à faire aux maisons que divers propriétaires possèdent divisément, ont été bien souvent la matière d'un litige sérieux.

Cet article étranger à l'objet du livre des termes, n'entroit pas dans le plan de *Bomy*; il n'en a pas parlé.

Nous n'avions, sur ce point, que des règles traditionnelles plus ou moins certaines et précises.

Le code civil a fixé les plus importantes par l'art. 664, mais cet article laisse encore bien à désirer.

Il déclare que les gros murs et le toit sont à la charge de tous les propriétaires, chacun en proportion de la valeur de l'étage qui lui appartient.

Que le propriétaire de chaque étage fait le plancher sur lequel il marche et l'escalier qui conduit à cet étage, à partir de l'étage inférieur.

Mais il ne parle ni du vestibule, allée ou passage commun, ni des caves et souterrains.

La raison indique que le passage commun doit être à la charge commune.

En général, le propriétaire de la cave construit et entretient les murs, contre-murs et voûtes.

Le propriétaire supérieur peut se servir de ces murs en fondation, pour élever dessus son édifice, en payant la moitié de leur valeur, et la charge que ses bâtisses leur occasionnent ; mais il ne doit rien pour les contre-murs et voutes (1).

---

(1) *Lois des bâtimens*, art. 187, n.º 21, pag. 79, etc.; art. 205, n.º 13, pag. 301.—*Fournel*, v.º *cave*, tom. 1, pag. 269.

TITRE VIII.
Des Vues et Fenêtres.

I. On ne peut ouvrir des fenêtres sur le mur mitoyen. Cette prohibition est absolue ; elle est de droit commun ; l'usage et la jurisprudence en avoient fait parmi nous une règle invariable, avant qu'elle eut été consacrée par l'art. 675 du code civil (1).

II. Mais le copropriétaire en peut ouvrir dans la partie du mur qu'il a fait rehausser à ses frais ; car dans cette partie, le mur cesse d'être mitoyen et lui appartient exclusivement (2).

III. Quant au mur non-mitoyen, on distingue le mur joignant le fonds voisin immédiatement et *sans moyens*, du mur joignant *avec moyens*.

Le propriétaire ne peut avoir sur le premier des fenêtres libres, *françaises*.

Il peut seulement y ouvrir des fenêtres élevées de sept pans sur le sol de l'appartement, treillissées de fer, à chassis avec verre dormant, ensorte qu'on ne puisse y passer la tête, ni jeter, ni prendre vue sur le fonds, le jardin, cour, ciel-ouvert ou toit du voisin (3).

---

(1) Leg. 40, ff. *de servit. præd. urb.* — *Cœpolla*, eod. cap. 62, n.º 3, pag. 192. — *Fournel*, v.º *vue*, pag. 572. — *Dupérier*, notes mss., v.º *fenêtres*. — *Bézieux*, pag. 172. — *Bomy*, chap. 11, pag. 27, 29.
(2) *Bomy* ; *Fournel*, loc. cit.
(3) *Bomy*, chap. 11, pag. 29. — *St.-Jean*, décis. 72. — *Dupérier*,

Notre usage n'exigeoit pas le chassis à verre dormant. On trouve dans Boniface un arrêt qui le préjuge de même ; mais l'art. 676 du code en a fait désormais une règle générale (4).

IV. Le voisin peut encore faire boucher ces fenêtres, en bâtissant contre le mur qu'il rend par-là mitoyen (5).

V. Le droit d'avoir des fenêtres *françaises* s'acquiert par 30 ans de possession (6).

Mais cette prescription n'est point un obstacle à ce que le voisin les fasse boucher en bâtissant contre le mur (7).

VI. Si le mur ne joint pas immédiatement l'héritage du voisin, Dupérier dans ses notes mss., v.° *fenêtre*, accorde la liberté indéfinie, quelque petite que fût la distance qui les sépare. Nos autres auteurs n'ont pas même prévu cette hypothèse, et ne parlent que du mur joignant immédiatement sans moyens, par où ils semblent s'accorder avec Dupérier (8).

---

loc. cit. — *Boniface*, tom. 1, pag. 568. — *Bézieux*, loc. cit. — *Julien*, sur le *statut*, tom. 2, pag. 551, n.° 19. — *Lois des bâtimens*, art. 200, pag. 234. — *Fournel*, loc. cit., n.° 2, pag. 574.

(4) *Bomy*, chap. 11, pag. 29. — *Boniface*, tom. 1, pag. 568.

(5) *Bomy*, chap. 14, pag. 33. — *Julien*, *Dupérier*, *St.-Jean*, loc. cit. — *Nouv. Répert.*, v.° *vue*, § 3, n.° 2, pag. 662. — *Fournel*, v.° *vue*, pag. 576. — *Quest. de droit*, v.° *servitude*, au *supplément*, § 3, pag. 158, 166.

(6) *St.-Jean*, *Dupérier*, *Julien*, loc. cit. — *Dupérier*, tom. 2, aux *arrêts*, tit. 3, n.° 15, pag. 559. — *Cod. civ.*, art. 690. — *Sirey*, tom. 14, pag. 9 ; tom. 10, pag. 176.

(7) *Julien*, loc. cit. — *Bomy*, chap. 14, pag. 33. — *Quest. de droit*, v.° *servitude*, § 3, au *supplément*, tom. 4, pag. 158 où le principe de la règle n o IV est développé à fonds.

(8) *Cujas* in leg. 41, § *Lucius*, ff. *de servit. urb. præd.* lib. 1, resp. *scevol.*, col. 1820.

Titre VIII. *Vues et Fenêtres.*

Mais le code civil, adoptant sur ce point la disposition des coutumes, ne permet les *vues droites ou fenêtres d'aspect, balcons ou autres semblables saillies sur l'héritage clos ou non clos du voisin*, s'il n'y a *six pieds* de distance entre le mur et l'héritage;

Ou les *vues par côté ou obliques*, si la distance n'est de *deux pieds* (9).

Le droit de les faire supprimer est éteint par trente ans de silence.

Mais la prescription n'est point un obstacle à ce que le voisin élève son mur, ou son bâtiment (10).

Cette règle doit donc à l'avenir prévaloir sur nos usages ; mais les fenêtres ouvertes avant le code continuent de subsister.

VII. Il est des lieux privilégiés, tels que les maisons religieuses, sur lesquels les convenances ne permettoient pas d'acquérir le droit de vue (11).

VIII. Le droit d'avoir des fenêtres sur le fonds voisin, ne donne pas celui d'y jeter ni de l'eau ni toute autre chose, s'il n'y a servitude acquise (12).

Le droit même de jet ne s'étend pas aux immondices (13).

---

(9) *Cod. civ.*, art. 678, 679, 680. — *Pardessus*, n.º 202, pag. 364.— *Lois des bâtimens*, art. 200, pag. 234. — *Nouv. Répert.*, v.º vue. — *Fournel*, eod. v.º, n.º 3, pag. 576.

(10) *Pardessus*, loc. cit. et n.º 283, pag. 491. — *Cod. civ.*, art 690. — *Quest. de droit*, loc. cit.

(11) *Lalaure*, liv. 1, chap. 8, pag. 49.

(12) Leg. 8, § 5, ff. *si servit. vind.*—*Cœpolla*, part. 1, cap. 31, pag. 93 ; cap. 68, n.º 1, pag. 205.

(13) *Cœpolla*, loc. cit., cap. 31, n.º 5, 6, pag. 95. — Leg. 5, § *idem ait.* 29, ff. *ne quid in loc. public.*

APPENDIX

Sur les Titres précédens.

§ I.

Destination du père de famille.

I. On appelle *destination du père de famille*, la disposition ou l'arrangement que le propriétaire de deux fonds voisins a fait pour leur usage respectif (1).

Ainsi, le propriétaire de deux maisons perce des jours, pratique des cheminées, des égouts sur le mur qui la sépare; par le résultat de cet arrangement, les deux maisons doivent rester après lui dans l'état où il les a mises.

II. On ne trouve rien dans le droit romain sur la destination du père de famille; elle doit son origine au droit coutumier. On ne voit pas qu'elle fût admise dans les pays de droit écrit (2); elle ne l'étoit pas notamment en Provence. M. Julien est le seul de nos auteurs qui en ait parlé (3), et l'arrêt du 12 mai 1769 qu'il obtint, fut rendu, comme on le verra bientôt, sur tout autre principe.

III. La coutume de Paris et quelques autres l'admettoient
comme

---

(1) *Nouv. Répert.*, v.° *servitude*, § 17. — *Lalaure*, liv. 3, chap 9. — *Pardessus*, n.° 288, pag. 498.

(2) Parmi les auteurs du Parlement de Toulouse, *d'Olive*, *Cambolas*, *Catelan*, n'en parlent pas. Ce qu'en disent *Despeisses*, tom. 1, des *servitudes*, sect. 2, n.° 13, tom. 1, pag. 590; *Serres*, instit., liv. 2, tit. 3, pag. 145; *Boutaric*, eod, pag. 172, n'a aucun rapport avec la véritable destination du père de famille, telle qu'elle existe aujourd'hui.

(3) *Julien*, *élémens*, etc., liv. 2, tit. 2, n.° 13, pag. 134.

comme titre de servitude; mais elles exigeoient qu'il en constât *par écrit*. D'autres l'admettoient sans exiger cette condition; le plus grand nombre n'en parloit pas (4).

Les auteurs n'étoient pas d'accord sur l'explication de ce mot *par écrit*; les uns exigeoient que le père de famille en eut fait une disposition expresse, les autres observoient que dans ce cas, la servitude n'eût plus été le résultat de la destination, mais bien de la disposition et de la loi que le père de famille avoit dictée à ses héritiers; ils pensoient qu'il suffisoit de prouver par écrit que c'étoit lui qui avoit mis les deux fonds dans l'état où ils se trouvoient à sa mort (5).

Il seroit inutile d'entrer dans cette discussion, puisque, comme on vient de l'observer, la destination du père de famille n'étoit pas admise parmi nous.

IV. Tel étoit l'état de la jurisprudence, quand le code civil a établi sur cette matière une règle générale.

« La destination du père de famille, dit l'article 692, vaut
» titre à l'égard des servitudes *continues et apparentes*. »

L'art. 693 ajoute : « il n'y a destination du père de famille,
» que lorsqu'il est prouvé que les deux fonds actuellement divisés,
» *ont appartenu au même propriétaire, et que c'est par lui,*
» *que les choses ont été mises dans l'état duquel résulte la*
» *servitude* ».

V. L'art. 694 établit une autre règle, qu'il ne faut pas confondre avec la règle établie par les deux articles précédens.

---

(4) *Lalaure*; *Nouv. Répert.*, loc. cit.
(5) *Nouv. Répert.*, loc. cit., n.º 2, pag. 38.—*Lalaure*, loc. cit., pag. 256. — *Pardessus*, n.º 289, pag. 500. — *Lois des bâtimens*, loc. cit. — *Arretés de Lamoignon*, tom. 2, tit. 20, pag. 82.

« Si le propriétaire, dit-il, de deux héritages entre lesquels
» il existe un signe *apparent* de servitude, *dispose* de l'un des
» héritages, sans que le *contrat* contienne une *convention* re-
» lative à la servitude, elle continue d'exister activement et
» passivement, en faveur du fonds aliéné, ou sur le fonds aliéné. »

La différence entre ces deux règles est aussi remarquable qu'essentielle à saisir.

Dans l'hypothèse des articles 692 et 693, la destination du père de famille ne se vérifie qu'à l'égard de ses héritiers ou de leurs ayant droit.

Elle n'a son effet que pour les servitudes *continues* et *apparentes*.

Elle exige 1.º que les deux fonds aient *appartenu au même propriétaire*; 2.º que ce soit *par lui, que les choses ont été mises dans l'état duquel résulte la servitude*.

Au contraire, la règle établie par l'art. 694, suppose que c'est le propriétaire lui-même qui a aliéné l'un des fonds, *dispose..... par contrat*.

Elle exige seulement que la servitude soit *apparente*, soit qu'elle soit d'ailleurs *continue* ou *discontinue*.

Elle n'exige plus que ce soit le propriétaire qui ait mis lui-même les deux fonds dans l'état où ils se trouvoient au moment de l'aliénation.

Les motifs de cette différence sont sensibles.

On présume aisément que le père de famille a voulu que les deux fonds restassent dans les mains de ses héritiers, dans l'état où il les avoit mis lui-même, pour leur utilité réciproque.

Dès-lors, 1.º il faut qu'il conste que c'est lui qui les avoit mis dans cet état; 2.º *toute* servitude *discontinue* ayant plutôt pour objet sa commodité personnelle, que l'avantage des deux

Appendix. § 1, *Destination du père de famille.*

fonds, il étoit naturel que la destination n'eût son effet que pour les servitudes *continues*.

Au contraire, par cela seul que le maître des deux fonds, en aliène un, sans parler des servitudes qui pouvoient exister entre ces deux fonds, il est présumé être tacitement convenu avec l'acquéreur, que toute servitude *apparente* active et passive, soit qu'elle fût *continue* ou *discontinue*, continueroit de subsister. C'est sur cet état *apparent* que les parties ont traité, qu'elles ont réglé le prix, et sous ce rapport, il est bien indifférent que ce fût le vendeur ou tout autre qui eut mis les lieux dans l'état duquel résulte la servitude.

Le droit romain avoit établi dans cette hypothèse la même règle en faveur de l'acquéreur; il en refusoit l'application au vendeur, si dans l'acte d'aliénation il ne s'étoit pas nommément réservé la servitude, il se fondoit sur cet axiome si connu, *res sua nemini servit* (6).

Le code, au contraire, a présumé dans ce cas, un pacte tacite respectif; il réserve les servitudes *apparentes*, tant en faveur du vendeur, qu'en faveur de l'acheteur; et sa disposition, plus équitable là où l'acquéreur a été averti par l'état *apparent* des lieux, nous paroît préférable à la subtilité du droit romain (7).

Il étoit essentiel de développer la différence entre les deux hypothèses; car dans la diversité des coutumes, sur la nature et l'effet de la destination du père de famille, la plupart des auteurs, confondant ces deux hypothèses, regardoient comme résultat de la destination du père de famille, ce qui n'étoit que

---

(6) Leg. 6 et 10, ff. *comm. præd.* — Leg. 30, ff. *de servit. urb. præd.* — *Julien,* sur le Statut, tom. 1, pag. 316, n.° 8.

(7) *Pardessus,* n.° 291, pag. 506.

la disposition que le propriétaire avoit fait lui-même, de son vivant, de l'un des deux fonds, sans s'expliquer sur les servitudes.

C'est ce qui est arrivé à M. Julien lui-même.

Dans l'hypothèse de l'arrêt qu'il rapporte, le propriétaire des deux maisons avoit établi dans l'une, une cheminée prise dans l'épaisseur du mur mitoyen; il la vendit dans cet état, sans parler de cette servitude; après sa mort, ses héritiers vendirent l'autre maison. L'acquéreur se pourvut en démolition de la cheminée; il fut débouté, non, comme dit M. Julien, en force de la destination du père de famille; mais en force du droit écrit qui maintenoit l'acquéreur, par cela seul qu'en aliénant, il n'avoit rien dit sur la servitude, et que l'acquéreur étoit présumé avoir acquis et le propriétaire lui avoir vendu en l'état où les lieux se trouvoient au moment de la vente. *Quidquid venditor servitutis nomine sibi recipere vult, nominatim recipi opportet.* (Leg. 10, ff. com. prœd.)

VI. L'article 693, on l'a vu, n'admet la destination du père de famille comme titre, que lorsqu'il *est prouvé* que les deux fonds ont appartenu au même propriétaire, et que c'est lui qui les a mis dans l'état duquel résulte la servitude.

Cette disposition n'a pas fait cesser parmi les auteurs qui ont écrit depuis le code, la dispute qui s'étoit élevée, sur les coutumes qui exigeoient la preuve *par écrit*.

Le code n'exige pas ce genre de preuve; mais, a-t-on dit, quand la loi demande en général une preuve, la nature de cette preuve reste toujours subordonnée aux principes de la matière.

De-là, on a conclu qu'il n'étoit pas nécessaire de prouver

par écrit que c'étoit le propriétaire lui-même, qui avoit mis les deux fonds dans l'état où ils se sont trouvés à son décès, vu que c'est là un fait indépendant de toute convention ; mais qu'on ne pouvoit prouver que par écrit qu'il avoit possédé les deux fonds en même temps, parce qu'on ne prouve pas l'acquisition d'un fonds par témoins (8).

Il nous semble que c'est aller bien loin; car d'une part, cette preuve ne tend pas à former le titre d'une possession qui n'est pas contestée en elle-même, seul cas où l'on pourroit repousser la preuve par témoins. De l'autre, l'acquisition peut être le résultat de la prescription ; et alors, comment pourroit-on la prouver autrement que par la possession, c'est-à-dire, par témoins.

Le législateur n'ignoroit pas les doutes qu'avoit fait naître la coutume de Paris, lorsqu'elle exigeoit la preuve *par écrit*. Pourroit-on admettre que s'il eut eu la même intention, il eut négligé de l'exiger aussi, de résoudre le doute, d'expliquer sur quoi devoit porter cette preuve? N'est-il pas plus naturel de penser que conformément à l'opinion de M. de Lamoignon dans ses arrêtés (9), il a cru, comme l'observe M. Malleville, l'un des rédacteurs du projet du code, sur l'art. 693, que le fait seul devoit suffire, de quelque manière qu'il fût prouvé.

Telle est donc à l'avenir la règle que l'on doit suivre. La destination du père de famille vaut titre entre ses héritiers, pour toute servitude *continue et apparente, par lui établie*, quand il étoit le *propriétaire des deux fonds*.

Quant au passé, les coutumes n'étoient pas d'accord entr'elles

---

(8) *Pardessus*, n.° 289, pag. 500.
(9) Tom. 1, tit. *des servitudes*, art. 2, pag. 108.

sur la nature, l'étendue et les effets de cette destination. Le droit romain n'en parle pas ; nos coutumes n'en avoient rien dit, et nous ne connoissons aucun exemple que la coutume de Paris eut jamais été regardée sur aucun point, comme formant le droit commun parmi nous.

VII. Mais en donnant à la destination du père de famille, l'effet de maintenir entre ses héritiers les servitudes par lui établies, pourroit-on donner à ces servitudes un caractère et des effets qu'elles n'auroient pas toujours par elles-mêmes ?

Cette question importante, que j'ai vu tout récemment se présenter deux fois, exige quelques explications.

Les servitudes sont naturelles, légales, ou conventionnelles.

Les premières dérivent de la situation des lieux ; ainsi l'inférieur doit recevoir dans son fonds les eaux qui y découlent naturellement du fonds supérieur.

Les servitudes légales sont celles qui sont établies par la loi, pour l'utilité du public ou des particuliers ; ainsi le copropriétaire d'un mur mitoyen peut le faire exhausser (cod. art. 658) ; ainsi le propriétaire d'un mur non mitoyen, joignant l'héritage d'autrui, peut y pratiquer des jours ou fenêtres dans la forme déterminée par la loi (art. 676).

Les servitudes conventionnelles sont celles qui ne peuvent être établies que par titre ou par prescription. Telle est l'ouverture d'une fenêtre sur un mur mitoyen (art. 675). Telles sont des fenêtres libres et françaises, là où on ne peut les établir légalement que dans les formes statutaires, etc.

Les servitudes naturelles sont indépendantes de la volonté des parties, conséquemment de la destination du père de famille.

La servitude conventionnelle, une fois établie, devient la loi que les parties se sont imposées elles-mêmes ; celui qui l'a

Appendix. § 1, *Destination du père de famille.*

consentie, ne peut donc y porter aucune atteinte, *pacta servabo.*

Il n'en est pas de même de la servitude légale. Celle-ci est moins une servitude proprement dite, que l'exercice de la faculté naturelle qu'a tout propriétaire de faire dans son fonds ce qui lui est utile, lors même que par-là, il pourroit porter quelque préjudice au fonds voisin.

Mais dès-lors, cette faculté n'acquiert à celui qui l'exerce aucun droit sur le fonds voisin; elle n'est donc pas un obstacle à ce que le propriétaire de ce fonds, usant chez lui du même droit, élève des constructions, des édifices, lors même que par-là il boucheroit les jours de son voisin (10).

Cela posé, la question est de savoir si tel est l'effet de la destination du père de famille, que toute servitude par lui établie doive subsister sans distinction, et sans qu'il soit permis d'y donner aucune atteinte.

L'art. 692 du code, dit : *la destination du père de famille vaut titre.* De-là, il est naturel de conclure que le code n'a entendu parler que des servitudes qui ne peuvent exister que par *titre*, c'est-à-dire, des servitudes purement conventionnelles. Car, lors même que le père de famille n'auroit établi aucune servitude naturelle ou légale, les possesseurs respectifs des deux fonds pourroient après lui l'établir eux-mêmes par la seule force de la situation des lieux, ou de la détermination de la loi.

Lors donc qu'elles l'ont été par le père de famille lui-même, il n'a fait que ce que les possesseurs des deux fonds auroient pu faire eux-mêmes. Et de-là, on ne peut présumer, ce semble, qu'il ait voulu donner plus d'effet à cette espèce de servitude, qu'elle n'en auroit si elle avoit été établie sur l'un des fonds après son décès.

---

(10) Vid. suprà, tit. 8, n^b. IV, V.

Or, comme dans ce dernier cas, l'ouverture d'une fenêtre par exemple, sur un mur divisoire, n'empêcheroit pas le propriétaire de l'autre fonds de bâtir sur son fonds, même en bouchant cette fenêtre, il seroit difficile de penser qu'il eût perdu ce droit, parce que ce seroit le père de famille qui l'auroit fait ouvrir lui-même de son vivant; si d'ailleurs, rien n'indiquoit plus amplement son intention.

Lors au contraire que la servitude, par sa nature, ne peut exister que par *titre*, que le père de famille ne l'a établie arbitrairement, que parce qu'il étoit le possesseur des deux fonds; cette servitude, résultat d'une convention qu'il a lui-même établie entre ses héritiers, par l'effet d'une obligation qu'il est présumé leur avoir imposée, devient pour le fonds au profit duquel elle a été établie, un titre irréfragable, auquel le possesseur du fonds servile ne peut plus porter atteinte.

Tel est à notre avis, le véritable sens de la loi.

C'est dans ce sens, que paroissent avoir été rendus les trois arrêts intervenus sur cette question depuis le code.

Le premier fut rendu par la cour de Metz, le 12 juillet 1807, dans l'hypothèse d'une servitude légale (11).

Le propriétaire de deux maisons en avoit séparé les cours par un mur de 8 pieds d'élévation. Le possesseur de l'une de ces maisons, marchand de fer, fit exhausser ce mur à 18 pieds, pour y appuyer ses fers. L'autre lui opposoit la destination du père de famille; il faisoit valoir le préjudice intolérable qui résulteroit pour lui de cet exhaussement. La Cour, reconnoissant *jusques à un certain point, la destination du père de famille*,

n'y

---

(11) *Sirey*, tom. 7, part. 2, pag. 188.

Appendix. § 1, *Destination du père de famille.* 73

n'y vit pas cependant la prohibition absolue d'exhausser le mur. Mais comme elle crut voir dans l'excès de l'exhaussement, un principe d'émulation et d'humeur, elle ordonna le rabaissement du mur aux trois quarts de son élévation.

Les deuxième et troisième arrêts rendus par les cours de Colmar et de Paris, les 11 août 1809 et 24 juillet 1810 (12), ont jugé le contraire dans l'hypothèse des servitudes conventionnelles, qui par leur nature ne peuvent exister que par *titre* : lors du premier de ces deux arrêts, la maison dominante avoit sur le jardin de la maison servile, des fenêtres pratiquées sur le mur mitoyen, avec volets extérieurs ; l'une même avoit été grillée par des barreaux bombés en dehors. Cette maison avoit de plus le droit de gouttière ou stillicide : l'arrêt refusa au propriétaire du fonds servile, le droit d'élever des bâtisses préjudiciables à l'exercice de la servitude.

Dans l'hypothèse de l'arrêt rendu par la cour de Paris, les fenêtres étoient également ouvertes sur un mur mitoyen ; elles indiquoient également le droit de jour et celui de vue. Le propriétaire de la maison servile bâtit contre ce mur et boucha les fenêtres ; condamné à démolir, il recula la bâtisse à 6 pieds de distance. L'arrêt en ordonna encore la démolition « attendu » que l'art. 678 du code duquel il résulte qu'il est permis d'é- » lever des constructions ayant vue sur l'héritage de son voi- » sin, à une distance de 6 pieds, est relatif aux servitudes » établies par la loi, et non aux servitudes établies par le fait » de l'homme, et n'est point applicable à l'espèce. »

Ainsi donc, d'une part, la destination du père de famille a été jugée sans influence sur l'existence des servitudes légales ;

---

(12) *Jurispr. du cod.*, tom. 13, pag. 410 ; tom. 17, pag. 137.

de l'autre, elle a été reconnue comme un titre irréfragable sur celles qui ne peuvent exister qu'en force d'un *titre*.

Ce n'est pas qu'on ne puisse former encore contre cette dernière décision, une objection qui n'est pas sans apparence.

Si, dira-t-on, la destination du père de famille vaut titre, la prescription vaut titre aussi, puisqu'elle suppose un consentement présumé, une convention tacite. « La loi, dit Dunod, » pag. 2, présume qu'on a voulu perdre, remettre ou aliéner » ce qu'on a laissé prescrire. *Vix est ut non videatur alienare* » *qui patitur usucapi.* (Leg. 28, ff. de verb. signif.) *C'est* » *pourquoi elle donne la même force à la prescription qu'à* » *la transaction.* »

Or, on l'a vu (tit. 8, n.º v), cette prescription n'est pas un obstacle à ce que celui sur le fonds de qui le voisin a ouvert depuis plus de trente ans des fenêtres libres et françaises, ou des vues à une distance trop rapprochée, bâtisse contre le mur, bouche les fenêtres, ou obscurcisse les vues par des constructions.

Quelle seroit donc, ajoutera-t-on, la différence qu'on pourroit assigner dans ses effets, entre la servitude qui résulte de la destination du père de famille, et celle qui est le résultat de la prescription ? Et pourquoi, quand celle-ci laisse encore au propriétaire du fonds servile le droit de s'en délivrer en bâtissant sur son fonds, la première devroit-elle le priver de ce droit ?

La réponse à cette objection nous paroît être, que celui qui laisse acquérir un droit sur son fonds par le seul effet de la prescription, n'a donné qu'un consentement tacite, dont l'effet doit être restreint au résultat de la possession du voisin. *Tan-*

Appendix. § 1, *Destination du père de famille.*

tùm prescriptum, quantùm possessum. Ainsi le voisin ayant acquis par la prescription, le droit de conserver des fenêtres libres, l'autre ne peut l'obliger directement de les fermer; mais comme de ce droit ne résulte pas également celui d'empêcher ce dernier de bâtir dans son fonds, il peut encore exercer cette faculté (13), tandis que celui qui s'est obligé par une convention formelle, ou qui est lié par la destination du père de famille, à laquelle la loi donne le même caractère, s'est inhibé de porter aucune atteinte à l'exercice d'un droit, à l'établissement duquel il a formellement consenti.

On ne pense donc pas que cette objection puisse porter aucune atteinte à la règle que l'on vient d'établir.

Du reste, et indépendamment du résultat légal de la destination du père de famille, il semble que par cela seul que ses héritiers ont partagé entr'eux ses biens dans l'état où ils se trouvoient lors de son décès, ils se sont soumis à respecter les servitudes réciproques, autres que les servitudes naturelles et légales; et dans ce sens, l'existence de ces servitudes est moins le résultat d'une loi établie entr'eux par le testateur, que de celle qu'ils sont censés s'être imposée eux-mêmes, lorsqu'en partageant, ils n'ont rien stipulé à cet égard; tel est l'effet naturel de la garantie que les copartageans se doivent réciproquement, et de l'évaluation qu'ils ont donnée à chaque fonds, d'après l'état dans lequel il se trouvoit au moment du partage.

Sous ce rapport, l'effet légal de la destination du père de famille nous paroît devoir se borner au cas où il a lui-même assigné à chaque cohéritier les divers fonds; comme encore au

---

(13) *Quest. de droit*, v.° *servitudes*, § 3, au *supplément*, tom. 4, pag. 158.

cas où en procédant au partage, l'un des cohéritiers voudroit, contre le gré des autres, faire changer l'état des lieux et éteindre les servitudes.

§ 2.

Entreprises, réclamations sans intérêt et par émulation.

I. Les facultés légales ne sont quelquefois dans leur exercice, que l'abus d'un droit, juste dans son principe, mais qui ne l'est pas toujours dans son application.

C'est sur-tout dans les questions qui naissent du droit de voisinage, qu'on doit se tenir en garde contre ces prétentions sans intérêt, dont l'amour propre, l'humeur, la jalousie ont présenté plus d'une fois l'exemple révoltant.

II. En général, tout homme peut faire dans son fonds ce que bon lui semble, lors même que par-là il porte quelque préjudice à son voisin.

Mais il est des choses que la loi lui prohibe; ainsi il ne peut placer ses ruches, ni planter des arbres à une distance trop rapprochée du fonds voisin.

Le propriétaire de ce fonds pourroit donc se plaindre s'il n'avoit pas observé cette distance.

Mais la justice s'oppose à ce que l'un ou l'autre soient écoutés, lorsqu'il est évident que sans intérêt, sans utilité, ils n'agissent, ou ne se plaignent que par humeur ou émulation. *Neque enim malitiis indulgendum est*, dit la loi 38, ff. *de rei vindicat.*; la loi 1, § 11, ff. *de aqu. et aquæ pluv. arcend.*, dit: *prodesse sibi unusquisque, dùm alii non nocet, non prohibetur*, et comme dit le Cardinal de Luca (1): *æmulatio consistere*

---

(1) *De servit.*, tom. 2, disc. 4, n.º 9, pag. 10; disc. 41, n.º 6, pag. 50, et *in summâ*, n.º 15, pag. 148; disc. 14, n.º 4, pag. 22.

dicitur ubi quis facit , vel respectivè prohibet id quod sibi nullam affert utilitatem, et alteri damnum causat.... Quod uni non nocet et alteri prodest, denegandum non est.

Les lois romaines fournissent divers exemples de ce principe.

Le propriétaire peut creuser l'eau dans son fonds et l'y retenir, lors même que par-là, il la couperoit à son voisin. Mais la loi qui l'y autorise, excepte le cas où il n'auroit d'autre objet que de lui nuire, *si non animo nocendi, sed suum agrum meliorem faciendi* (2).

Il peut écarter de son champ l'eau qui arrive, *si modò non hoc animo fecit ut tibi noceat, sed ne sibi noceat* (3).

La loi 3, ff. *de operib. public.*, permet à une ville de construire un monument public, *præterquàm si ad æmulationem alteriùs civitatis pertineat.*

Le voisin ne peut se plaindre de la fumée qu'il reçoit du feu du voisin, sauf l'action d'injure, *si injuriæ faciendæ causâ immittitur* (4).

L'exhaussement du mur n'est pas permis, comme on l'a vu ci-dessus, tit. 7, art. 4, n.º III, s'il n'a d'autre objet que de nuire.

On a vu sur le tit. 2, § 1, n.º VIII, qu'on n'est pas toujours admis à demander l'enlèvement de l'arbre qui n'est pas à la distance légale, si dans le fait, il ne porte aucun préjudice.

---

(2) Leg. 1, § 12, ff. *aqu. pluv. arc.*— *Cœpolla*, part. 2, cap. 4, n.º 52, pag. 321.— *Boniface*, tom. 4, liv. 9, tit. 2, chap. 4, 5, pag. 631, etc. — *Fromental*, v.º *servitude*, pag. 656.

(3) Leg. 2, § 9, ff. *aqu. pluv. arc.*—*Cujas*, eod.—*Sirey*, tom. 14, part. 2, pag. 9.

(4) Leg. 44, ff. *de injur.*— *Cœpolla*, part. 1, cap. 53, pag. 166.

En un mot, comme dit M. Pardessus, n.º 174, pag. 323, *il n'est pas permis d'user d'un droit quelconque, sans profit pour soi, et d'une manière nuisible à autrui.*

Cæpolla rappelle fréquemment ce principe ; il en fait l'application aux diverses hypothèses des fenêtres ouvertes contre la disposition naturelle des lieux, du bruit que l'on fait dans l'etage supérieur, *ad æmulationem et in despectum et damnum vicini.* De Luca applique le même principe dans l'hypothèse des fenêtres (5).

III. Il est juste néanmoins d'observer que l'émulation ne se présume pas ; que celui qui ne fait qu'user de son droit, est censé en user dans son intérêt ; que la preuve du défaut d'intérêt est à la charge de son adversaire ; et qu'il suffit d'une utilité quelconque, ne fût-elle même que de pur agrément, pour légitimer le droit ou la dénégation. C'est ce qu'établissent le même de Luca, ainsi que Cæpolla, dans divers endroits de leurs ouvrages (6).

IV. Tout ce qu'on vient de dire sur cette matière ne reçoit aucune application aux facultés et aux servitudes conventionnelles. Celui qui est porteur d'un titre est toujours admis à en

---

(5) *Cæpolla*, loc. cit. et cap. 41, n.º 3, pag. 138 ; cap. 39, n.º 2, pag. 118, col. 2 ; cap. 56, n.º 5, pag. 173 ; cap. 55, n.º 2, pag. 172 ; cap. 62, n.º 2, pag. 191. — *De Luca*, loc. cit., disc. 4, n.º 9, pag. 10.

(6) *Cæpolla*, loc. cit., cap. 39, n.º 5, pag. 119, col. 1, 2 ; cap. 62, n.º 2, pag. 191. — *De Luca*, tom. 2, *de servitut.*, disc. 14, n.º 4, pag. 22 ; disc. 6, n.º 20, pag. 14. — *Idem, in summâ*, n.º 15, pag. 148. — *Lois des bâtimens*, art. 195, n.º 2, pag. 178.

réclamer l'exécution, parce qu'il a toujours un intérêt réel à le maintenir dans toute son intégrité. C'est ce qui résulte de la discussion de M. Dupérier, tom. 1, liv. 4, quest. 32, pag. 482.

V. Du reste, et abstraction faite de toute émulation, il ne seroit pas permis de mépriser de justes réclamations, sous prétexte de leur peu d'importance. Le plus petit dommage devient pour le pauvre un préjudice conséquent; et comme disoit Quintilien, au nom d'un demandeur de cette classe : *unum oro judices, ne cui minor dignitate vestrâ videatur causa litis meæ. Antè omnia enim non debetis spectare uti pauper, magna perdiderim; sed quantulùm sit quod abstulerit mihi dives, minus est quod reliquit.*

TITRE IX.
Des Termes.

I. On appelle *limite* le point qui sépare un fonds d'un autre fonds.

Les signes qui désignent la limite s'appellent *termes* ou *bornes.*

II. Les Romains regardoient le terme avec un respect religieux. Ils le consacroient par des cérémonies extraordinaires. Ils avoient été jusques à en faire un Dieu, *le Dieu-terme.*

L'enlèvement et le déplacement des termes étoit puni comme le crime le plus grave ; le coupable étoit dévoué aux Dieux infernaux, et pour qu'il ne rejetât pas sa faute sur les bêtes de labour, elles étoient dévouées comme lui.

Cette rigueur s'adoucit; mais le délit ne resta pas moins soumis à des peines graves (1).

---

(1) *Terrasson*, sur la loi 19, cod. papir., pag. 43, et sur la loi 70.

III. Les contestations sur les bornages étoient renvoyées à trois experts arbitres pris dans un collège institué à cet effet, *fratres arvales* (2).

Le juge accédoit lui-même quand sa présence devenoit nécessaire (3).

La contestation se décidoit sur les titres, ou à défaut, par témoins (4).

Si les droits respectifs étoient assez douteux, pour qu'on ne pût trouver une base de décision, les experts plaçoient le terme d'après le droit le plus apparent ; ils adjugeoient un dédommagement à l'autre partie (5).

IV. Tout propriétaire a le droit de demander à son voisin le bornage de leurs fonds respectifs.

Tel est l'objet des titres du digeste et du code *finium regundorum* ; ce droit a été consacré par l'art. 646 du code civil.

V. Cette action est tout à la fois réelle et personnelle.

Réelle, parce qu'elle porte sur une propriété foncière.

Personnelle, comme une suite des obligations que le voisinage forme entre voisins (6).

VI. Elle est imprescriptible en ce sens, que le bornage en général peut toujours être demandé.   Mais

---

des 12 tables, pag. 169. — *Fournel*, v.° *bornage*, pag. 257. — *Nouv. Répert.*, cod. v.° — ff. *de termin. mot.* — § 6, inst. *de offic. jud.*

(2) *Terrasson*, loc. cit., pag. 169.

(3) Leg. 8, § 1, ff., leg. 3, cod. *fin. regund.*

(4) *Terrasson*, loc. cit. — Leg. 11, ff., leg. 2, cod. *fin. regund..* — *Buisson*, cod. *eod.*

(5) Leg. 2, § 1 ; leg. 3, 4, ff. *eod.*—*Pothier*, pandect. *eod.*, n.° 12, tom. 1, pag. 275. — *Terrasson*, loc. cit. — § ult. inst., *de offic. judic.*

(6) *Nouv. Répert.*, v.° *bornage.*—*Buisson*, loc. cit.

Titre IX. *Termes.*

Mais elle devient prescriptible relativement à l'étendue des deux propriétés, après trente ans de possession, même au-delà du terme encore existant.

Ce principe est reconnu par tous les auteurs (7).

Les Romains laissoient entre les deux fonds un espace de 5 pas pour le tour de la charrue ; cet espace étoit imprescriptible (8).

Dunod et Fournel ont pensé qu'il devoit en être de même aujourd'hui, quand les limites sont fixées ou par le titre, ou par des bornes existantes (9).

On conçoit que dans ce cas, la preuve de la possession exclusive d'un si petit espace étant bien difficile à établir, ce seroit par les limites reconnues, qu'on devroit se décider dans la pratique journalière, pour peu qu'il y eût du doute.

Mais dans l'ordre des principes, la loi romaine est devenue sans application, 1.° parce qu'on ne laisse plus les 5 pieds libres et sans culture, par où l'imprescriptibilité deviendroit sans objet ; 2.° parce qu'à l'époque de cette loi, la prescription s'accomplissoit par deux ans, tandis qu'aujourd'hui elle est prorogée à trente ans (10).

VII. L'action en bornage peut être intentée par l'usufruitier.

---

(7) *Dunod*, part. 1, chap. 12. — *Fournel*, v.° *anticipation*, pag. 109 ; v.° *borne*, pag. 253 ; v.° *complainte*, pag. 341. — *Pardessus*, n.° 123, pag. 232. — *Pothier*, dans ses pandectes, tit. *fin. regund.*, n.° 12, tom. 1, pag. 275.

(8) *Terrasson*, sur la loi 69 des 12 tables, pag. 168. — Leg. 5, cod. *fin. regund.*

(9) *Dunod*, loc. cit., pag. 98. — *Fournel*, v.° *borne*, pag. 254.

(10) *Cod. Buisson*, in leg. 5, cod. *fin. regund.*

Le fermier n'a pas le même droit (11).

VIII. Tout peut servir de terme ; un rocher, un ruisseau, un fossé, un arbre même que l'on dispose à cet effet, *arbor finalis* (12).

Les termes les plus usités sont des pierres que l'on place sur les limites, mais elles ne sont considérées comme termes, qu'autant que leur destination est attestée par quelques signes indicatifs, comme des morceaux de métal ou de pierres, etc., que l'on place en dessous, que le droit français appelle *garans*, *témoins*, *perdriaux*, *filleules*, etc. (13).

On les appelle, en Provence, *agachons*.

« Pour faire un terme, dit *Bomy*, chap. 15, pag. 34, il
» faut trois pierres, la grande est terminale, et deux *agachons*
» pour le moins. Il ne suffiroit que ladite pierre terminale fût
» accompagnée d'un seul agachon ; car comme un seul témoin,
» ne vérifie rien en justice, de même un seul agachon, qui n'est
» qu'un seul témoin de la pierre terminale, n'est bastant... pour
» vérifier qu'elle soit terme. »

Bomy ajoute que les agachons eux-mêmes ne peuvent remplir leur objet, s'ils ne sont *frères, bien accordans, loyaux et véritables*.

Ils présentent ce caractère, « lors qu'étant tous partis d'une
» même pierre, brisée en autant de parts qu'il y a d'agachons,
» ils se joignent, accordent et accollent, chacun sur la join-
» ture de sa rupture, en sorte que cela fait voir à l'œil, qu'ils

---

(11) *Nouv. Répert.*, v.º *bornage*. — *Fournel*, loc. cit.
(12) *Fournel*, loc. cit., pag. 242.
(13) *Idem*, loc. cit., pag. 243. — *Coquille*, sur la *coutume de Nivernois*, tit. 8.

Titre IX. *Termes.*

» ont été autrefois unis et n'ont fait qu'un même corps avant
» leur brisement (14). » (*Livre des termes, part.* 2, *chap.*
1, *fol.* 60, *v.°; chap.* 2, *fol.* 62.)

La manière de poser les *agachons,* « est de les mettre en
» terre aux côtés du terme ayant leur rupture en bas..., de
» peur qu'arrivant le cas qu'il fallût à l'avenir déchausser le
» terme, pour icelui reconnoître et vérifier, on offensât et bri-
» sât ladite rupture, qui *leur donne foi et créance.*

» Ils doivent être placés regardant chacun droit entre deux
» limites et confins, un autre terme qui est l'autre bout. »
(*Livre des termes, part.* 2, *chap.* 2, *fol.* 61.)

On doit en poser autant que le terme autour duquel ils se
trouvent, *borne de parties et limites.*

S'il n'y en avoit que deux, là où il devroit y en avoir un
plus grand nombre, le livre des termes déclare que le terme
ne fait foi que pour les parties, auxquelles les *agachons loyaux
et véritables correspondent* (15).

Le même livre recommande de n'employer pour agachons,
ni tuiles, ni morceaux de bois, comme étant de peu de
durée (16).

IX. Le mécanisme des opérations, soit dans l'arpentage,
soit dans le placement des termes, est étranger à notre plan:
c'est le fait du géomètre ; le livre des termes développe ce mécanisme dans tous ses détails.

La science a fait depuis lors des progrès qui peuvent en rendre
l'application inutile ; mais un homme de l'art peut être curieux

---

(14) *Fournel,* loc. cit., pag. 246.
(15) Livre *des termes,* part. 2, chap. 16, fol. 66.
(16) Chap. 5 et 6, fol. 64.

de connoître par l'ouvrage lui-même, comment on opéroit il y a cinq cens ans.

X. Les devoirs des experts, leur avoient déjà été retracés, par un ancien auteur dont le passage est rapporté dans Terrasson, pag. 169.

Le livre des termes, les a renfermés dans une phrase dont la naïveté nous a paru intéressante (17).

« O destrateur et atermeneur, sache de certain que Dieu est » destrateur, atermeneur et arpenteur; pourquoi regarde bien » comme tu fairas, ni comme tu fairas; car Dieu sait tous points » et toutes mesures, et voit ce que tu fais, ou bien ou mal : » pourquoi donne raison à celui qui l'aura, et ne vergognes aucun » homme, ni par peur, ni par menace, ni par deniers; ne fais » que ton devoir, car Dieu voit tout, et te payera toi ou cha- » cun selon qu'il aura desservi. »

XI. Le déplacement des termes est encore considéré comme un délit, lorsqu'il a été fait à dessein et en fraude. Il est alors de la compétence des tribunaux correctionnels.

M. Jousse, dans son traité de la *justice criminelle*, part. 4, liv. 3, tit. 14; tom. 3, pag. 339, dit que la peine étoit arbitraire; ordinairement, c'étoit le fouët et le bannissement, quelquefois les galères. Le Nouveau Répertoire, v.° *bornage*, dit la même chose.

La loi sur la police rurale, du 28 septembre 1791, tit. 2, art. 32, avoit réduit la peine à une amende de la valeur de douze journées de travail, et à une détention dont le maximum étoit d'un an. Il faut convenir que cette loi ne se recommande

---

(17) Fol. 1.

pas, par son respect pour les propriétés, respect qui avoit porté les lois romaines à ce haut point de perfection et de justice qu'il les a rendues à toujours le véritable modèle de toute bonne législation ; aussi, M. Fournel disoit-il judicieusement : « ce qui paroissoit aux anciens une espèce de calamité publi- » que, n'est pour nous qu'une simple affaire de police ; et ce » qui mérita chez les Romains la création d'un Dieu, n'a pas » encore obtenu chez nous les honneurs d'une bonne loi (18). »

Jusques à présent, cette observation n'a produit aucun effet ; l'art. 456 du code pénal, ne prononce d'autre peine qu'un emprisonnement au moins d'un mois, et au plus d'une année.

Ce n'est que dans le cas où l'enlèvement ou déplacement de bornes a eu lieu pour commettre un vol, que l'art. 389 prononce la peine de la réclusion.

XII. Ce délit peut être poursuivi aussi par l'action civile en rétablissement.

Cette action peut être intentée au possessoire dans l'année du trouble ; alors, elle est de la compétence du juge de paix, qui, sans autre vérification que celle du déplacement de la borne, ordonne qu'elle sera rétablie, et condamne l'adversaire aux dépens, même à une indemnité, s'il juge qu'il en soit dû quelqu'une (19).

L'action au pétitoire est du ressort des tribunaux civils ordinaires, ainsi que l'action en dommage.

---

(18) V.° *borne*, pag. 261.
(19) *Henrion*, chap. 24, pag. 232. — Loi du 24 août 1790, tit. 3.

TITRE X.

Des Dommages faits aux Champs.

I. Nos usages sur cette matière, bien plus importante qu'elle ne le paroît au premier abord, sont retracés par *Bomy*, part. 3, chap. 1, 2, et 3, pag. 43, etc.; par Mourgues, pag. 293 et 466; par Julien, tom. 1, pag. 555; par Janety, dans son commentaire sur le règlement de la Cour, tom. 2, pag. 110. Les textes de nos Statuts sont rapportés tout au long par Mourgues et Julien.

Les lois actuelles ont établi des règles bien différentes. On a senti l'insuffisance de ces règles, la nécessité d'un nouveau code rural. Le gouvernement précédent avoit consulté les propriétaires des divers départemens sur un projet, qui laissoit subsister à peu près les mêmes inconvéniens; les réclamations qui s'élevèrent de toutes parts en avoient arrêté l'adoption.

Il doit donc être permis encore de comparer nos usages anciens avec la loi actuelle. Le Gouvernement examinera dans sa sagesse si cette matière, essentiellement dépendante des localités, est susceptible d'une loi générale; ou dans ce cas, quels sont les usages auxquels il conviendroit de donner la préférence.

II. Dans nos usages, le *Bannier*, que l'on appelle aujourd'hui *garde* champêtre, étoit assermenté; il étoit, comme aujourd'hui, cru sur son rapport.

A son défaut, le propriétaire, ses domestiques, un tiers même pour lui, étoient reçus à dénoncer le dommage *sous la foi du serment* (1). Cette règle étoit également pratiquée à Marseille.

---

(1) *Janety* sur le règlement, etc., tom. 2, pag. 114. — *Julien* sur le

Titre X. *Dommages faits aux champs.*

Mais ils n'y étoient reçus, qu'autant qu'ils avoient vu commettre le dommage ; on ne pouvoit dénoncer sur le rapport d'autrui (2).

La dénonciation ou *dénonce*, comme on l'appelloit parmi nous, devoit être exposée et signifiée dans les vingt-quatre heures du délit (3).

Après ce temps, ou si elle n'avoit pas été exposée à *serment*, elle ne faisoit pas foi ; il falloit prouver le fait.

Lors même qu'elle faisoit foi, le défendeur étoit reçu à la preuve contraire. On observoit seulement de n'admettre cette preuve, qu'autant que les faits qu'il alléguoit ne présentoient rien d'invraisemblable (4).

Dans plusieurs communes, notamment à Aix, quand le dommage avoit été donné par un troupeau, si le troupeau n'étoit pas trouvé sur le fait, le propriétaire attaquoit le maître de la bergerie la plus voisine, sauf son recours contre le maître du troupeau qui avoit réellement causé le dommage.

Cette faculté qui, au premier aspect, peut paroître sauvage, étoit fondée en raison. La présomption est contre le troupeau le plus voisin ; ceux qui tiennent des bestiaux dans un quartier du territoire, sont à portée de connoître, par leurs bergers personnellement intéressés, parce qu'ils sont responsables envers leurs maîtres, le véritable auteur du dommage. Une expérience de plusieurs siècles avoit justifié la sagesse de cette mesure,

---

Statut, tom. 1, pag. 554, n.º 9. — *Bomy*, part. 3, chap. 2, n.º 5, pag. 48 ; n.º 37, pag. 51. — *Privilèges d'Aix*, pag. 144, 169.
(2) *Janety*, loc. cit. — *Julien*, pag. 565, n.º 11.
(3) *Julien*, pag. 566, n.º 14. — *Janety*, loc. cit.
(4) *Les mêmes.*

contre la mauvaise foi trop connue de cette classe d'hommes accoutumés à ne rien respecter (5).

La *dénonce* signifiée, le juge laxoit un mandement aux *estimateurs d'honneur*; ils se portoient sur les lieux, parties verbalement averties; leur rapport faisoit foi sur cet avertissement; ils estimoient le dommage, le recours étoit vuidé par les estimateurs antécédens. A Aix, le second recours, s'il y en avoit, étoit vuidé en dernier ressort par les Consuls (6).

Les honoraires des estimateurs étoient fixés dans chaque commune par des règlemens particuliers; cette rétribution étoit extrêmement modique (7).

Il étoit difficile de trouver une marche plus sure, plus simple et moins coûteuse; peu de dommages échappoient à une juste répression; les propriétés étoient bien plus respectées qu'elles ne le sont aujourd'hui. La loi avoit sagement prévu qu'un objet presque toujours de peu de valeur ne devoit pas entraîner des longueurs et des frais capables de dégoûter le propriétaire ou de ruiner le dénoncé.

III. D'après la loi actuelle, le garde champêtre seul est cru à son serment; le propriétaire n'est écouté qu'autant qu'il prouve le fait par témoins (8).

Lors même que le hasard lui procureroit cet avantage, la procédure

---

(5) *Julien*, pag. 566, n.º 15. — *Janety*, pag. 115. — *Privil. d'Aix*, pag. 168.

(6) *Janety*, pag. 111. — *Bomy*, pag. 43. — *Privil. d'Aix*, pag. 19, 28, 47, 161, 162.

(7) *Janety*, pag. 115. — *Bomy*, pag. 45.

(8) *Nouv. Répert.*, v.º *Gardes champêtres*.

Titre X. *Dommages faits aux champs.* 89

procédure est bien moins simple, bien plus coûteuse. Un dommage d'un écu ne peut plus être poursuivi qu'avec des frais hors de toute proportion.

IV. Il est dans cette matière une règle absolue. Tout demandeur doit prouver le fait qui motive sa réclamation.

Qu'il produise des titres, des témoins, là où la chose est possible, nul doute qu'il n'y soit obligé.

Mais quand par la nature des choses et des localités, ce genre de preuve devient le plus souvent impossible, quand l'impunité livreroit les propriétés au pillage, à la dévastation, comment a-t-on pu préférer à une mesure justifiée par des siècles d'expérience, une règle établie dans une période d'illusions et d'erreurs, où l'idée séduisante, mais peu judicieuse, d'une législation uniforme, a fait perdre de vue qu'il est des objets insusceptibles de cette uniformité.

On conçoit que dans un pays ouvert, dans de vastes plaines en grande culture, où les ménages exigent une multitude de bras, il est difficile qu'un maraudeur échappe à la surveillance du propriétaire.

Mais la Provence, pays montueux et coupé dans sa presque-totalité, ne présente que des horisons très-bornés. Rarement peut-on voir ce qui se passe à deux cent pas. Les propriétés, extrêmement divisées, n'y présentent que des ménages clairsemés. Refuser de croire le propriétaire ou son fermier sur leur serment, exiger des témoins pour prouver le dommage, et surtout le dommage nocturne, c'est le forcer à souffrir sans se plaindre, et c'est ce qui se vérifie depuis vingt-cinq ans.

Si, en général, le serment peut être regardé comme une arme dangereuse, nos Statuts avoient pris de justes mesures pour prévenir ce danger. La dénonce, on l'a vu, devoit être exposée et signifiée dans les vingt-quatre heures; après ce temps, elle ne faisoit plus foi. Le dénoncé avoit par-là tous les moyens possibles de prouver qu'il n'étoit pas l'auteur du dommage, d'en découvrir le véritable auteur, et par ce juste tempérament, tous les intérêts étoient garantis.

Le moment est arrivé où l'on peut se promettre toutes améliorations. L'autorité légitime ne demande que d'être éclairée; sachons attendre sa décision avec respect et confiance.

TITRE XI.

Du Précaire.

I. *Bomy*, pag. 3, rapporte le Statut du Roi René, qui autorise la révocation du précaire en toutes Cours.

On appelle en Provence *révocation du précaire*, le droit qu'a le vendeur non payé du prix, de revendiquer le fonds aliéné par l'acheteur.

Les principes sont expliqués par Mourgues, pag. 440; par Julien, tom. 2, pag. 492.

Mais le nouveau régime hypothécaire a fait naître sur cette matiére des doutes qu'il convient d'éclaircir.

On demande : 1.º si ce droit peut encore être exercé pour les ventes postérieures au code civil.

2.º Si au moins il peut l'être pour les ventes antérieures.

3.º Si, dans le cas où il peut l'être, il n'exige pas que le vendeur ait conservé ses privilèges et hypothèques sur le fonds vendu.

4.º Si la résolution de la vente à défaut de paiement, dont

Titre XI. *Précaire.*

le code a fait une règle générale, n'est pas subordonnée à la même condition.

La solution de ces questions exige quelques explications.

II. Quoique la vente s'accomplisse par le seul consentement sur la chose et le prix, la tradition ne transfère le domaine de la chose à l'acheteur, qu'autant qu'il en a payé le prix, ou que le vendeur a suivi sa foi, en lui donnant terme pour le paiement. Cette règle, dit la loi, est du droit naturel et des gens (1).

Néanmoins, le droit romain qui l'a établie, n'accordoit au vendeur qu'une action en paiement; il ne l'autorisoit pas à demander la résolution du contrat, à moins que les parties n'en fussent ainsi convenues, et qu'il eut été stipulé que jusques au paiement, l'acquéreur ne posséderoit qu'à titre de précaire (2).

L'ancien droit français suivoit la même règle (3).

La nouvelle jurisprudence avoit admis la résolution, dans l'objet d'éviter un circuit et des frais inutiles (4).

---

(1) § 41, inst. *de rer. divis.* — Leg. 19, ff. *de contr. empt.* — *Pothier* en ses pandect., tit. *de aquir. rer. dom.*, tom. 3, pag 107. — *Journ. du pal.*, tom. 1, pag. 215.

(2) Leg. 6, cod. *de act. empt.* — Leg. 8, cod. *de contr. empt.* — Leg. 14, cod. *de resc. vendit.* — Leg. 12, cod. *de rei vindic.* — Leg. 2, ff. *de lege commissor.* — Leg. 20, ff. *de precar.* — *Pothier*, contrat de *vente*, n.° 459.

(3) *Despeisses*, tom. 1, *de l'achat*, sect. 6, n.° 19, pag. 77. — *Dumoulin*, tom. 1, tit. 1 *des fiefs*, § 33, gloss. 2, n.° 17, pag. 440, et tom. 3, cod. *de act. empt.*, pag. 679.

(4) *Domat*, tit. *de la vente*, sect. 12, n.° 13. — *Pothier*, loc. cit., n.° 475.

Cependant, le tribun Grénier la présentoit encore comme *vacillante sur ce point* (5).

Buisson sur le code, est le seul de nos auteurs qui ait parlé de la disposition du droit romain sur cet objet; mais il ne dit rien qui indique si elle étoit, ou non, suivie parmi nous (6).

M. Julien qui a si bien expliqué nos usages sur le précaire, n'en parle pas du tout.

Quoiqu'il en soit, voyons quelle influence nos autres usages sur cette matière peuvent avoir sur les questions proposées.

1.º Nous regardions le vendeur non payé, comme privilégié sur la chose vendue (7).

2.º La clause de précaire étoit toujours sous-entendue dans le contrat de vente. Le vendeur non payé conservoit la possession civile; l'acquéreur possédoit en son nom, et s'il contrevenoit au précaire, en aliénant le fonds, sans charger le nouvel acquéreur du paiement, le vendeur étoit admis à revendiquer le fonds contre cet acquéreur (8); il revoquoit le précaire.

3.º Si l'acquéreur n'avoit pas aliéné, mais qu'il vînt à tomber en déconfiture, ou si, après sa mort, son hoirie étoit prise par bénéfice d'inventaire, qui formoit alors discussion et instance générale, il n'y avoit pas lieu à la révocation du précaire, parce que le pacte du précaire n'avoit pas été violé; mais le fonds vendu étoit distrait de la discussion, et après due estimation, il étoit remis en paiement au vendeur, qui tenoit compte de l'excédent

---

(5) Sur l'art. 1654 du *cod. civ.*
(6) In leg. 1, cod. *de act. empt.*—In leg. 1, cod. *de rei vindic.*
(7) *Julien* dans ses *élémens*, pag. 306.
(8) *Idem* sur les *Statuts*, tom. 2, pag. 493, 496. — *Mourgues*, pag. 440. — Arrêts de *Regusse*, pag. 198.

Titre XI. *Précaire.*

du prix, s'il y en avoit, ou qui dans le cas contraire, restoit créancier du surplus (9).

Ainsi, dans la première hypothèse, la vente étoit résolue par l'infraction du pacte de précaire exprimé, ou à défaut, toujours sous-entendu.

Dans la seconde, le vendeur se payoit de *préférence* sur la chose, non plus par voie de résolution, mais par un bail en paye, forcé dans son intérêt ; car il n'étoit pas permis aux autres créanciers de l'acquéreur de faire vendre le fonds aux enchères (10).

4.° Il restoit une troisième hypothèse, celle où l'acquéreur avoit conservé le fonds et l'intégrité de son état.

Dans cette hypothèse, on ne connoît avant le nouveau régime hypothécaire, aucun arrêt parmi nous qui eût accordé ou refusé la résolution de la vente. Les monumens de notre jurisprudence n'indiquent pas que la question se fût jamais élevée. Il est probable que la simplicité de notre procès exécutorial avoit fait préférer la collocation du vendeur à la résolution du contrat.

Le code civil, art. 1654, a prononcé indistinctement la résolution de la vente à défaut de paiement.

Cette disposition est une conséquence du principe consacré par l'art. 1184, que la clause résolutoire est sous-entendue dans les contrats synallagmatiques, comme la clause du précaire l'étoit parmi nous.

La Cour de cassation a jugé le 2 décembre 1811, que cette

---

(9) *Julien*, loc. cit., pag. 493, n.° 7.
(10) *Julien*, loc. cit.

résolution avoit son effet même contre le tiers acquéreur (11).

La Cour de Caen a jugé, le 28 juin 1813, que l'intervention même du demandeur dans l'ordre ouvert par le tiers acquéreur, ne le rend pas non recevable (là où il voit qu'il n'a rien à en attendre) à demander cette résolution, vu, dit elle, qu'en exerçant l'action hypothécaire, il n'avoit pas renoncé à l'action subsidiaire en résolution (12), et c'est ce qui se pratique tous les jours.

De-là, la Cour d'Appel d'Aix, a prononcé par divers arrêts, la résolution de ventes antérieures au code, et même à la loi du 11 brumaire an 7. Tels sont ceux qu'elle a rendus le 10 décembre 1807, plaidans MM. *Tassy* et *Vial*; et le 25 mai 1813, en faveur des sieurs Montagnier, contre la dame Cazareti, veuve Varèse, sur un échange fait en l'an 11, plaidans MM. *Chansaud* et *Tassy*.

III. Après ces explications, les questions proposées semblent se résoudre d'elles-mêmes.

1.º La résolution de la vente, autorisée dans tous les cas par le code, pour simple défaut de paiement du prix, est bien plus avantageuse pour le vendeur, que la révocation du précaire qui n'avoit lieu qu'en cas d'aliénation ; il ne peut donc plus être question de cette révocation pour les ventes postérieures au code.

2.º Il en est de même des ventes antérieures, là où d'après les arrêts précités de la Cour d'Appel d'Aix, cette résolution seroit également accordée, par application de la disposition du code qui a fixé les doutes sur cette question.

---

(11) *Sirey*, tom. 12, pag. 56; tom. 14, part. 2, pag. 377.
(12) *Sirey*, tom. 14, loc. cit.

TITRE XI. *Précaire.*

3.º Mais si la résolution ne devoit pas être accordée, on ne sauroit, à notre avis, refuser la révocation du précaire ; car ni le code, ni la loi du 11 brumaire de l'an 7, ne sauroient rétroagir sur un droit antérieur conventionnel, qui formoit un droit acquis au vendeur.

4.º Par cela même que cette résolution est le résultat d'un pacte conventionnel, dont l'effet étoit de conserver au vendeur le domaine civil jusques au paiement, il est sensible qu'elle n'a rien de commun avec le privilège ou l'hypothèque. Le privilège ne s'exerce que sur les biens du débiteur; on n'a pas hypothéque sur sa chose propre; et le vendeur dans ce cas, reprend le fonds comme sa chose propre, et par voie directe de revendication.

C'est sous le titre *de la vente* que le code en a prononcé la résolution à défaut de paiement : ce qui concerne les *privilèges* et *hypothèques* est l'objet d'un titre particulier : on y trouve les moyens de conserver les divers privilèges, notamment le privilège du vendeur ; et il n'y est pas parlé du droit de résolution ; la loi n'a donc pas regardé comme l'effet d'un privilège, ce droit que les art. 1654 et 1184 présentent, conformément aux anciens principes, comme le résultat d'un droit conventionnel.

C'est ce qui est littéralement exprimé dans l'arrêt précité de la Cour de cassation. On opposoit au vendeur qu'il n'avoit conservé ni son privilège, ni son hypothèque. « Mais, dit l'arrêt, » il ne faut pas confondre le *privilège* qu'à le vendeur sur le » prix qui lui est dû, avec le *droit réel* que lui assure la clause » résolutoire, *et qui n'a pas besoin d'être inscrit pour être* » *conservé* (13). »

---

(13) *Sirey*, tom. 12, pag. 56; tom. 9, part. 2, pag. 317.

On convient que dans l'hypothèse de cet arrêt, la vente étoit postérieure au code, et que la clause résolutoire y avoit été formellement stipulée.

Mais l'époque du contrat ne change pas la nature du droit résolutoire. Cette époque est donc sans influence sur la question.

Il en est de même de la stipulation du pacte résolutoire ; on a vu d'ailleurs que le précaire étoit toujours sous-entendu parmi nous.

Ces deux circonstances pouvoient donc influer sur le point de savoir si la résolution seroit ou non accordée ; mais on ne pouvoit s'en prévaloir pour faire regarder comme simple *privilège*, un droit *conventionnel* et *réel*.

On oppose que les auteurs du Parlement de Toulouse, et quelques arrêts de la Cour de cassation, n'ont parlé du précaire que comme d'une hypothèque spéciale et privilégiée (14).

Mais la raison en est qu'ils n'ont traité la question que sous le rapport de la préférence réclamée par le vendeur dans l'hypothèse de la discussion.

Sous ce rapport, on en convient, le précaire qui n'a pas été violé, n'opérant, même parmi nous, qu'une simple préférence ; cette préférence seroit perdue pour le vendeur, s'il n'a conservé ni son privilège, ni son hypothèque.

C'est ce qui peut se vérifier pour les ventes antérieures à la loi du 11 brumaire an 7, qui, par les art. 37, 39, 44 et 47, a subordonné leur conservation à la transcription ou à l'inscription dans un délai déterminé.

C'est

---

(14) *D'Olive*, liv. 2, chap. 17; liv. 4, chap. 10. — *Catelan*, liv. 7, chap. 5. — *Serres*, liv. 2, tit. 1, § 41. — *Sirey*, tom. 5, part. 2, pag. 263; tom. 6, pag. 17; tom. 9, pag. 261.

Titre XI. *Précaire.*

C'est ce qui se vérifieroit moins aisément pour les ventes postérieures, que le vendeur, comme l'on sait, peut faire transcrire dans tous les temps, même après la revente, tant que le prix n'a pas encore été payé.

Au surplus, et dans ce cas même, il lui reste encore le droit de demander la résolution de la vente par défaut de paiement.

Ce droit, on l'a vu, est incontestable pour les ventes postérieures au code.

Et en considérant la disposition du code, comme explicative des doutes de l'ancienne jurisprudence, il ne doit pas moins être accordé pour les ventes antérieures.

On peut donc tenir comme certain, 1.º que la révocation du précaire est devenue inutile et hors d'usage pour les ventes postérieures au code qui, dans tous les cas, en admet la résolution à défaut de paiement, comme le résultat d'un droit conventionnel.

2.º Qu'il en est de même pour les ventes antérieures, s'il est une fois bien reconnu que la disposition du code doive leur être appliquée par voie d'interprétation.

3.º Que là où elle ne devroit pas l'être, le droit de révoquer le précaire en cas d'aliénation, subsiste encore et ne sauroit être contesté.

4.º Que ce droit, ainsi que le droit de résolution de la vente étant un *droit réel*, le résultat d'un pacte conventionnel exprimé ou sous-entendu, leur exercice ne sauroit être subordonné à la conservation du privilège, ou de l'hypothèque dont ils sont absolument indépendans, avec lequel ils n'ont rien de commun.

5.º Qu'il n'en est pas de même de la préférence que le vendeur se borneroit à demander sur le prix du fonds ; parce que cette préférence, n'étant que le résultat du privilège ou de l'hypothèque, cesse d'être due à celui qui auroit négligé de les conserver.

6.º Mais que, dans ce cas même, il lui reste la ressource de demander la résolution de la vente par défaut de paiement ; et qu'en considérant le code, comme explicatif du droit ancien, ainsi qu'il a souvent été reconnu, là où l'ancienne jurisprudence étoit douteuse et incertaine (15). Cette résolution, incontestable pour les ventes postérieures au code, doit être accordée pour les ventes antérieures (16).

---

(15) *Sirey*, tom. 5, part. 2, pag. 88, 94 ; tom. 8, pag. 357. — *Jurispr. du code*, tom. 2, pag. 180 ; tom. 3, pag. 440. — *Domat*, liv. prélim., sect. 2, n.º 18. — Leg. 1, cod. *de contrar. jud. tutel.* — *Chabot*, quest. transit., v.º cod. *Napoléon*, pag. 72.

(16) Il est juste d'observer avec M. Chabot, que le code, dans ce cas, doit être consulté plutôt comme *raison écrite*, que comme une loi obligatoire ; et qu'il faut avoir égard à la différence des mœurs, des habitudes, du régime des divers pays ; mais nous aurions de la peine à croire que cette observation pût recevoir ici une juste application ; il ne paroît pas, comme on l'a dit, que cette question eût jamais été agitée parmi nous avant la nouvelle législation. Le droit romain faisoit loi en Provence ; mais il n'y avoit été adopté que comme raison écrite, et sous des modifications qui nous rendoient une foule de ses décisions, inutiles. Finalement, la Cour d'appel, par les arrêts précités, paroît avoir fait cesser le doute sur cette question.

ESSAI
SUR
LA SIMULATION.

TABLE DES CHAPITRES.

Avant-propos.
Chapitre I. Ce qu'elle est. — Ses diverses espèces.
Chap. II. Quand, comment elle cède à la vérité.
Chap. III. Toute Simulation est-elle illicite ?
Chap. IV. Toute personne est-elle recevable à l'alléguer ?
    § 1. Les parties contractantes.
    § 2. Leurs héritiers.
    § 3. Le tiers.
Chap. V. Contre quels actes on peut l'alléguer.
    § 1. L'acte public.
    § 2. Mariage, Divorce.
    § 3. Conventions matrimoniales.
    § 4. Quittances.
    § 5. Engagemens de commerce.
    § 6. Contrats pignoratifs.
    § 7. Retrait successoral.
    § 8. Donations déguisées.
        Article 1. Par déguisement de contrats.
        Art. 2. Par interposition de personnes.
        Art. 3. Reconnoissances, quittances de dot par le mari.
Chap. VI. Contre quelles personnes on peut l'alléguer.
Chap. VII. Preuves de la simulation.
    § 1. Preuve par écrit.
    § 2. Preuve par témoins.
    § 3. Preuve par présomptions.
Chap. VIII. Par quelles voies on peut attaquer l'acte de simulation.
Chap. IX. Effets de la simulation.
Chap. X et dernier. Décisions diverses.

AVANT-PROPOS.

Il est aujourd'hui peu de questions plus communes au palais que les questions de Simulation.

Connue, de tous les temps, la Simulation étoit moins usitée dans les actes de famille avant la loi du 17 nivôse de l'an 2.

L'égalité que cette loi établit dans le partage des successions, revolta les esprits ; tout fut mis en usage pour l'éluder.

Des lois plus sagement combinées, sembloient devoir faire cesser cet abus.

Mais l'impulsion étoit donnée ; et tel est l'inconvénient des mauvaises lois, que leur effet se fait sentir long-temps encore après qu'elles ont cessé d'exister.

On verra, long-temps encore des pères de famille mus par une affection aveugle, ou séduits par un sentiment mal dirigé d'affection, d'intérêt ou de reconnoissance, chercher, à tout prix, des voies détournées pour avantager un de leurs enfans, et laisser après eux de funestes sémences de divisions et de procès.

Le moment est donc venu de porter sur cette matière une attention sérieuse.

Le droit romain s'en étoit particulièrement occupé (1), et ses principes, fondés sur la droite raison, n'ont rien perdu de leur autorité.

---

(1) *Vid. les titres ff.* de dol. mal., cod. plus valer. quod agit. *etc.*— Si quis alter. vel sibi *etc.*

Les auteurs du moyen âge, tels que Menoch, Chassaneux, Tiraqueau, D'argentré, Dumoulin, de Luca, *etc. n'en ont parlé que par occasion.* Boiceau *et* Danti *ne l'ont envisagée que sous le rapport de la preuve par témoins.* Cæpolla *lui-même de qui nous avons un traité de* simulatis contractibus, *ne parle que de la simulation du contrat pignoratif.*

Les monumens de l'ancienne jurisprudence ne présentent que quelques arrêts. C'est depuis la loi du 17 nivôse, que les fastes de nos tribunaux attestent l'effrayante multiplicité des procès de simulation.

On a cru utile de rassembler tous ces matériaux, d'en former un corps méthodique de doctrine.

On croit avoir tout dit sur la simulation, quand on observe qu'elle n'est qu'une question de fait, livrée à l'arbitraire du juge.

Ce principe trop généralisé, ne seroit lui-même qu'une erreur dangereuse.

Mais que de questions préliminaires sont à résoudre, avant d'arriver à la preuve des faits? Qu'est-ce que la simulation, quel en est le véritable caractére, quelles en sont les diverses espèces? Dans quel sens, dit-on, quelle doit céder à la vérité? Est-elle par elle-même licite ou illicite? Qui peut l'alléguer? quels sont les actes, les personnes, contre lesquelles on peut l'alléguer? Quelles doivent en être les preuves? Quels en sont les effets? Telles sont, sur cette matière, les questions les plus essentielles; tels sont les divers points de vue sous lesquels on se propose de l'examiner.

DE LA SIMULATION.

CHAPITRE I.er

Ce qu'elle est, quelles en sont les diverses espèces.

1. La simulation en général, est le déguisement de la vérité.

On appelle simulé, l'acte qui n'est pas sincère. *Cum aliud agitur, aliud simulatur, vel scribitur* (1).

2. La simulation exige le concours des deux parties. Si l'une signe un contrat, quand elle croit en signer un autre, c'est erreur, là où elles ne se sont pas entendues; c'est dol, si l'une a trompé l'autre; dans l'un et l'autre cas, il n'y a pas de contrat, parce qu'il n'y a pas eu de consentement. *Si aliud sentiat qui emit, aliud qui cum eo contrahit, nihil valet quod actum sit* (2).

3. Par la même raison, elle diffère du faux, en ce que le faux se commet à l'insu et sans le consentement réciproque des parties. *Aliud falsum, aliud simulatio* (3).

---

(1) Leg. 1, § 1, ff. *de dol. mal.* — *Nouv. Répert.*, v.° *simulation.* — *Boiceau*, chap. 7, n.° 1. — *Cochin*, tom. 5, pag. 329.

(2) Leg. 57, ff. *de obligat.* — § *si de aliâ re*, inst. *de inutil. stipul.* — *Boiceau*, loc. cit., n.° 10. — *Danti*; eod. n.° 19, 27, et part. 2, chap. 6, n.° 2. — *Nouv. Répert.*, v.° *faux*, sect. 1, § 4, pag. 117.

(3) *Danti*, chap. 7, n.° 28. — *Boiceau*, part. 2, chap. 6, n.° 7. — *Nouv. Répert.*, loc. cit., pag. 115. — *Sirey*, tom. 5, part. 2, pag. 204.

4. La simulation est *absolue* ou *relative*. Elle est *absolue*, quand les parties n'ont pas eu l'intention de contracter un véritable engagement ; *relative*, lors qu'elles ont formé un engagement réel, sous l'apparence d'un autre engagement.

La première se vérifie, 1.º quand la stipulation n'a pas été faite sérieusement, mais par manière de passe-temps, *per jocum*, *dicis causa* (4) ; 2.º lorsqu'on suppose des acquisitions pour se donner un crédit, ou des aliénations pour mettre ses biens à couvert.

La seconde se vérifie, lorsque par un motif quelconque, les parties sont convenues de déguiser un acte réel sous l'apparence d'un autre acte ; comme une donation, sous l'apparence d'un contrat à titre onéreux ; une vente, sous l'apparence d'un échange, etc. (5).

5. La simulation *absolue* ne présente sous tous les rapports, qu'une vaine apparence, *imaginarius contractus*; et comme elle ne produit aucun lien, le contrat reste sans aucun effet. *Contractus imaginarii nullum juris vinculum obtinent, cum fides facti simulatur non intercedente veritate* (6)..... *Concurrat enim opportet affectus ex utrâque parte contrahentium* (7). Et comme dit d'Argentré : *cum vera partium intentio non sit ullo modo contrahere, removetur consensus ab actu.... Colorem habeat, substantiam verò nullam* (8). 6.

---

(4) Leg. 3, § 2, ff. *de obligat. et act.* — *Calvinus*, v.º *imaginaria*.
(5) *Danti*, chap. 7, n.º 16.— *d'Argentré*, art. 269, n.º 4, col. 1240. — *Faber*, cod. *plur. valer.*, defin. 3.
(6) Leg. 54, ff. *de obligat. et act.*
(7) Leg. 55, ff. eod.
(8) *D'Argentré*, loc. cit., et art. 265, cap.,7 n.º 14, col. 947.—*Cod. civ.*, art. 1108, 1109, 1110.

Chapitre I.

6. La simulation *relative* présente tout à la fois *simulation* et *dissimulation*. On simule le contrat apparent, on *dissimule* le contrat réel. *Dissimulamus falsa, simulamus vera.* Le premier n'est rien ; c'est le second qui forme l'engagement (9).

7. La simulation s'opère ou par la substitution d'un contrat à un autre, comme le prêt au fils de famille, déguisé sous une vente de marchandises (10).

Ou par l'interposition d'une personne qui prête son nom à une autre personne (11).

Ou par déguisement de contrats (12).

---

(9) Leg. 3, cod. *de contrah. empt.* — Faber, loc. cit. — *D'Argentré*, loc. cit., col. 1240.
(10) Leg. 7, § 3, ff. *de senat. consult. Macedon.*
(11) Leg. 2, 4, cod. *plus valer.* — Cod. *si quis alter vel sibi.*, etc.
(12) *Danti*, chap. 7, n.° 30. — Dumoulin, cod. *plus valer.*, etc., tom. 3, pag. 651.

CHAPITRE II.

Quand et comment la simulation doit céder à la vérité.

8. Règle générale, *plus valet quod agitur, quàm quod simulatè concipitur..... Non quod scriptum, sed quod gestum est inspicitur* (1).

M. Cujas en donne cette raison, puisée dans les principes du droit romain. *Quælibet res potest geri sine scripturá* ;

---

(1) Cod. *plus valer.*, etc. — Leg. 7, 10, cod. *de contrah. empt.* — Leg. 8, cod. *de act. empt.* — Leg. 17, cod. *ad senat. consult. Vell.* — Leg. 9, cod. *de aquir. et retin. possess.* — *Nouv. Répert.*, v.° *indice.* — Pothier, pandect. *de probat.*, n.° 15, tom. 1, pag. 575.

d'où il conclut: *propter res, litteras; non propter litteras, res* (2).

9. Cette règle recevoit cependant des exceptions: les principales étoient le doute sur l'intention des parties. *Si penitùs non constet*, dit Corvinus, *quid actum sit* (3), la chose jugée, le serment, la transaction, etc.

Le droit français qui n'admet la preuve par témoins, ni contre l'acte, ni sur les conventions qui excèdent une certaine somme, n'a pu qu'ajouter de nouvelles modifications au principe.

Pour saisir aujourd'hui le véritable sens de ce principe, il faut l'examiner sous les deux rapports de la simulation *absolue* ou *relative*.

10. Dans l'hypothèse de la simulation *absolue*, les parties, il est vrai, n'ont pas eu l'intention de s'obliger; mais si le titre existe, si elles n'ont pas eu l'attention de le paralyser par un titre contraire, comment parviendront-elles à se délier? *N'y avoit-il donc ni plume ni encre*? disoit le Président Duvair, à un Avocat qui soutenoit une cause de ce genre (4). La loi, quand il n'y a ni dol, ni fraude, n'admet ni la preuve par témoins, ni dès-lors la preuve même par conjectures (5). Cette sorte de simulation, le cas de fraude excepté, est donc aujourd'hui bien difficile à prouver autrement que par écrit.

11. Dans la simulation *relative*, le sens de la règle est, que là où on peut la reconnoître, le pacte réel l'emporte sur le

---

(2) Cod. *plus valer.*, etc., col. 291.

(3) *Corvinus*, cod. *eod.*

(4) *Dupérier*, en ses arrêts, v.° *simulation*, n.° 20, tom. 2, pag. 560.

(5) Cod. civ., art. 1353.

pacte apparent : *valet ut venditio*, disoit Faber, d'une vente déguisée sous l'apparence d'un échange, *quæ tanquam permutatio valere non potest.... simulatè gestum pro infecto habetur; neque tamen, eò minùs valet quod reverà actum probatur, si quo jure valere possit* (6).

La simulation relative n'anéantit donc pas l'acte dans son entier : elle substitue le contrat réel dissimulé, au contrat apparent simulé, *non quod scriptum, sed quod gestum est inspicitur*.

12. Mais par cela même que l'acte est simulé, ne devroit-on pas le regarder comme illégitime et nul ?

Cette question amène les questions suivantes.

Toute simulation est-elle illicite ?

Toute personne est-elle recevable à l'alléguer ?

Contre quels actes, contre quelles personnes peut-elle être alléguée ?

---

(6) *Faber*, cod. *plus valer.*, etc., def. 3.—Leg. 3, cod. *de contrah. empt.*

CHAPITRE III.

Toute simulation est-elle illicite ?

13. La simulation est illicite, quand elle est mise en usage pour tromper le tiers.

Quand elle a pour objet de couvrir un pacte reprouvé par les lois ou par les mœurs.

Hors de-là, elle n'a rien en elle-même de répréhensible.

Le déguisement qu'elle renferme n'est regardé comme un dol, que quand il est pratiqué pour nuire aux tiers, en fraudant leurs droits légitimes. *Dolum malum* Servius *ita definit machinationem quandam, alterius decipiendi causâ; cum aliud simulatur et aliud agitur* (1).

Il n'est plus dol, lorsque sans porter préjudice à autrui, les parties ont choisi le mode qui leur a paru le plus convenable à leur position, à leurs intérêts. *Potest et sine dolo malo, aliud agi, aliud simulari, sicuti faciunt qui, per hujus modi dissimulationem, desserviunt et tuentur sua vel aliena* (2).

Il est une multitude de simulations autorisées par les lois et par la jurisprudence. Il n'est peut-être pas de pays où elles ne soient, ou n'aient été en usage. La novation, l'adoption, l'acceptilation, l'émancipation, le testament *per œs et libram*, le décret volontaire, les ventes par nécessité jurée, etc., étoient, comme la novation l'est encore, tout autant de simulations admises par les lois ou par la jurisprudence: elles peuvent indiquer, dit le Nouveau Répertoire (3), un vice dans la législation qui les avoit adoptées; mais au moins, elles prouvent que la simulation n'est pas illicite par elle-même; qu'elle ne prend ce caractère, que quand elle est employée en fraude des droits du tiers (4), ou quand, ces droits à part, elle a pour objet de masquer un contrat prohibé par les lois ou par les mœurs.

---

(1) Leg. 1, § 2, ff. *de dol. malo.*
(2) Dict. leg.
(3) V.º *simulation.*
(4) *D'Antoine*, sur la loi 16, ff. *de reg. jur.* — *Danti*, chap. 7, n.º 21, 27, 98. — *Dumoulin*, tom. 1 *des fiefs*, gloss. 2, § 33, n.º 29, pag. 443. — *Quest. de droit*, v.º *donation*, § 2, pag. 631; et au *supplément*, tom. 3, pag. 480. — *Grenier*, chap. 5, sect. 4, tom. 2, pag. 360, n.º 130. — *Chabot*, quest. transit., v.º *donation déguisée*, §

CHAPITRE III.

Pacta quæ neque adversùs leges, neque dolo malo, neque quo fraus alicui eorum fiat facta erunt, servabo (5).

Tels étoient le cautionnement des femmes, le prêt au fils de famille; telles sont l'usure, l'obligation pour jeu, ou pour un délit à commettre, les donations à des personnes prohibées, etc., déguisées sous l'apparence d'un contrat permis par les lois.

---

1. — *Sirey*, tom. 3, pag. 201, 211; tom. 5, pag. 375; tom. 6, pag. 474; tom. 9, pag. 452; tom. 11, pag. 76; tom. 13, pag. 141, 330.

(5) Leg. 7, § 6, ff. *de pact.* — *Code civ.*, art. 1131, 1133, 911, 1099. — *Boiceau*, chap. 7, n.° 6, 8. — *Danti*, eod., n.° 68, 77, et part. 2, chap. 6, n.° 4, 9. — *Jurispr. du cod.*, tom. 16, pag. 268. — *Sirey*, tom. 8, pag. 249. — *Daguesseau*, tom. 4, plaid. 39, pag. 8.

CHAPITRE IV.

Toute personne est-elle recevable à attaquer un acte de simulation ?

Cette question doit être considérée sous trois rapports.

Les parties contractantes;

Leurs héritiers;

Le tiers intéressé.

§ 1.

Les Parties contractantes.

14. C'est un principe de tous les temps, reconnu par l'art. 1134 du code civil, que les conventions légalement formées, tiennent lieu de loi à ceux qui les ont faites, *pacta servabo*.

La règle générale est donc, que les parties ne sont pas recevables à les attaquer pour cause de simulation.

« Lorsqu'un des contractans oppose à l'autre la simulation
» d'un acte sans en avoir la preuve dans une contre-lettre, il
» ne doit s'en prendre qu'à lui-même de ne s'être pas assuré
» une preuve par écrit (1). »

Cette règle s'applique également à la simulation absolue et à la simulation relative; car celui, par exemple, qui a donné sous l'apparence d'une vente, peut dire qu'il n'a pas eu dessein de vendre; mais il ne peut dire qu'il n'ait pas voulu donner (2).

15. On oppose communément à ce principe la doctrine de Faber, de Boniface, de Debézieux, de de Cormis, de Serpillon.

Pour entendre la doctrine de Faber, il faut observer que de son temps, les lois de la Savoie ne rejetoient pas la preuve par témoins contre l'acte.

Cela posé, il dit d'abord (*cod. plus valer. defin.* 1.) que le contrat simulé *habetur pro infecto*, vu que *contrahentium voluntate destituitur*.

Voilà bien la simulation *absolue*, et c'est de cette simulation, qu'il dit (*defin.* 2) que les parties et leurs héritiers sont admis à faire la preuve.

Mais dans la définition 3, traitant de la simulation *relative*, il établit que si l'acte apparent reste sans effet, le pacte réel ne reçoit pas moins tout l'effet qu'il peut recevoir. *Neque tamen eò minùs valet quod reverà actum est, si quo jure valere possit.*

---

(1) *Nouv. Répert.*, v.° simulation, § 6, pag. 126 — *Janety*, 1780, pag. 121. — *Cochin*, tom. 5, cause 133, pag. 327, 330.

(2) Leg. 3, cod. *de contr. empt.* — *Janety, Cochin, Nouv. Répert.*, loc. cit. — *Dumoulin*, tom. 2, conf. 30, n.° 21, pag. 900. — *Debézieux*, pag. 165. — *Sirey*, tom. 10, part. 2, pag. 371; tom. 8, pag. 214; tom. 13, part. 2, pag. 358.

Chapitre IV. § 1.

Les arrêts rapportés par Boniface, Bezieux, Serpillon, sont tous intervenus dans des hypothèses où l'on trouvoit commencement de preuve par écrit, enlèvement, soustraction de titres, obligation simulée d'un père en fraude des droits de sa fille (3).

Bezieux, Serpillon attestent eux-mêmes, que, hors le cas de fraude, les parties ne sont pas recevables à alléguer la simulation.

Dans l'hypothèse que traite M. de Cormis, un fils se plaignoit de ce que son père, après l'avoir payé, lui avoit enlevé les deniers en sortant de chez le Notaire. L'acte avoit donc été sincère ; et le fait étoit étranger à toute simulation (4).

Le fameux arrêt pour le sieur de Thorigny contre qui plaidoit M. Cochin, et dont on parlera ci-après, (chap. 5) l'admit à prouver sa propre simulation ; mais le sieur de Thorigny étoit interdit, et l'action avoit été formée par son curateur.

16. La règle est donc certaine ; mais elle admet des exceptions.

Ces exceptions sont : la preuve écrite, un commencement de preuve par écrit, le dol, fraude, violence, la convention prohibée par les lois ou les mœurs.

17. L'écrit contraire à l'acte, le détruit de la même manière qu'il avoit été formé ; car, en général, les contre-lettres ne sont pas prohibées, sauf le droit du tiers (5).

18. Le commencement de preuve par écrit, considéré comme un indice de la volonté de celui de qui l'écrit est émané, a toujours suffi pour faire admettre la preuve testimoniale. Ce

---

(3) *Boniface*, tom. 1, pag. 580; tom. 4, liv. 9, tit. 3, chap. 3. — *Bézieux*, pag. 163. — *Serpillon*, 1667, tit. 20, art. 2.
(4) *De Cormis*, tom. 2, col. 1468.
(5) *Nouv. Répert.*, v.° *simulation*, § 6; v.° *contre-lettre*.

n'est pas, dit un auteur, la foi seule des témoins, c'est aussi la foi due à un écrit, qui renverse un autre écrit (6).

19. Quand la convention est illicite et reprouvée par les lois ou par les mœurs, ce n'est pas proprement de la simulation qu'il s'agit, c'est l'infraction de la loi, qui doit l'emporter par des motifs d'intérêt public (7).

Ainsi, la femme, le fils de famille, pouvoient attaquer de simulation le cautionnement, le prêt déguisé (8).

Ainsi, le joueur peut l'alléguer contre l'obligation qui dérive du jeu (9).

Quant aux engagemens qui doivent leur existence au dol, à la fraude, à la violence, la loi admet l'action dans tous les temps (10).

§ 2.

---

(6) *Cod. civ.*, art. 1347. — *Sirey*, tom. 8, pag 214.

(7) *Nouv. Répert.*, v.º *simulation*, § 6. — *Boiceau*, chap. 7, n.º 6, et part. 2, chap. 6, n.º 8. — *Danti*, sur le chap. 7, n.º 68, et sur le chap. 6, part. 2, n.º 69. — *Serpillon*, 1667, tit. 20, n.º 4, art. 2. — *Daguesseau*, tom. 4, plaid. 39, pag. 8. — *Domat*, liv. 1, tit. 1, sect. 6, n.º 8. — *De Cormis*, col. 1467, 1471. — *Journ. du palais*, tom. 2, pag. 986, col. 2. — *Journ. des aud.*, tom. 1, pag. 28. — *Jurisp. du cod.*, tom. 16, pag. 268. — *Sirey*, tom. 2, pag. 24, 89; tom. 8, pag. 249.

(8) *Nouv. Répert.*, loc. cit. — Leg. 9, § 4, ff. *de senat. cons. Maced.* — Arrêt de la Cour d'Aix, en faveur de la dame Boucanier, du 28 thermidor an 12, plaidant feu M. Bernard. — *Julien* dans ses *élémens*, etc., pag. 34. — Leg. 7, § 16, ff. de pact.

(9) *Nouv. Répert.*, v.º *jeu*. — *Danti*, chap. 10, n.º 29. — *Cod. civ.*, art. 1962.

(10) *Cod. civ.*, art. 1109. — *Nouv. Répert.*, v.º *simulation*, § 6, pag. 127. — *Danti*, chap. 7, n.º 68. — Tit. du digest., *quod. metus causâ*, etc., — Vid. les auteurs cités ci-dessus, not. 7. — Vid. *infrà*, chap. 7, § 2.

Chapitre IV.

§ 2.

Les Héritiers.

20. L'héritier représente le défunt, *vicem defuncti sustinet*; comme il succède à ses droits, il est tenu de ses obligations. *Succedit in omne jus et vitium defuncti* (1).

Il n'est donc recevable à alléguer la simulation que là où le défunt l'auroit été lui-même (2).

Mais il devient recevable lorsqu'il agit de son chef, pour des droits à lui personnels, qu'il ne tient pas de la volonté du défunt, mais de la loi. Tel est l'héritier de la réserve légale; sous ce rapport, il n'est pas héritier, il est tiers. Il peut donc quereller de simulation les actes faits en fraude de sa réserve (3).

Le Parlement d'Aix admit le 2 avril 1783 un héritier bénéficiaire à quereller l'obligation du défunt pour défaut de cause (4). Mais cette hypothèse est étrangère à la question, sur-tout si l'on observe que l'héritier bénéficiaire agissant dans l'intérêt des créanciers, est plutôt tiers qu'héritier.

---

(1) *Pothier*, pandect., de pactis, n.º 47. — *Idem*, de obligat., n.º 136. — *Montvallon*, chap. 3, art. 18, 20, 21. — Leg. 52, § 1, ff. *de pact.* — Leg. 133, ff. *de verb. obligat.* — Leg. 1, 3, cod. *de contrah. stipulat.*

(2) *Dumoulin*, cout. de Paris, § 15, gloss. 3, n.º 18, 20, 21, tom. 1, pag. 249, 250. — *Cancerius*, variar. resolut., part. 3, cap. 2, n.º 209, pag. 43. — *Faber*, cod. plus. valer., etc., defin. 2. — *Ricard*, des donations, part. 1, chap. 3, sect. 16, n.º 717, pag. 169. — *Boniface*, tom. 4, pag. 643. — *Debézieux*, pag. 163. — *Chabot*, en ses quest. transit., v.º donation déguisée, pag. 219. — *Sirey*, tom. 1, pag. 24, 240. — Vid. *infrà*, chap. 5, § 1.

(3) *Les mêmes.*

(4) *Janety*, 1783, pag. 189.

§ 3.

Les Tiers.

21. Le tiers est toujours recevable à alléguer la simulation, là où il y a intérêt.

« Les contrats, dit le code civil, art. 1165, ne nuisent point
» au tiers. »

L'art. 1167 ajoute : « les créanciers peuvent en leur nom
» personnel, attaquer les actes faits par leur débiteur en fraude
» de leurs droits (1). »

22. Cette action est indépendante de toute hypothèque sur le bien aliéné par simulation (2).

23. L'acquéreur n'est pas à l'abri par la transcription du contrat (3).

24. La vente simulée n'empêche pas le créancier d'exproprier sur la tête du vendeur (4).

La transcription même n'en purge pas le vice, et dans ce cas, la vente antérieure, faite à tout autre, par le même propriétaire, quoique non transcrite, l'emporte sur la vente simulée.

C'est ce qu'a jugé la Cour d'Aix, plaidans MM. *Bouteille* et *Mouans*. Il y eut pourvoi ; mais il fut rejeté par l'arrêt de la Cour de cassation du 17 prairial an 13 (5).

---

(1) ff. *quæ in fraud. credit.* — Cod. *de revocand., his quæ in fraud. credit.*
(2) *Sirey*, tom. 9, pag. 208. — *Jurispr. du cod*, tom. 12, pag. 398. — *Cod. civ.*, art. 2092, 2093.
(3) *Sirey*, tom. 4, part. 2, pag. 58.
(4) *Idem*, tom. 12, part. 2, pag. 139.
(5) *Idem*, tom. 5, part. 2, pag. 672.

25. Mais le tiers ne pourroit attaquer de simulation l'acte intervenu à une époque où il n'avoit encore aucun droit; *cessat revocatio, si illos dimiserit debitor quorum fraudandorum causâ fecit, et alios sortitus est* (6).

---

(6) Leg. 10 § *ita demùm* 1, ff. *quæ in fraud. credit.* — *Bézieux*, pag. 578.

CHAPITRE V.

Contre quels actes on peut l'alléguer.

26. « En général, dit le Nouveau Répertoire, v.º *simulation,*
» § 2, l'acte peut être argüé comme simulé par ceux au pré-
» judice et en fraude desquels a été pratiquée la simulation qui
» s'y rencontre. »

Mais il est des actes qui par leur nature, n'admettent pas l'action en simulation, que la loi veut que l'on considère comme sincères, par cela seul qu'ils existent.

Il en est d'autres sur lesquels on n'a pas toujours été d'accord.

Les actes qui ont donné lieu aux principales difficultés, sont : *l'acte public*, — *le mariage, le divorce,* — *les conventions matrimoniales,* — *les reconnoissances de dot,* — *les quittances,* — *les engagemens de commerce,* — *le contrat pignoratif,* — *le retrait successoral,* — *les donations déguisées,* soit par le déguisement des actes, soit par l'interposition des personnes.

§ 1.

L'acte public.

27. On s'est beaucoup agité sur la question de savoir si l'on pouvoit argüer de simulation l'acte public, lorsqu'il contient

le *scriptum* et le *gestum*, comme, par exemple, la réelle numération.

M. Cochin avoit soutenu la négative contre le sieur de Thorigny, au nom de qui on argüoit de simulation la reconnoissance de dot par lui consentie dans un contrat de mariage resté sans effet.

On lui répondoit : l'acte public prouve que les faits qui y sont attestés, se sont passés devant l'officier public et les témoins; et cette preuve ne peut être détruite que par la voie de l'inscription de faux.

Mais le témoignage du notaire et des témoins se réduit à l'extérieur. Ils ne rendent pas compte du secret de l'intention des parties qu'ils n'ont pu pénétrer; il n'empêche donc pas de prouver que les parties n'ont pas voulu faire dans la vérité et dans le fonds des choses, ce qu'elles paroissent avoir fait devant eux. C'est une vérité d'une autre espèce, sur laquelle le témoignage ne tombe pas sans détruire la preuve qui résulte de l'acte. On peut donc prouver que ce qui s'est passé devant l'officier public est feint et simulé, parce que sous ce rapport, cette preuve n'est point contraire à celle qui résulte de l'acte.

L'arrêt qui intervint le premier septembre 1741 déclara l'acte simulé (1).

C'est ce qu'a jugé la Cour de cassation les 22 thermidor an 9 et 11 frimaire an 10 (2).

La Cour d'Aix a plus d'une fois consacré la même règle, entr'autres par l'arrêt précité de la dame Boucanier, et par

(1) *Cochin*, tom. 5, caus. 133, pag. 324. — *Causes célèbres intéressantes*, tom. 20.

(2) *Sirey*, tom. 2, pag. 24, 140.

celui du 24 juillet 1812, intervenu dans la cause des sieurs Basile et Grégoire Pascal, du lieu des Arcs (3).

Dans l'hypothèse de tous ces arrêts, les actes attestoient la réelle numération ; ils ne furent pas moins déclarés simulés.

Lors donc que les parties ou leurs ayant droits sont recevables à alléguer la simulation, la réelle numération exprimée dans l'acte public peut bien rendre les tribunaux plus circonspects sur l'admission de la preuve, plus rigoureux sur la force des preuves ; mais elle n'est pas par elle-même un obstacle insurmontable, une fin de non-recevoir absolue contre l'action en simulation.

Cette question présente bien moins de doute, quand cette action est intentée au nom d'un tiers étranger à l'acte, à qui dès-lors cet acte ne sauroit nuire, comme l'a déclaré l'art. 1165 du code civil.

Il est juste néanmoins d'observer que dans toutes les hypothèses, l'acte public qui atteste la réelle numération est d'un poids bien supérieur à celui où la partie auroit simplement déclaré avoir reçu par ci-devant ; dans cette dernière hypothèse, ce n'est plus le fait lui-même que cet acte atteste, mais seulement la déclaration de la partie qui dit avoir reçu. Dans la première, le juge doit user avec beaucoup de circonspection du pouvoir discrétionnel que la loi lui confie, et dont on essayera par la suite, de déterminer le caractère et l'étendue, autant que la matière peut le comporter.

---

(3) *Journal de Mouret*, 1813, pag. 29. — *Jurispr. du code*, tom. 6, pag. 230. — *De Cormis*, tom. 2, col. 1648. — *Boiceau*, part. 2, chap. 6, n.º 8, pag. 503. — *Danti*, eod., n.º 56, pag. 509.

§ 2.

Mariage, Divorce.

28. Le mariage appartient au droit public. La société entière est pour ainsi dire partie dans cet acte. Ce seroit confondre toutes les idées que de le juger d'après les règles ordinaires du droit civil. Le bien public est intéressé à ce qu'on ne puisse l'attaquer de simulation, lorsqu'il a été légalement contracté.

C'est ce que la Cour de cassation a jugé, le 30 août 1808, au sujet du mariage de la Dlle. Rey, attaquée d'une phthisie, qui avoit épousé son médecin, un mois avant sa mort, et l'avoit ensuite institué son héritier universel (1).

C'est ce qu'avoit déjà jugé la Cour d'appel d'Aix, au profit de la veuve du sieur Villecrose, l'une de ses successibles. Le mariage avoit précédé de peu de jours la mort du mari qui l'avoit instituée son héritière. L'Arrêt est du 7 ventôse an 12, plaidans MM. *Bernard* et *Bouteille*.

La même Cour a rendu, le 4 mars 1813, un arrêt remarquable sur cette question.

Le Statut de Gênes ne permettoit pas aux filles de disposer de leurs droits successifs, il en assuroit le retour au mâle héritier, si elles mouroient dans le célibat.

La Dlle. Brigitte Ardissoni, d'Oneille, brouillée avec les enfans de son frère, fut induite dans l'âge de la décrépitude, à contracter un mariage simulé qui lui rendit la disposition de ses biens. Le nommé Luc Amiratti, atteint d'une maladie mortelle, fut l'époux que lui choisit, dans un hôpital, l'homme officieux qui se mêloit de cette négociation. Il obtint aisément d'Amiratti,

---

(1) *Nouv. Répert.*, v.° *simulation*, § 2.

pour quelque argent, une procuration pour épouser en son nom, la Dlle. Ardissoni. Le même acte portoit en faveur de ce procureur fondé, la cession des droits de sa future épouse, du recouvrement desquels on lui fit déclarer qu'il ne vouloit pas se mêler. Le mariage fut célébré en 1798. Luc Amiratti, vécut encore quelque temps, sans que les prétendus époux se fussent jamais vus. Après sa mort, la Dlle. Ardissoni réclama sa dot ; ses neveux lui opposèrent la simulation de son mariage, en fraude du Statut, et sous le rapport des effets civils. Le Tribunal civil de Saint-Remo, fit droit à la demande de la Dlle. Ardissoni ; mais la Cour réforma son jugement, plaidans MM. *Manuel* et *Chansaud*.

29. Les mêmes principes s'appliquent au divorce.

Le droit romain avoit décidé que le père ne pouvoit pas être privé du retour de la dot qu'il avoit constitué à sa fille émancipée, par un divorce dans lequel elle n'avoit eu d'autre objet que de faire passer cette dot à son mari. *Si filia emancipata idcircò divortat ut maritum lucro dotis adficiat, patrem fraudet...... patri succurendum est ne dotem perdat.* (Leg. 5, ff. *de divort.*)

Mais les principes de ce droit sur le mariage et le divorce, sont bien différens des nôtres ; comme le mariage, le divorce régulièrement fait ne peut être argüé de simulation (2).

La question se présenta pardevant la Cour de cassation, le 1.er messidor an 11, sur un divorce argüé de simulation par un créancier de la femme prétendue divorcée ; le Tribunal d'appel de Limoges, déclara le divorce simulé ; la Cour de cas-

---

(2) *Nouv. Répert.*, v.º *simulation*, § 2.

sation rejeta le pourvoi, attendu que les formalités prescrites par la loi n'avoient pas été observées (3).

Un arrêt de la Cour d'Aix, du 30 novembre 1813, a jugé que les époux n'étoient pas eux-mêmes recevables à argüer leur divorce de simulation.

En l'an 2, la dame..... obtint le divorce contre son mari pour cause d'émigration. Dégagée des liens de la puissance maritale, elle contracta des obligations, par suite desquelles il fut procédé à la saisie d'un bien jadis à elle dotal. Le mari demanda la cassation de la saisie en sa qualité de mari et maître ; il fit valoir la prétendue simulation du divorce, la cohabitation publique des deux époux après son retour, la naissance de divers enfans depuis cette époque ; mais le tiers qui avoit contracté en bonne foi, ne devoit pas souffrir de tous ces faits ; l'arrêt, plaidans MM. *Bouteille* et *Fabry*, débouta le mari de sa réclamation.

---

(3) *Nouv. Répert.*, loc. cit. — *Sirey*, tom. 3, pag. 331. — *Quest. de droit*, v.° *divorce*, § 6, tom. 3, pag. 537.

§ 3.

Conventions matrimoniales.

30. Les parties stipulantes ne sont pas recevables à alléguer la simulation contre les conventions matrimoniales par elles souscrites.

Cette règle est une suite du principe que l'on a établi ci-dessus, chap. 4, § 1.

Telle est l'importance de ces conventions, qu'à la différence des contrats ordinaires, il n'est pas même permis d'y déroger par

CHAPITRE V. § 3.

par des contre-lettres, si elles n'ont été rédigées en acte public avant la célébration du mariage, dans la même forme que le contrat de mariage, et du consentement simultané de toutes les personnes qui ont été parties au contrat.

Dans ce cas même, elles restent *sans effet à l'égard du tiers*, si elles n'ont été rédigées à la suite du contrat de mariage (1).

Tels étoient à peu près nos principes, comme on le voit dans M. Debézieux, pag. 358, etc.

Ce seroit ici le lieu de parler des reconnoissances simulées de dot, consenties par le mari dans le contrat de mariage. Mais cette question tient aux principes généraux qui régissent les donations simulées ; on se réserve de la traiter en traitant de ces donations.

---

(1) *Cod. civ.*, art. 1395, 1396, 1397.

§ 4.

Quittances.

31. Il arrive quelquefois que le créancier concède quittance sans avoir reçu les deniers, dans l'espérance de les recevoir bientôt, *spe futuræ numerationis*. Cet usage étoit fréquent chez les Romains, à l'égard des agens publics *nummularii*, dont l'état étoit de faire trouver ou placer des fonds. Les abus qui en résultoient firent établir, contre les principes ordinaires, que celui qui avoit donné la quittance, seroit admis dans les deux ans, à opposer qu'il n'avoit pas reçu les deniers ; et que celui qui l'avoit reçue seroit soumis à prouver la numération (1).

---

(1) Cod. *de non numerat. pecun.* — Idem, *de dot. caut. non nu-*

Le droit français au contraire, admet l'exception dans tous les temps, mais il en rejette la preuve sur celui qui l'oppose, et il n'admet que la preuve par écrit (2).

32. Il n'est pas rare que par des convenances particulières, le créancier donne quittance pour recevoir une obligation de toute autre nature. Ainsi le vendeur donne quittance du prix, le mari, de la dot, et reçoivent en échange une obligation simple, un billet à ordre, etc.

Par l'effet de cette simulation, il perd les droits résultans de son premier titre et ne peut plus exercer que ceux qui dérivent du second. Mais cette règle cesse quand les deux titres se réfèrent l'un à l'autre, comme s'ils sont contenus dans le même acte, ou si les deux actes sont publics et du même jour; ou, si enfin, le second n'anéantit le premier, qu'autant qu'il aura reçu son exécution. C'est l'observation de Vedel sur Catelan (3), et c'est ce que l'on voit tous les jours.

On parlera, sur le paragraphe relatif aux donations simulées, des quittances simulées de dot.

---

merat. — *Danti*, part. 2, chap. 6, n.º 10, pag. 511. — *Nouv. Répert.*, v.º *exception d'argent non compté*.

(2) *Montvallon*, epitom. juris, n.º 633. — *Danti*, *Nouv. Répert.*, loc. cit.

(3) *Catelan*, liv. 5, chap. 34. — *Vedel*, eodem.

§ 5.

Engagemens de commerce.

33. Les engagemens de commerce s'écartent ici de la règle ordinaire : les parties sont admises à les arguer de simulation ; elles peuvent même la prouver par témoins. C'est là une ex-

ception au principe général, et que la faveur du commerce a fait admettre dans tous les temps (1).

Mais elles ne peuvent opposer cette simulation au tiers-porteur de bonne foi (2).

On ne peut quereller de simulation l'assurance *pour compte*, à moins que sous le nom d'un neutre, on eût fait assurer la marchandise de l'ennemi (3).

---

(1) *Cod. civ.*, art. 1341; 1667, tit. 20, art. 2. — *Jousse*, sur ledit art. — *Sirey*, tom. 8, pag. 249; tom. 10, part. 2, pag. 394; tom. 13, pag. 453. — *Jurispr. du cod.*, tom. 16, pag. 142.

(2) *Sirey*, tom. 10, pag. 183; tom. 9, pag. 181; tom. 13, pag. 453.

(3) *Emérigon*, traité *des assurances*, tom. 1, chap. 5, n.° 2, pag. 135; chap. 8, sect. 5, pag. 212; sect. 20, pag. 460.

§ 6.
Contrats pignoratifs.

34. On regardoit jadis, comme contrat pignoratif, simulé, la vente à réméré, lorsqu'elle étoit faite à vil prix, avec pacte de rélocation au vendeur. On supposoit qu'elle n'avoit eu pour objet que de faire produire au prêt à jour, des intérêts que les lois n'autorisoient pas.

Mais, depuis que la loi du 2 octobre 1789, en a permis la stipulation, cette présomption a cessé d'être admise, et le rachat se prescrit désormais par le temps ordinaire, tandis qu'il est imprescriptible dans le vrai contrat pignoratif, vu qu'il ne produit qu'une possession précaire (1).

---

(1) Leg. 3, cod. *plus valer.*, etc. — *Sirey*, tom. 4, part. 2, pag. 342; tom. 10, pag. 362. — *Quest. de droit*, v.° *pignoratif*; au supplément, tom. 3, pag. 97. — *Nouv. Répert.*, cod. v.°

Néanmoins, la simulation peut encore être opposée, pour prouver l'usure sur le taux de l'intérêt (2).

---

(2) *Jurispr. du cod.*, tom. 21, pag. 65.

§ 7.
Retrait successoral.

35. Les cohéritiers peuvent attaquer de simulation, le surhaussement du prix de la vente ; c'est ce qu'à jugé la Cour d'Aix, le 5 décembre 1809 ; ils sont tiers, et sous ce rapport, ils sont recevables (1).

---

(1) *Jurispr. du cod.*, tom. 14, pag. 283. — Vid. *suprà*, chap. 4, § 3.

§ 8.
Donations déguisées.

36. Nous diviserons ce paragraphe en trois articles :
1.º Donation simulée par déguisement de contrat ;
2.º Donation déguisée par interposition de personnes ;
3.º Reconnoissance et quittance de dot par le mari dans le contrat de mariage ou pendant le mariage.

ARTICLE 1.er
Donations simulées par déguisement de contrat.

Il n'est rien de plus commun que les donations déguisées sous l'apparence d'un contrat onéreux ; il est peu de matières qui aient donné lieu à autant de contestations.

Ces sortes d'actes n'ont rien par eux-mêmes qui doive les

Chapitre V. § 8. Art. 1.

faire excepter de la règle ordinaire ; et quand le donateur est capable de disposer, le donataire de recevoir, ils n'obtiennent pas moins tout l'effet que les parties ont eu réellement en vue ; *neque tamen eò minùs valet quod reverà actum est.*

37. Tel étoit le principe adopté par le droit romain, *emptio in sui defficit substantia.... perfecta donatio* (1).

38. L'ordonnance de 1731, art. 1, 2 et 4, exigeoit que toute donation fût faite par acte public, revêtu des formalités usitées dans les diverses provinces.

De-là s'éleva la question de savoir si les donations déguisées n'étoient pas annullées par cette loi.

Valin, et M. Delvincourt, ont soutenu l'affirmative (2). Mais la jurisprudence constante avoit restraint l'application de l'ordonnance aux donations ordinaires ; elle avoit maintenu, dit Furgole sur l'art. 1, les donations *tacites* ; et c'est ce que la Cour de cassation a reconnu relativement à des donations simulées, intervenues sous l'empire de cette ordonnance (3).

39. Le code civil ne permet de disposer à titre gratuit, que par donation entrevifs ou par testament (4).

---

(1) Leg. 3, cod. *de contr. empt.*—Leg. 36, 38, ff. eod. tit. — *Jurispr. du cod.*, tom. 5, pag. 286. — *Sirey*, tom. 3, pag. 201. — *Quest. transit.*, v.º donation déguisée, pag. 207.

(2) *Valin*, cout. de la Rochelle, n.º 56, 57. — *Delvincourt*, tom. 1, pag. 703. — *Sirey*, tom. 13, pag. 330.

(3) *Sirey*, tom. 3, pag. 201 ; tom. 9, pag. 452 ; tom. 10, pag. 371 ; tom. 11, pag. 76. — *Grenier*, tom. 1, n.º 180, pag. 355. — *Quest. transit.*, loc. cit., pag. 204. — *Quest. de droit*, v.º donation, § 5, pag. 629.

(4) Art. 893.

Comme l'ordonnance, il exige que les donations soient faites par acte public, dans la forme ordinaire des contrats (5).

Mais relativement aux donations déguisées, il se borne à annuller celles qui ont été consenties au profit d'un *incapable*, à réduire les autres, s'il y a lieu, à la quotité disponible, à l'égal des donations ordinaires.

C'est ce qui résulte des art. 911, 1099 et 918. « Toute dis-
» position au profit d'un *incapable*, dit l'art. 911, sera *nulle*,
» soit qu'on la déguise sous la forme d'un contrat onéreux, soit
» qu'on la fasse sous le nom de personnes interposées. »

L'art. 1099 présente la même disposition sur les donations entre époux, que les art. 1097 et 1098 déclarent incapables de recevoir au-delà d'une certaine quotité.

Au contraire, l'art. 918 déclare simplement réductible à la quotité disponible, les ventes faites par le père à l'un de ses enfans, soit à charge de rente viagère, soit à fonds perdu, soit avec réserve d'usufruit qu'elle regarde comme des donations déguisées.

De la combinaison de cet article avec les précédens, on a conclu avec raison, que là où il n'y a pas d'incapacité, la donation n'est pas nulle, par cela seul qu'elle est simulée, sauf réduction, là où elle excède la quotité disponible.

40. On a opposé que ce système tendroit à éluder la révocation de ces sortes de donations, en cas de survenance d'enfans au donateur.

On a répondu que rien n'empêcheroit dans ce cas, la preuve de la simulation, vu qu'alors, le contrat rentre dans la classe

---

(5) Art. 931.

des contrats prohibés par la loi ou par les mœurs (6). La Cour d'Aix l'a jugé de même, le 5 décembre 1811, dans la cause de Reynier, contre Dauphin, plaidans MM. *Bouteille* et *Billot*.

On a fait valoir l'immoralité de ce déguisement.

Mais la simulation, on l'a vu, n'est immorale, qu'autant qu'elle est pratiquée en fraude du tiers ou de la loi.

Il faudroit être bien étranger à ce qui se passe dans l'intérieur des familles, pour ne pas reconnoître que l'homme le plus moral, le plus délicat, est quelquefois obligé pour sa tranquillité, de cacher à ceux qui l'entourent, ses dispositions même les plus sages, les plus irréprochables. N'est-ce pas par le même motif que la loi a autorisé dans tous les temps les testamens mystiques ? Pourquoi forceroit-on le père de famille à mettre ses affaires, ses dispositions à découvert, quand il ne fait tort à personne ? Abuse-t-il de ce moyen, les voies de droit sont ouvertes. Il faudroit renverser toutes les institutions, si l'on vouloit prévenir tous les abus.

41. Tel est donc le principe qui a prévalu : la donation déguisée ne reçoit pas moins tout son effet que la donation directe ordinaire, si d'ailleurs elle ne présente aucune fraude aux droits légitimes du tiers (7).

---

(6) *Quest. de droit*, v.º *donation*, au supplément, § 5, pag. 483.— *Grenier*, n.º 180, tom. 1, pag. 355, 362. — *Quest. transit.*, v.º *donation déguisée*, § 3, pag. 227.

(7) *Nouv. Répert.* v° *simulation*, § 5 ; v.º *donation*, sect. 2, § 6. — *Quest. de droit*, v.ª *donation*, section 2, § 5, et au supplément, cod. v.º, pag. 480, v.º *paternité* ; au supplément, pag. 143. — *Grenier*, n.º 180, pag. 353. — *Quest. transit.*, v.º *donation déguisée*, § 3, pag. 227. — *Cochin*, tom. 2, pag. 248.

42. Cette question s'est présentée bien des fois à la Cour de cassation. Elle y a été agitée dans les deux hypothèses, d'un donateur libre de disposer de la totalité de ses biens, et de celui dont les biens affectés d'une réserve légale, n'étoient disponibles que pour le surplus.

Elle avoit d'abord divisé la section civile et la section des requêtes. Cette divergence qui remonte vers l'an 10, n'a cessé qu'en 1808.

Dans tout cet intervalle, la section civile a constamment reconnu la validité de la donation dans les deux hypothèses, sauf réduction, en cas d'excès; et sa jurisprudence n'a pas varié depuis lors.

Le recueil de M. Sirey, présente treize arrêts conformes de cette section. Le premier, est du 22 vendémiaire an 10; le dernier, du 5 janvier 1814; et sur ces treize arrêts, douze sont des arrêts de cassation (8).

Le premier arrêt de la section des requêtes, est du 11 frimaire an 10; le dernier connu, est du 24 novembre 1808 (9). Depuis cette époque, cette section s'est réunie à l'opinion de la section civile. Et il est à observer que les arrêts rendus par cette dernière jusques alors, n'ayant pu l'être que sur le pourvoi admis par la section des requêtes, on ne pourroit pas même dire

---

(8) *Sirey*, tom. 3, pag. 205; tom. 5, pag. 247, et part. 2, pag. 474; tom. 9, pag. 452; tom. 10, pag. 371; tom. 11, pag. 76; tom. 13, pag. 33, 141, 330, 374; tom. 14, pag. 170. — *Jurispr. du cod.*, tom. 21, pag. 387. — *Quest. transit.*, v.° donation déguisée, § 1, pag. 202. — *Grenier*, tom. 1, n.° 180, pag. 353.

(9) *Sirey*, tom. 2, pag. 140; tom. 3, pag. 331; tom. 5, pag. 253; tom. 7, pag. 284; tom. 9, pag. 99.

dire que la section des requêtes ait jamais adopté une opinion bien décidée sur la question en elle-même.

Il est bon de voir comment s'exprimoit la section civile sur cette question, dans son arrêt du 6 pluviôse an 11.

« Toutes les simulations ne sont pas indistinctement frappées » de l'anathême de la loi, parce qu'elle permet tout ce qu'elle » ne défend pas ; et en matière de simulation de contrats, pour » qu'elle soit jugée frauduleuse, il faut que celui qui en fait » usage, ait principalement pour objet d'éluder par cette voie » indirecte, la prohibition légale qui ne peut tomber que sur » la chose ou sur la personne. Les donations tacites ou con- » jecturales, c'est-à-dire, celles qui sont déguisées sous l'appa- » rence d'un contrat commutatif à titre onéreux, autorisées par » les lois romaines, n'ont été ni supprimées, ni abrogées par » l'article premier de l'ordonnance de 1731, *qui n'a voulu* » *régler que les donations expresses* (10). »

On retrouve les mêmes principes dans presque tous les autres arrêts (11).

On avoit tenté d'écarter ce principe à l'égard des donations simulées, consenties sous l'empire de la loi du 17 nivôse de l'an 2.

Mais la loi a toujours distingué l'incapacité de la personne avec l'indisponibilité de la chose. Elle annulle au premier cas, elle réduit seulement au second.

La loi du 17 nivôse elle-même n'établissoit pas une incapacité

---

(10) *Sirey*, tom. 3, pag. 201, 211.
(11) *Idem*, tom. 5, part. 2, pag. 474; tom. 9, pag. 452; tom. 11, pag. 76; tom. 13, pag. 141, 330, 378; tom. 14, pag. 170.

personnelle, mais seulement l'indisponibilité des biens dans la vue de l'égalité.

Aussi la Cour de cassation ne s'est jamais arrêtée à cette circonstance, quand le donateur a survécu à la promulgation du code civil, ou même de la loi du 4 germinal an 8.

C'est ce qu'elle a jugé entr'autres, les 21 ventôse an 13, 15 brumaire an 14, et 22 août 1810 (12).

« La loi du 17 nivôse, dit ce dernier arrêt, n'établit pas
» une incapacité absolue dans la personne du co-successible, elle
» annulloit seulement pour le maintien de l'égalité, l'avantage
» fait à l'un des héritiers au préjudice des autres. Le droit de
» ceux-ci n'a pu prendre naissance qu'à l'instant du décès, et
» tel que le fixoit alors la loi du 4 germinal de l'an 8, » (sous l'empire de laquelle le donateur étoit décédé). « S il eut été
» justifié que la réserve légale eut été entamée, l'*avantage* pré-
» tendu fait indirectement au donataire *auroit été réductible*
» d'après cette loi, *mais il n'auroit pu être anéanti en entier*,
» le donataire pouvant retenir par l'effet d'une donation indirecte,
» la quotité des biens dont il auroit pu être avantagé direc-
» tement. »

44. On avoit pensé néanmoins que dans cette hypothèse l'acte devoit être *annullé*, sauf au donataire à réclamer par action principale la portion disponible.

Mais ce système, réprouvé par la Cour de cassation, l'a été également par deux arrêts de la Cour d'Aix, des 24 juillet et 3 décembre 1812, rapportés au journal du sieur Mouret, sur l'année 1813, page 29, et qui en déclarant les actes simulés,

---

(12) *Sirey*, tom. 5, pag. 247; tom. 6, part. 2, pag. 607; tom. 10, pag. 371.

les entretinrent comme donation jusques au concurrent de la quotité disponible.

45. Il n'est pas inutile d'observer ici que sur tous les arrêts de la Cour de cassation, que l'on vient de rappeller, le dernier seul, en date du 5 janvier 1814, est intervenu dans l'hypothèse d'une donation simulée en ligne directe ; mais il en existe une foule de la Cour d'Aix dans cette même hypothèse.

La jurisprudence est donc égale dans les deux cas, et les observations de MM. Valin et Delvincour, quoique recommandables par le mérite de leur auteur, n'ont rien à notre avis qui puisse atténuer le principe.

Il est possible que dans une législation naissante, dans une société toute nouvelle, dont les mœurs auroient encore la simplicité des premiers âges, l'opinion qui tend à proscrire toute simulation, fut la plus morale, la plus conforme peut-être aux vrais principes.

Mais dans nos mœurs actuelles, quand à côté de la loi qui a réglé les formes de la donation ordinaire, et sur la même ligne, on voit marcher une jurisprudence aussi ancienne qu'invariable, qui tolère les donations déguisées ; quand le code lui-même a consacré cette jurisprudence, par la différence que présentent les articles 911 et 1099 avec l'art. 918, entre l'incapacité personnelle et l'incapacité réelle ; quand on ne peut se dissimuler que s'il y avoit des raisons pour proscrire ces donations, il y en avoit non moins encore pour les maintenir, pourroit-il être permis de renouveller ainsi des débats toujours funestes à la tranquillité des familles ? L'incertitude de la jurisprudence est un des inconvéniens les plus fâcheux dans l'ordre social.

Article 2.

Donations déguisées par interposition de personnes.

46. La simulation par interposition de personnes est indifférente par elle-même, si elle n'a eu pour objet de frauder les droits du tiers. *Non est in jure damnata*, dit de Luca, *si non intersit creditoris* (1).

Mais c'est le plus souvent par cette voie détournée, que les pères de famille s'efforcent d'avantager un de leurs enfans au préjudice des autres. Cet abus est sur-tout en usage dans les petits lieux, où des praticiens peu délicats autant que mal avisés, induisent les pères en erreur, et donnent lieu à des procès qui désolent les familles (2).

Il est dans cette matière des personnes que la loi répute in-

---

(1) *De Luca, de credito*, disc. 72, n.º 8, tom. 4, pag. 129; Disc. 62, n.º 3, pag. 105; Disc. 84, n.º 6, pag. 139; tom. 5, *de testament.*; disc. 36, n.º 3, pag. 60. — *Quest. transit.*, v.º *donation déguisée*, § 4, pag. 227. — *Motifs* sur l'art. 911. — *Jurispr. du code*, tom. 6, pag. 439. — Leg. 4, cod. *plus valer.*, etc.

(2) J'ai souvent été consulté sur de semblables projets par des cultivateurs. Ma réponse a été simple. La loi, leur ai-je dit, vous le défend; voulez-vous passer outre, souscrivez la vente ou l'obligation en ma faveur. Mais je vous déclare que, lorsqu'après vous, vos autres enfans demanderont que j'affirme à serment que j'ai acquis pour mon compte ou que je suis véritablement créancier, je ne ferai pas un faux serment. Vous adresserez-vous à tout autre, il jurera peut-être, mais à son profit; il gardera le fonds ou la créance. Il n'en est point qui ne m'aient répondu : je vois bien que la chose n'est pas praticable. C'est ainsi que l'on épargneroit au pauvre peuple beaucoup de fausses démarches, si on savoit lui en faire prévoir les résultats.

terposées, et leur qualité seule suffit pour faire annuller la disposition, parce que la présomption légale, contre laquelle on n'admet pas de preuve contraire, est qu'elles n'ont reçu que pour transmettre à celui à qui on n'eut pu donner.

Quant aux autres, c'est à celui qui allègue la simulation à prouver que tel a été l'objet de leur intervention.

47. L'art. 911 du code civil répute personnes *interposées* le père, la mère, les descendans, l'époux de la personne incapable (3).

Cette présomption, on l'a dit, est de droit ; elle dispense de rapporter toute autre preuve du fait (4).

Mais cet article 911 n'est pas exclusif, et toute autre personne peut encore, suivant les circonstances, être déclarée personne interposée. Ainsi, si l'incapable se trouvoit l'héritier présomptif de celui en faveur de qui on a disposé, il ne faudroit que quelques indices graves pour faire annuler la disposition. Il en seroit de même de celui dont le mariage seroit déjà accordé avec la personne incapable, et telle étoit l'ancienne jurisprudence (5).

48. Un autre genre de simulation par interposition de personnes, presque aussi commun que le précédent, est l'acquisition faite par le mari ou par le père sous le nom de son épouse ou de son fils.

Le principe général est que le fonds appartient à celui au nom de qui il a été acquis et à qui la tradition a été faite, et

---

(3) *Grenier*, tom. 1, n.° 131, pag. 261. — *Motifs* et *Malleville* sur l'art. 911. — *Jurispr. du cod.*, tom. 11, pag. 470. — *Quest. transit.*, v.° *avantages indirects*, pag. 42, et § 3, pag. 50. — *Sirey*, tom. 2, pag. 271.

(4) *Cod. civ.*, art. 911. — *Malleville*, loc. cit. — *Grenier*, n.° 133, pag. 264. — *Sirey*, tom. 13, pag. 331.

(5) *Grenier*, loc. cit., pag. 264, et tom. 2, n.° 688, pag. 431. — *Malleville*. — *Quest. transit.*, loc. cit.

ce, lors même que le paiement auroit été fait des deniers d'autrui. Celui-ci n'a dans ce cas que le droit de demander le remboursement de la somme qu'il a fournie à cet effet (6).

On trouvera le développement de ce principe dans l'*essai* ci-après, *sur les obligations des femmes mariées*; sect. 11, *acquisitions*.

La simulation dans cette hypothèse, porte donc principalement sur la déclaration, que le paiement a été effectué par la femme ou par le fils. Le fait se décide par les circonstances (7), mais là où la simulation est reconnue, la donation est maintenue jusques au concurrent de la portion disponible.

(6) Tit. du code, *si quis alter. vel sibi*, etc. — Leg. 9, 16, cod. *de donat. inter vir. et uxor.*

(7) *Grenier*, tom. 2, pag. 206, n.º 519. — *Chabot*, sur l'art. 843 du code civil.

Article 3.

Reconnoissance, quittance de dot par le mari dans le contrat de mariage ou pendant le mariage.

49. Le mari peut avoir reconnu dans le contrat de mariage la dot qu'il n'a pas reçue, ou pour avantager sa femme, ou dans l'espérance de recevoir bientôt les deniers, *spe futuræ numerationis*; ou enfin, pour l'honneur du contrat, sous un pacte secret de se contenter d'une moindre somme, *dos ventosa*.

Dans le premier cas, la donation directe eut été licite, sauf les bornes déterminées par l'art. 1094 du code civil. Il ne seroit donc pas recevable à argüer sa reconnoissance de simulation. Eut-il excédé ces bornes, elles n'ont pas été posées dans son intérêt, et les parties intéressées pourroient seules après lui en demander la réduction.

Au second, le droit romain, par un titre particulier (1), avoit étendu en sa faveur la règle générale établie par le titre du code *de non numeratâ pecuniâ*. Mais on a vu ci-dessus, § 4, que cette exception n'est admise aujourd'hui, qu'autant qu'elle est prouvée par écrit ; et sur le § 3, que les contre-lettres n'ont d'effet, même entre les parties contractantes, qu'autant qu'elles ont été souscrites par elles toutes, avant la célébration du mariage.

La même règle s'applique également à la troisième hypothèse, *dos ventosa*; et c'est ce qu'avoit déjà jugé le Parlement d'Aix par divers arrêts rapportés par M. Debézieux, pag. 358.

Nous ne connoissons pas d'arrêt qui dans aucune de ces hypothèses, ait admis le mari à argüer sa reconnoissance de simulation.

50. Il en est de même de ses héritiers, à moins que, comme on l'a expliqué ci-dessus, chapitre 4, § 2, ils ne se présentent en force d'un droit à eux propre et personnel.

Telle est l'hypothèse de l'arrêt du Parlement d'Aix, rapporté par Bonnet, litt. *D.*, n.º 14, et de celui que la Cour d'appel de la même ville a rendu le 13 juillet 1812, plaidans MM. *Chansaud* et *Fabry*.

Dans tous les temps, l'homme qui passe à des secondes nôces, ayant des enfans d'un premier lit, n'a pu donner à sa seconde femme au de-là d'une portion d'enfant le moins prenant. Le code civil a confirmé cette règle par l'art. 1098. L'art. 1099 prohibe toute donation *indirecte* au de-là de cette quotité ; et par une disposition nouvelle, il déclare *nulle* la donation *déguisée*, dont le droit antérieur prononçoit seulement la réduction.

---

(1) Cod. *de dot. caut. non numerat.*

Ainsi, l'arrêt rapporté par Bonnet, intervenu sur la demande des enfans du premier lit, réduisit à la portion du moins prenant une reconnoissance de dot simulée, consentie par le père en faveur de sa seconde femme.

Au contraire l'arrêt de la Cour d'Aix, rendu au profit des enfans du sieur L.... de Marseille, d'après le nouveau principe établi par le code civil, la déclara *nulle*.

Les enfans, dans ce cas, se présentent comme tiers, et le tiers, comme on l'a vu au chapitre 4, § 3, est admis à attaquer les actes consentis par son débiteur en fraude de ses droits.

51. La question se complique davantage à l'égard des reconnoissances et quittances de dot souscrites par le mari pendant la durée du mariage.

Ici, il ne peut plus être question de reconnoissance pour l'honneur du contrat. La quittance simulée ne peut avoir été souscrite que dans la vue d'avantager la femme, ou dans l'espérance de recevoir les deniers.

Sous ce dernier rapport, le mari, comme tout autre, ne pourroit réclamer, on l'a vu, qu'à l'aide d'une preuve par écrit.

Sous le premier, le doute naît du caractère de la donation entr'époux.

Prohibées par le droit romain ancien, puis admises comme donations à cause de mort, ces sortes de donations ont été autorisées par le code civil, qui les déclare *toujours révocables* (1).

De-là, a-t-on dit, il est conséquent qu'il soit admis à en alléguer la simulation.

On ne connoît aucun arrêt qui ait prononcé sur cette question.
M.

---

(1) *Grenier*, tom. 1, pag. 23; tom. 2, n.° 451, pag. 99. — *Cod. civ.*, art. 1094, 1096.

CHAPITRE V. § 8. *Art.* 3.

M. Pothier dans son traité *des donations entre mari et femme* (2), rapporte un arrêt du Parlement de Paris, qui, après la mort du mari, et à la demande de ses héritiers, déclara nulle une quittance simulée de dot qu'il avoit concédée pendant le mariage. La femme avouoit la simulation, mais elle soutenoit que la donation indirecte qui en résultoit, avoit été confirmée par la mort du mari, qui n'avoit jamais réclamé contre cette quittance. M. Pothier présente cet arrêt comme ayant jugé simplement que la donation étoit nulle dans la forme, d'après l'art. 3 de l'ordonnance de 1731.

Le Nouveau Répertoire, v.° *dot*, § 3, pense au contraire que ce motif étoit désavoué par l'art. 46 de la même loi, et que le véritable motif de l'arrêt fut, qu'il n'étoit pas suffisamment prouvé que le mari eût concédé la quittance dans l'objet d'avantager son épouse. C'est bien le moins, dit-il, que ces sortes d'actes ne soient entretenus comme donations, qu'autant qu'on ne peut douter que le mari avoit réellement eu l'intention de donner ; et après avoir rappelé la disposition actuelle du code, il établit comme une chose positive, que cet arrêt doit encore servir de règle aujourd'hui, et que les héritiers du mari doivent être admis à la preuve de la simulation.

La Touloubre, sur Dupérier, tome 3, livre 4, question 8, a émis une opinion différente : « régulièrement, dit-il, ces
» sortes de reconnoissances passées par le mari en faveur de
» sa femme, ne peuvent être débatues ni par lui, ni par ses
» héritiers, comme l'observe le Président Faber, *cod. de dot.*
» *caut. non numerat.* A l'égard de ses héritiers, elle doit valoir
» *saltem jure donationis morte confirmatæ.* »

---

(2) *Chap. prélimin.*, art. 1, n.° 6.

Nous regardons cette opinion comme la plus conforme aux vrais principes. Sans doute, si le mari ou ses héritiers rapportoient la preuve par écrit, que la quittance n'avoit été concédée que *spe futuræ numerationis*, alors comme cette quittance seroit détruite par la contre-lettre, la femme ne pourroit s'en prévaloir sous aucun rapport. Mais, à défaut de cette preuve, ni le mari ni les héritiers, ne pouvant alléguer ce prétendu motif, la reconnoissance simulée ne présente plus que le caractère de la donation, puisqu'ils seroient non-recevables à lui assigner tout autre motif.

Cela posé, il nous paroît que les héritiers ne seroient pas recevables à l'argüer de simulation, à la débattre sous ce rapport, quand le mari est mort sans avoir réclamé lui-même, puisqu'à leur égard, elle vaut comme donation confirmée par la mort.

L'arrêt rapporté par M. Pothier, le seul d'ailleurs que l'on connoisse sur cette question, doit donc être regardé comme un arrêt de circonstances. Il est intervenu dans un temps où les donations entre époux étoient prohibées par la coutume de Paris (3). Et il faut convenir que cet auteur n'entre pas dans des détails suffisans pour autoriser l'application que le Nouveau Répertoire pense devoir en être fait à la question présente.

Quant au mari lui-même, on convient qu'il eût pu révoquer une donation ordinaire ; mais cette donation en elle-même, n'étoit pas un acte prohibé par la loi, et il ne peut, à notre avis, révoquer la donation déguisée, parce que, comme partie, il ne peut argüer son propre fait de simulation.

---

(3) *Grenier*, tom. 1, pag. 25.

Chapitre V. § 8. *Art.* 3.

52. Les principes, on l'a vu, déclarent le tiers toujours recevable, quand la simulation a été pratiquée en fraude de ses droits ; toute la difficulté à cet égard, se réduit à apprécier les preuves qu'il présente de cette simulation.

Il existe sur cet objet une foule de doctrines et d'arrêts dont le résultat présente les points de vue suivans.

Quand la quittance est relative à la constitution de dot portée par le contrat de mariage, et qu'elle énonce la réelle numération, on ne peut en général, l'argüer de simulation : si au contraire l'acte porte *reçu par ci - devant*, c'est à la femme à prouver que le mari avoit effectivement reçu.

On ne distingue pas dans ce cas, la quittance privée de la quittance publique ; néanmoins, bien que l'une et l'autre aient la même force vis-à-vis le mari ou ses héritiers, l'acte public a bien plus de poids quand il s'agit de l'intérêt du tiers.

Si la quittance n'a aucun rapport à la constitution dotale, la réelle numération peut seule lui donner quelque poids ; et dans cette hypothèse même, des présomptions moins fortes suffisent dans l'intérêt du tiers, sur-tout si l'acte n'indique pas clairement d'où les deniers sont provenus ; s'il ne conste d'ailleurs de la vérité du fait (4).

---

(4) *Boniface*, tom. 1, liv. 6, tit. 9, chap. 1 et 2, pag. 451, etc.— *Debézieux*, liv. 5, chap. 2, § 7, pag. 362.— *Nouv. Répert.*, v.° dot, § 3.— *De Cormis*, tom. 2, col. 303.— *Sirey*, tom. 5. part. 2, pag. 306.— *Cochin*, tom. 2, pag. 579 ; tom. 5, caus. 133, pag. 127.— *Danti*, part. 1, chap. 6.— *Dunod*, part. 2, chap. 8, pag. 180.

CHAPITRE VI.

Contre quelles personnes on peut alléguer la Simulation.

53. Celui qui a consenti une vente simulée, ne peut opposer cette simulation au tiers-acquéreur (1).

Le débiteur ne peut opposer au cessionnaire la simulation de la cession (2).

On ne peut l'opposer au tiers-porteur de bonne foi d'un effet de commerce (3).

La femme ne peut l'opposer à ses cohéritiers, pour se dispenser de rapporter dans la succession du père, la dot que son mari lui a reconnue, bien que cette reconnoissance fût simulée (4).

---

(1) *Sirey*, tom. 11, pag. 83; tom. 13, part. 2, pag. 216.— *Cod. civ.*, art. 1321. — *Nouv. Répert.*, v.° *simulation*, § 6, pag. 127. — *D'Argentré*, n.° 265, cap. 7, n.° 4, col. 947; art. 269, col. 1241, n.° 6. — *Dumoulin*, tom. 2, *contract. usur.*, n.° 61, pag. 168.

(2) *Sirey*, tom. 13, pag. 374, 376.

(3) Vide *suprà*, chap. 5, § 4, n.° 36.

(4) *Sirey*, tom. 7, part. 2, pag. 1201.

CHAPITRE VII.

Preuves de la Simulation.

54. La simulation est une question de fait. C'est au juge qu'il appartient d'apprécier le résultat des faits qui peuvent la caractériser. *Quæstio facti*, dit la loi, *per judicem examinabitur* (1).

---

(1) Leg. 1, cod. *plus valer.*, etc.

Chapitre VII.

Hujus definitionem, dit M. Cujas, *non jureconsulti præstant, sed judices* (2).

Elle se prouve *par écrits, par témoins, par présomptions.*

---

(2) *Cujas*, cod. *eodem*, col. 292.

§ I.
Preuve par écrit.

55. On a vu ci-dessus, chap. 4, § 1, que toutes personnes, même les parties contractantes, sont admises à prouver la simulation, quand elles en présentent la preuve écrite, là toutefois où les contre-lettres sont admises.

Que celui qui présente un commencement de preuve par écrit, est admis à la preuve par témoins.

56. On peut ranger dans cette classe, la preuve qui résulte des réponses cathégoriques ou du serment.

Mais pour demander les réponses, ou le serment du défendeur, il faut que l'action soit recevable ; ainsi, inutilement on voudroit l'exiger là où l'obligation, quoique simulée, devroit être entretenue comme donation; là où le demandeur ne seroit pas recevable à argüer l'acte de simulation.

La loi, il est vrai, permet aux parties de se faire interroger *en tout état de cause* (1), de se déférer *le serment sur quelque espèce de contestation que ce soit* (2) ; mais elle suppose nécessairement que l'un ou l'autre pourront avoir un résultat utile dans la cause : *frustrà admittitur ad probandum quod probatum non relevat*. Ainsi, il ne serviroit de rien d'obtenir

---

(1) *Cod. de procéd.*, art. 324.
(2) *Cod. civ.*, art. 1358.

de la partie, l'aveu que l'obligation qu'elle présente est simulée, là où dans cette hypothèse même, elle devroit être maintenue comme donation ; ainsi encore, on ne pourroit déférer le serment sur une créance éteinte par la prescription de trente ans, sur des arrérages de rente et redevances échus depuis plus de cinq ans, vu que, lors même que le débiteur avoueroit n'avoir pas payé, l'action ne seroit pas moins déclarée prescrite et éteinte (2). Ce n'est qu'à l'égard des prescriptions d'une durée plus courte, ou des lettres-de-change, que la loi permet de déférer le serment (3).

On a cru devoir faire ici cette observation, parce que, dans l'usage on a vu plus d'une fois hasarder ces sortes de demandes.

On a même poussé l'abus jusqu'à demander de faire répondre sur faits et articles, le cédant d'une créance prétendue simulée, quoiqu'il ne fût pas partie au procès. C'est ce qu'on a vu tout récemment, au tribunal civil de Forcalquier, dans la cause du sieur *Bonnefoy*, contre les héritiers du sieur *Roux*. Ce tribunal a fait justice d'une pareille erreur ; et son jugement a été confirmé par l'arrêt de la Cour royale d'Aix, du   janvier 1815, plaidans MM. *Chansaud* et *Bouteille* (4).

---

(3) *Cod. civ*, art. 2262, 2271. — *Cod. de commerce*, art. 189.
(4) *Ordonnance* de 1667, tit. 10, art. 1. — *Cod. de procéd.*, art. 324. — *Janety*, sur le Règlement de la Cour, tom. 1, pag. 213. — *Pigeau*, tom. 1, pag. 229.

§ 2.
Preuve par témoins.

57. Celui qui est recevable à alléguer la simulation, est admis à la prouver par témoins.

Il n'y a d'exceptés de cette règle, que les parties elles-mêmes,

Chapitre VII. § 2.

qui, dans les cas ordinaires, ne peuvent l'alléguer, qu'autant qu'elles se présentent avec la preuve écrite, ou du moins, avec un commencement de preuve par écrit.

La loi qui défend d'admettre la preuve par témoins contre l'acte, ne reçoit son application ni au tiers, à qui l'on ne peut opposer l'acte, puisqu'il n'y a pas été partie (1), ni aux parties même, quand il y a eu cause illicite, dol, fraude ou violence; ce n'est pas, dans ce cas, du chef de la simulation, que la preuve est admise : mais de celui du vice qu'elle a eu pour objet de couvrir (2).

La loi, dit M. Daguesseau, se désarmeroit elle-même, si elle refusoit cette preuve; elle se mettroit dans l'impuissance de connoître le crime qu'elle veut réprimer (3). *Nemo de antiquâ scholâ*, disoit M. d'Argentré, *tales probationes rejicit, nec naturâ ipsâ rerum patitur rejici* (4).

―――――

(1) *Nouv. Répert.*, v.º simulation, § 3.
(2) *Idem*, eodem, § 6, pag. 127.
(3) Tom. 4, plaid. 39, pag. 8.
(4) *D'Argentré*, sur l'art. 269, n.º 8, col. 1242. — *Sirey*, tom. 8, pag. 214, 249. — *Pothier, des obligations*, n.º 766. — *De Cormis*, tom. 2, col. 1467. — *Boniface*, tom. 4, pag. 644, 646, n.º 8. — *Boiceau*, chap. 7, n.º 6. — *Danti*, eodem.

§ 3.

Preuve par présomption.

58. A défaut de la preuve par écrit ou par témoins, la simulation, là où la plainte est admissible, se prouve par présomptions et par indices. *Cùm simulatio*, dit Faber, *in animo*

consistat, difficilimæ probationis est: et ideò, indiciis probari potest.

Tous les auteurs tiennent le même langage (1).

Ce genre de preuve, là où il ne peut y en avoir d'autres, est ce qui répand sur cette matière, le plus de difficultés, d'incertitudes, et qui la rend en quelque sorte, toute conjecturale.

59. « Les présomptions, dit le code civil, art. 1349, sont
» des conséquences que la loi ou le magistrat tire d'un fait
» connu à un fait inconnu (2). »

Elles diffèrent donc de la preuve directe, en ce qu'elles ne prouvent que par voie d'induction et de conséquence (3).

Telle est quelquefois la force qu'elles reçoivent de leur enchaînement mutuel, qu'il en résulte une certitude que les preuves directes ne présentent pas toujours (4).

Il est donc des présomptions que la loi a admises elle-même; il en est d'autres qu'elle a laissé à la prudence du magistrat.

Cette distinction exige quelques détails.

Les docteurs distinguoient les présomptions en trois classes: 1.° présomptions *juris* et *de jure*; 2.° présomptions *juris*; 3.°
présomptions

---

(1) *Faber*, cod. *plus valer.*, etc., defin. 1. — Idem, *de pact. int. empt.*, etc., defin. 4. — *Nouv. Répert.*, v.° *indice.* — *Jurispr. du cod.*, tom. 3, pag. 204; tom. 5, pag. 286; tom. 6, pag. 226; tom. 7, pag. 235; tom. 9, pag. 354.

(2) *Pothier, des obligations*, n.° 806. — *D'Aguesseau*, tom. 3, pag. 517; tom. 2, plaid. 23, pag. 538.

(3) *Pothier*, loc. cit.

(4) *Domat, des preuves*, préambul. et sect. 1, 4.

présomptions *ordinaires*, que le Nouveau Répertoire appelle présomptions *humaines* (5).

Juris et *de jure*, est celle à qui la loi qui l'a établie, a attaché le caractère de certitude légale ; telle est la chose jugée, le serment, etc. (6).

Elle étoit appelée *juris*, vu qu'elle est *à lege introducta* : *de jure*, vu que sur cette présomption, *lex inducit firmum jus et eam habet pro veritate*. De-là, elle n'admet pas de preuve contraire (7).

La présomption *juris*, également établie par la loi, peut être repoussée par d'autres présomptions.

Ainsi, la loi *Quintus Mucius*, qui déclare que tout ce que la femme possède est présumé appartenir à son mari, reste sans application, si la femme prouve *undè habuerit*.

Les présomptions *humaines*, c'est-à-dire, celles auxquelles la loi n'a attaché aucun caractère particulier, sont laissées à la prudence du magistrat (8).

Le code civil a réduit les deux premières classes à une seule. L'art. 1350 les appelle *présomption légale, attachée par une loi spéciale, à certains actes, à certains faits*.

L'art. 1352 dispense *celui au profit duquel elle existe*, de toute autre preuve.

Il n'admet pas de preuve contraire dans les hypothèses où

---

(5) V.º *présomption*, § 2.
(6) *Pothier*, loc. cit., n.º 808.—*Domat*, loc. cit., et sect. 4, n.º 2, 4, 5.—*Danti*, chap. 7, n.º 35.—*Pothier*, pandect. *de probat.*, n.º 21.—*D'Aguesseau*, tom. 2, loc. cit.
(7) *Vid.* les auteurs cités note 6.
(8) *Ibidem.*—*Sirey*, tom. 10, pag. 362.

sur le fondement de cette présomption, la loi annulle certains actes ou dénie l'action en justice; c'est ce qui se vérifie d'après l'art. 911, dans les donations faites aux enfans naturels, aux officiers de santé, à l'époux par l'autre époux, au-delà de la quotité prescrite par les art. 908, 909 et 1099.

Il l'admet, au contraire, par l'art. 1504, dans l'hypothèse de la loi *Quintus Mucius*; le code de commerce l'admet également par les art. 546, 547, 550, 554.

L'art. 1354 du code civil, abandonne *aux lumières et à la prudence du magistrat*, les présomptions *ordinaires ou humaines* qu'il appelle présomptions *non établies par la loi*.

Le magistrat, dans cette hypothèse, fait en quelque sorte les fonctions de *jury*, et lorsqu'en son ame et conscience, il est persuadé par les indices et les présomptions que l'affaire présente, que la fraude existe réellement, il ne doit pas balancer à annuller l'acte qui en est infecté. C'est ainsi que s'exprimoit le ministre de la justice dans sa circulaire du 4 mars 1808.

Les présomptions *juris et de jure*, formant par elles-mêmes une preuve absolue, ne peuvent présenter de grandes difficultés dans leur application.

Les présomptions *juris* seulement, peuvent céder, il est vrai, à des preuves contraires; mais par elles-mêmes, elles présentent une base légale, et il ne reste au magistrat, qu'à peser la force des preuves adversatives.

Les présomptions humaines sont donc celles qui donnent lieu aux difficultés les plus embarrassantes.

60. La loi qui a déclaré abandonner ces présomptions à la *prudence* du magistrat, n'a pas entendu lui déférer un pouvoir arbitraire, elle a voulu que dans sa *conscience*, il fît usage de

ses *lumières*, que cette conscience fût éclairée par un juste discernement (9).

De-là, dans l'impossibilité où elle se trouvoit par la nature des choses de lui tracer des règles plus précises, elle a déclaré par l'art. 1353, qu'il ne devoit *admettre que des présomptions graves, précises et concordantes*.

Ce même article ne lui permet de les admettre *que dans les cas où la loi admet les preuves testimoniales*.

Par-là, le code a dérogé à l'ancienne règle, qui les admettoit indistinctement dans tous les cas.

Il a paru juste sans doute, que cette preuve, destinée à remplacer la preuve testimoniale, ne fût admise que dans les cas où celle-ci pourroit l'être elle-même, comme on verra bientôt; quelle doit présenter la même force, les mêmes qualités dans ses résultats.

« Pour qu'une présomption de simulation, « disoit Danti et avec lui le Nouveau Répertoire » puisse déterminer le juge contre le
» contrat, il faut qu'elle soit soutenue par d'autres présomptions,
» et que ces présomptions aient de la liaison les unes avec les
» autres, de telle sorte qu'elles ne se démentent point, et que
» l'une naisse en quelque façon de l'autre; car plusieurs présomptions légères ne doivent être d'aucune considération,
» parce que ce n'est pas de leur nombre qu'il faut tirer leur
» certitude, mais de leur vraisemblance et de leur conformité
» entr'elles.

---

(9) *Nouv. Répert.*, v.° *simulation*, § 4, pag. 124; v.° *présomption*, § 4, n.° 1, pag. 593; v.° *avantages aux héritiers*, pag. 508. — *Danti*, chap. 7, n.° 55. — *Domat*, *des preuves*, préambule, et sect. 4, n.° 6. — *De Luca*, *de donat.*, disc. 152, n.° 19, tom. 4, pag. 293.

» Ainsi dans cette matière, comme dans toute autre, gardons-
» nous de prendre pour indices de fraude, ces conjectures vagues
» et arbitraires qui peuvent s'appliquer avec facilité à des faits
» différens; ces vraisemblances incertaines, sur lesquelles l'esprit
» de système peut fonder tout ensemble l'accusation et les preuves
» du dol. *La loi entend par indice, une induction si forte
» du fait, qu'il en résulte que la chose est telle qu'elle
» l'annonce, et qu'il est impossible qu'elle soit autrement:*
» *ut res aliter se habere non possit* (10). »

Les docteurs se sont vainement attachés à déterminer quels doivent être le nombre et la force de ces présomptions.

Il est dans les rapports journaliers qui lient les hommes, une foule de détails, de nuances, de combinaisons sur leurs positions, leurs besoins, leurs intérêts respectifs, qui échapent au tiers, lorsqu'il veut calculer la sincérité des actes qui en ont été le résultat.

Il arrive souvent, disoit le judicieux cardinal de Luca, que de moindres conjectures suffisent dans une hypothèse, tandis que de plus fortes sont insuffisantes dans une autre ; il en conclut l'impossibilité de poser dans cette matière des règles fixes. *In hâc simulationis materiâ, certa et determinata regula dari non potest, quamvis doctores se nimiùm involvere videantur; ut potè, in questione facti potiùs quàm juris, ex facti qualitate ac singulorum casuum circumstantiis regulanda. Ideòque erroneum est doctrinas de uno casu agentes, omnibus indefinitè applicare* (11).

---

(10) *Nouv. Répert.*, loc. cit., v.º *simulation*, § 5, et v.º *avantages*, etc., pag. 508.

(11) *De Luca, de dote*, disc. 24, n.º 4, tom. 3, pag. 33; *de credito*, disc. 77, n.º 12, tom. 4, pag. 129; *de donat.* disc. 59, n.º 4, pag. 99; disc. 152, n.º 19, pag. 293.

De-là, les auteurs reconnoissent que la jurisprudence des arrêts ne peut fournir une règle sur cette matière (12).

61. Néanmoins, à défaut de règles précises, la droite raison, l'expérience que donnent la connoissance du cœur humain, et les rapports de société, ont indiqué dans le calcul des probabilités, quelques règles, reconnues par les auteurs les plus judicieux, qui peuvent éclairer le juge et le diriger dans sa détermination.

1.° Ce n'est pas la dénomination que les parties ont donnée à l'acte, mais parce qu'elles ont voulu faire, qu'il faut juger de ce qu'elles ont fait : *non quod scriptum, sed quod gestum est, inspicitur* (13).

2.° Le doute est en faveur de l'acte ; *in dubio, contractui standum est ;* — *plus valet scriptura, si penitùs non constet quid actum sit.* L'acte porte sa preuve avec lui-même ; elle résulte de sa propre existence. La présomption qui en résulte est une présomption légale de la seconde classe, *juris*. Il peut être renversé par des preuves contraires, mais telle doit être la force de ces preuves, *ut res aliter se habere non possit* (14).

3.° On exige des preuves moins rigoureuses du tiers étranger à l'acte, que des parties qui ont concouru à le former, là où elles sont recevables à revenir contre leur propre fait (15).

---

(12) *Danti*, chap. 7, n.° 67. — *Nouv. Répert.*, v.° simulation, § 4, pag. 126.

(13) Vide *suprà*, chap. 2.

(14) *Corvin*, cod. *plus valer.*, etc., pag. 194. — Leg. 69, ff. *de legat.* 3. — *De Luca*, de donat., disc. 152, n.° 19, tom. 4, pag. 293 ; *de dote*, disc. 24, n.° 6, pag. 35, tom. 3. — *Danti*, chap. 7, n.° 64, pag. 181. — *Nouv. Répert.*, loc. cit., § 4, pag. 125. — *Chabot*, sur l'art. 843 du code, n.° 8, pag. 426. — Vide *suprà*, n.° 60, not. 11.

(15) *Dumoulin*, tom. 1, tit. 2, gloss. 2, § 83, 84, n.° 86, pag.

4.º La simulation se présume plus difficilement, là où les parties entièrement libres n'auroient eu aucun motif légal pour simuler. *Non præsumitur fraus nec simulatio*, disoit Dumoulin, *in eo quod aliâ viâ obtineri potest* (16).

Ubi accedit causa simulandi, dit de Luca (17), *receptum est ut adminicula ac imperfecta probatio sufficiant; cum concludentis probationis necessitas exigatur, quandò causa simulandi defficiat.*

5.º On la présume plutôt entre parens qu'entre étrangers, et entre les parens proches qu'entre des parens éloignés, qui n'ont pas droit à la réserve légale.

Cette qualité ne suffit pas néanmoins pour anéantir légèrement des actes que la loi ne leur a pas interdit. Les parens les plus proches sont capables entr'eux de tous contrats. Ils peuvent se rendre acquéreurs les uns des autres, contracter des sociétés. Il est même naturel que lorsqu'on a besoin d'argent, on s'adresse à un parent plutôt qu'à un étranger (18).

6.º On ne peut s'avouer débiteur de celui à qui on ne peut

811; tom. 2, cons. 30, n.º 21, pag. 900. — *Nouv. Répert.*, loc. cit. — Cod. civ., art. 1165.

(16) *Dumoulin*, tom. 1, § 33, n.º 29, pag. 443. — *Sirey*, tom. 3, pag. 205, 212; tom. 5, part. 2, pag. 474, 476; tom. 13, pag. 141, 330.

(17) *De Luca*, tom. 4, *de credit*. disc. 77, n.º 6; *de donat.*, disc. 59, n.º 4, 6, pag. 99, 100; disc. 63, n.º 13, 14, pag. 112; *de censib.*, tom. 3, disc. 20, n.º 4, pag. 173.

(18) *Nouv. Répert*, v.º *avantages aux héritiers*, pag. 372; v.º *avantages simulés*, etc., pag. 374. — *Faber*, cod. de pact. int. emptor. etc., défin. 4. — *Boiceau*, chap. 7, n.º 6, pag. 157. — *Danti*, eod., n.º 57, pag. 178. — Cod. civ., art. 853, 854. — *Chabot*, sur l'art. 853, n.º 8, pag. 427; n.º 14, pag. 432. — *Jurispr. du cod.*, tom. 12, pag. 175.

CHAPITRE VII. § 3.

donner : *qui non potest dare, non potest confiteri*; et comme dit la loi 37, § 6, ff. *de legat.* 3.º, *videtur eo quod ille plus capere non poterat, in fraudem legis, hoc in testamento adjecisse* (19).

Mais cette présomption peut encore céder à des présomptions plus graves et plus concluantes (20).

7.º La simulation dans la cause devient indifférente, s'il existe d'ailleurs une cause réelle et licite. *Simulatio causæ, ubi debitum est verum, nihil refert, si creditori proficiat, debitori autem non sit præjudiciabilis* (21). De-là, la Cour de cassation a jugé le 2 décembre 1812, que la cause fausse, mais non frauduleuse disparoissant, il est permis d'y substituer une autre cause certaine et légitime ; car, comme dit le code civil, art. 1132, l'obligation n'est pas moins valable, quoique la cause n'y soit pas exprimée (22).

8.º La simulation par interposition de personnes n'est réprouvée comme on l'a vu, qu'autant qu'elle a servi à couvrir un acte frauduleux ou prohibé par la loi (23).

9.º La force des présomptions doit être la même dans ses résultats que celle qui résulte de la preuve par témoins.

« La loi, dit Danti, regarde les présomptions comme des témoins;

---

(19) *Pothier*, des *obligations*, n.º 804. — *Julien* sur le statut, tom. 1, pag. 157. — *Coquille*, quest. 120. — *Cochin*, tom. 1, consult. 16, pag. 246 ; tom. 2, cause 49, pag. 580. — *Catelan*, liv. 4, chap. 25. — *Ricard*, des *donations*, part. 1, n.º 762. — *Quest. de droit*, v.º *concubinage*, n.º 3, pag. 521. — Leg. 27, ff. *de probat.* — *Jurispr. du cod.*, tom. 21, pag. 429.

(20) *Sirey*, tom. 10, pag. 45.
(21) *De Luca*, *de credit.*, disc. 77, n.º 8, tom. 4, pag. 129.
(22) *Sirey*, tom. 13, pag. 33; tom. 7, pag. 371, et part. 2, pag. 961.
(23) Vide ci-dessus, chap. 5, § 8, art. 2.

» elles doivent donc avoir les mêmes qualités que celles qu'elle
» requiert dans la déposition des témoins, pour y ajouter une
» créance entière : *graves, précises, justes, sans équivoque,*
» *sans variations ; non uniques, mais soutenues par d'autres*
» *présomptions* (24). »

62. Indépendamment de ces points de vue, que l'on peut regarder en quelque sorte comme des règles générales, il est une multitude de circonstances que les docteurs ont présenté comme indices et motifs de déterminations.

Tels sont entr'autres, la retention de possession entre personnes suspectes, — la vilité du prix, — le pacte de réméré, — la relocation, — le défaut de moyens de l'acquéreur ou du prêteur, — l'aisance du prétendu vendeur ou emprunteur, — l'acte privé, — le défaut de réelle numération dans l'acte, — le secret, — le temps, — le lieu, — les précautions suspectes, — les actes antécédens ou subséquens, etc., etc. (25).

Toutes

---

(24) *Danti*, chap. 7, n.° 61, pag. 180. — *Nouv. Répert.*, v.° *simulation*, § 4, pag. 124 ; v.° *présomption*, § 4, n.° 1, pag. 593. — *Quest. de droit*, v.° *avantages aux héritiers*, § 2, pag. 507.

(25) *Cœpolla* dans son traité *de contractib. simulat.* — *Alciat*, in leg. *si quis major*, ff. *de transact.* — *Faber*, cod. *plus valer.*, etc., defin. 5. — *Menoch*, præsumpt. 122, 129, pag. 515, 544. — *Chassaneux*, sur la coutume de Bourgogne, tit. *des retraits*, rubr. 10, v.° *si fraus*, col. 1594. — *Cancerius*, part. 1, cap. 13, *de empt.*, n.° 74, pag. 257. — *Tuschus*, v.° *simulatio*, tom. 7, conclus. 260, pag. 170. — *Tiraqueau*, du *retrait lignager*, § 1, gloss. 4, n.° 24, fol. 105. — *De Luca*, tom. 4, *de donat.*, disc. 59, pag. 99 ; disc. 63, n.° 12, pag. 111. — *Dumoulin*, tom. 2, cons. 30, pag. 897, 900. — *Henrys*, quest. posthum., tom. 2 ; quest. 5, pag. 844, édit. de 1708. — *Jurispr. du cod.*, tom. 3, pag. 204 ; tom. 6, pag. 226 ; tom. 7, pag. 433 ; tom. 9, pag. 31, 352 ; tom. 13, pag.

Toutes ces circonstances peuvent fournir, il est vrai, des indications, des lumières; mais aucune n'a l'avantage de présenter un principe général.

Cette briève analyse de la théorie des présomptions, nous a paru indispensable dans une matière où, presque toujours, on est forcé de se décider par les présomptions. Le résultat sera toujours, que l'acte subsiste par lui-même, que les indices par lesquels on prétend prouver la simulation, ne sont concluans qu'autant qu'ils mènent à cette conséquence, que la chose est nécessairement telle qu'ils l'annoncent et *qu'il est impossible qu'elle soit autrement.*

---

157. — *Nouv. Répert.*, v.° *présomption*, § 4 ; v.° *indice*, n.° 2, pag. 72; v.° *avantages simulés*, etc., pag. 374; v.° *avantages aux héritiers,* etc. — *Quest. de droit,* cod. v.°, tom. 1, pag. 489.

CHAPITRE VIII.

Par quelle voie on peut attaquer l'acte de simulation.

63. Il n'est pas nécessaire de s'inscrire en faux contre l'acte, là où on ne l'attaque que sous le rapport de la simulation. La réelle numération même n'oblige pas, comme on l'a vu, de recourir à ce moyen ; il suffit de conclure à ce que l'acte sera déclaré simulé (1).

---

(1) *Nouv. Répert.*, v.° *simulation*, sect. 1 ; v.° *faux*, sect. 1, § 4. — *Faber*, cod. *plus valer.*, defin. 1. — *Dumoulin*, tom. 2, *des contr. usur.*, quest. 61, pag. 68. — *D'Argentré*, art. 269, n.° 9, col. 1242, art. 265, cap. 7, n.° 14, col. 947. — *Boiceau*, part. 2, chap. 6, n.° 7; pag. 503. — *Danti*, part. 1 ; chap. 7, n.° 8, pag. 172. — *Jurispr. du cod.*, tom. 6, pag. 226. — *Ferrière*, v.° *acte authentique.*

64. Il n'est pas même besoin de se pourvoir par la voie de la récision ou de la restitution en entier. Le tiers ne sauroit y être soumis, puisqu'il a été étranger à l'acte. La partie elle-même ne l'est pas, soit que la simulation ait été absolue, vu qu'alors il n'y a pas eu de consentement, soit qu'elle ait eu pour objet de masquer un acte illicite, et dans ce cas, nul d'une nullité d'ordonnance, qui, disent les auteurs, *restitutione non indiget* (2).

Il en seroit autrement, dans le cas de dol, fraude ou violence, parce que le consentement, quoique surpris ou arraché, subsiste jusqu'à ce qu'on en ait été relevé. *Voluntas coacta, voluntas tamen est ;* c'est ce qu'observent d'Argentré et Dumoulin. Au premier cas, le contrat simulé est *ipso jure nullus, et nihil opus est actionibus revocatoriis.* Au second, l'acte *valet mero jure et sunt necessariæ actiones revocatoriæ* (3).

---

(2) *Nouv. Répert.*, v.º *nullité*.
(3) Loc. cit. — *Cancerius*, part. 3, cap. 2, n.º 213, pag. 43. — *Cod. civ.*, art. 1108, 1117.

CHAPITRE IX.

Des effets de la simulation.

65. On a vu dans tout le cours de cet essai, quels sont, suivant les circonstances, les effets de la simulation.

Il a paru utile d'en présenter ici le résumé.

Si la simulation est *absolue*, c'est-à-dire, si les parties n'ayant pas eu l'intention de contracter un engagement, l'acte est simulé dans son entier, il n'y a pas de contrat; et comme sous une vaine apparence il n'a aucune réalité, il croule absolument. (*Suprà*, chap. 1.)

Là où elle n'est que *relative*, l'engagement *simulé* cède au pacte *dissimulé* et réel, si toutefois, ce dernier peut obtenir quelque effet. *Valet quod reverà actum est, si quo jure valere possit.* (*Chap.* 2, 5, § 8.)

Le pacte réel lui-même, n'obtient aucun effet, 1.º s'il a été consenti en fraude des droits du tiers, ou s'il est réprouvé par la loi ou par les mœurs. (*Chap.* 3.)

2.º Si celui au profit duquel la disposition *simulée* a été consentie, étoit incapable, soit absolument, soit au-delà d'une certaine quotité. (*Chap.* 5, § 8, *art.* 3, n.º 50, *cod. civ. art.* 911, 1099.)

Si le pacte réel est légitime, si les parties étoient respectivement capables de disposer et de recevoir, il faut distinguer:

Tous les biens étoient-ils libres dans les mains du disposant, l'acte obtient tout son effet;

Étoient-ils affectés d'une réserve légale, la disposition ne vaut que jusques au concurrent de la portion disponible; mais dans ce cas, l'acte reconnu simulé, n'est pas annullé; il est entretenu pour cette quotité. (*Chap.* 5, § 8, *art.* 1, n.º 43.)

CHAPITRE X.

Décisions diverses.

66. Celui qui multiplie des actes simulés pour se donner un crédit imaginaire, peut être poursuivi pour escroquerie, mais non comme coupable de faux.

Boniface, tom. 3, pag. 28. — *Nouv. Répert.*, v.º *faux*, § 4, pag. 115. — *Sirey*, tom. 5, part. 2, pag. 204.

67. Un arrêt de la Cour d'appel de Bordeaux, a jugé qu'on

pouvoit surseoir à l'exécution d'un acte évidemment simulé, quand il y auroit préjudice irréparable en définitive.

Jurispr. du cod., tom. 6, pag. 395.

68. Les tribunaux criminels ne peuvent déclarer qu'un acte a été frauduleusement simulé, avant que les tribunaux civils aient statué sur le fait de la simulation.

Quest. de droit, v.° *simulation*, pag. 384.

69. Lorsque plusieurs donations sont au cas d'être réduites au concurrent de la portion disponible, le retranchement s'opère en commençant par la dernière et ainsi successivement.

Ordonnance de 1731, art. 34. — *Cod. civ.*, art. 923.

Mais si elles ont été toutes consenties par un seul et même acte, quoique par des chefs distincts et séparés, sa réduction s'opère sur toutes au prorata. (*Furgole*, sur ledit art. 34.)

De-là, la Cour royale d'Aix, a jugé, le 13 juillet 1814, en faveur de M. de Théas-Suli, et sur les défenses de M. Brémond, qu'il en étoit de même lorsque plusieurs dispositions simulées, quoique consenties par des actes différens, n'étoient que le résultat d'une trame concertée en fraude des héritiers à qui la loi accordoit la réserve légale. Telle devoit être la juste conséquence d'un fait illicite auquel ils avoient tous coopéré.

SÉPARATION
DES
PATRIMOINES.

TABLE DES CHAPITRES.

Chapitre I. Ce qu'elle est. Ses motifs.
Chap. II. Suite de la législation.
Chap. III. Elle est indépendante des privilèges et hypothèques.
Chap. IV. Quels créanciers peuvent la demander.
Chap. V. Contre quels créanciers.
Chap. VI. Sur quels biens elle a lieu.
Chap. VII. Dans quel délai elle doit être demandée.
Chap. VIII. Dans quel cas elle ne peut plus l'être.
   § I. Vente des biens.
   § II. Confusion.
   § III. Novation.
Chap. IX. Formalités nécessaires pour conserver ce droit.
Chap. X et dernier. Effets de la séparation.

SÉPARATION DES PATRIMOINES.

CHAPITRE I.er

Ce qu'elle est. Ses motifs.

I. La séparation des patrimoines est le droit que la loi accorde aux créanciers du défunt, de faire séparer ses biens de ceux de l'héritier, à l'effet de s'y payer, de préférence aux créanciers personnels de l'héritier (1).

II. Le fondement de ce droit exige quelques détails.

Le débiteur est tenu de remplir ses engagemens sur tous ses biens présens et à venir. Ces biens sont le gage commun de ses créanciers; le prix doit en être distribué entre eux par contribution; sauf, néanmoins, la préférence résultante des privilèges et hypothèques (2).

Si l'héritier vient à recueillir une succession, ou il l'accepte purement et simplement, ou il a recours au bénéfice d'inventaire.

Dans ce dernier cas, la séparation est de droit, tant dans son intérêt, que dans l'intérêt des créanciers du défunt; et comme il n'est tenu des dettes que jusques au concurrent des

---

(1) *Nouv. Répert.*, v.° *séparation des patrimoines.*
(2) *Cod. civ.*, art. 2092.

biens qu'il recueille, de même les créanciers de la succession n'ont pas à craindre, sur les biens qui la composent, la concurrence de ses créanciers personnels (3).

Dans le premier, au contraire, les deux patrimoines se confondent et restent promiscûment soumis à l'action des créanciers respectifs. Les hypothécaires viennent en ordre suivant leur rang; et sous ce rapport, les créanciers de l'héritier peuvent primer ceux du défunt sur les biens de la succession. Fussent-ils tous chirographaires, le concours qui s'établit entre eux, peut laisser ceux du défunt en perte d'une partie de leurs créances, quand les biens de la succession auroient suffi pour les payer.

III. Cependant, il étoit dans l'ordre des choses, que les créanciers du défunt fussent payés sur les biens de la succession, par préférence aux créanciers personnels de l'héritier. Ceux-ci n'ont d'autres droits sur ces biens, que ceux de leur débiteur lui-même, qui ne les possède, qu'à la charge d'en payer les dettes (4).

Tel fut le motif de la loi qui autorisa les créanciers du défunt à demander la séparation des deux patrimoines (5).

IV. Cet établissement dans son principe, ne sauroit être regardé, ni comme une faveur, ni comme un privilège. Ça été, dit la loi, un grand acte de justice. *Hoc est igitur æquissimum creditores, desiderantes separationem, audiri, impetrareque*

---

(3) *Guichard*, v.° *séparation*, n.° 4, tom. 4, pag. 338.

(4) *Chabot*, sur l'art. 878 du cod. civ. — *Domat*, liv. 3, tit. 2. — *Nouv. Répert.*, v.° *privilège*, sect. 4, § 6, pag. 822; sect. 5, n.° 16, pag. 835. — *Montvallon*, chap. 3, art. 17, pag. 160.

(5) ff. *de separat.*

CHAPITRE I. 161

trareque separatim quantumcujusque creditoribus præstetur (6).

---

(6) Leg. 1, § 1, ff. *eod. tit.*

CHAPITRE II.

Suite de la Législation.

I. La séparation des patrimoines, admise dans le droit romain (1), dont les décisions sur cette matière forment encore notre règle, a été reçue dans toute la France (2).

Elle fut maintenue dans ses anciens principes par la loi du 11 brumaire de l'an 7, art. 14. Cet article, après avoir déterminé les effets des privilèges et hypothèques, suivant le nouveau régime, ajoute : « le tout, sans préjudice du droit qu'ont » les créanciers des personnes décédées, et les légataires, de » demander la distinction et séparation des patrimoines, con- » formément aux lois. »

Le code civil l'a sanctionnée de nouveau par l'art. 878. « Les » créanciers du défunt, dit cet article, peuvent demander dans » tous les cas, et contre tous créanciers, la séparation du patri- » moine du défunt d'avec le patrimoine de l'héritier. »

Nous verrons par la suite, le changement que l'art. 2111 a opéré sur cette matière, par les formalités auxquelles il a subordonné la conservation de ce droit.

---

(1) Tit., ff. *de separat.* — Cod. *de bon. auctor. jud. possid.*
(2) *Nouv. Répert.*, hoc v.°, § 1. — *Montvallon*, loc. cit.

CHAPITRE III.

Ce droit est indépendant du privilège ou de l'hypothèque.

I. Il résulte de ce que l'on a dit sur le chapitre 1.er, que la séparation des patrimoines est un droit absolument indépendant de l'hypothèque, du privilège. Ce n'est pas par l'effet des privilèges ou de l'hypothèque, que les créanciers du défunt peuvent la demander. C'est parce que la loi établit par une sorte de fiction, deux patrimoines différens; et alors, il est tout simple que les créanciers de l'un, quelle que soit la nature de leurs titres, y exercent leur droit, préférablement aux créanciers de l'autre (1). *Ce n'est pas*, dit Domat, *l'hypothèque qui donne ce droit, mais la simple qualité de créancier.*

« On confond souvent, dit M. Hüa, avec le privilège, les
» droits du créancier sur les biens de la succession. Cependant,
» la priorité qui leur est assurée sur les dettes personnelles de
» l'héritier, a un motif différent de celui qui distingue le pri-
» vilège. Cette règle dérive uniquement de l'obligation sous
» laquelle ces biens furent transmis (2). »

C'est dans le même sens, que la Cour de cassation disoit dans son arrêt du 8 septembre 1806: « L'art. 14 de la loi du

---

(1) *Domat*, hoc tit., sect. 1, n.º 4.— Leg. 1, § 3, ff. *de separat.*— *Chabot*, sur l'art. 878, n.º 3, pag. 650.— *Montvallon*, chap. 3, art. 17.— *Nouv. Répert.* v.º *privilège*, sect. 4, § 6, n.º 2, pag. 822; section 5, n.º 16, pag. 835.— *Sirey*, tom. 6, pag. 403.— *Grenier*, tom. 1, n.º 312, pag. 545.

(2) *Hüa*, sur la loi du 11 brumaire, n.º 68, pag. 6.

Chapitre III.

» 11 brumaire, a totalement distrait des privilèges et hypothè-
» ques que cette loi a voulu établir et conserver, le droit de
» séparation des patrimoines qu'ont les créanciers des personnes
» décédées (3). »

Cette loi, disoit la Cour d'appel de Paris, dont l'arrêt fut maintenu par la Cour de cassation, le 22 janvier même année, *n'a pas considéré ce droit comme un privilège, mais bien comme une exception aux privilèges et hypothèques; et c'est à ce titre qu'elle l'a conservé* (4).

Le code civil a modifié ce principe relativement aux immeubles. L'art. 2111 la converti à leur égard en *privilège*; et c'est sous ce rapport, qu'il l'a soumis, comme on l'expliquera, à la nécessité de l'inscription.

Mais, 1.° il l'a laissé subsister pour les meubles.

2.° Il l'accorde comme jadis, à tous les créanciers sans distinction, même aux simples chirographaires.

---

(3) *Sirey*, tom. 6, pag. 403.
(4) *Sirey*, tom. 6, pag. 195. — *Nouv. Répert.*, v.° *séparation*, § 3, n.° 7, pag. 816.

Chapitre IV.

Quels créanciers peuvent la demander.

I. La loi n'en excepte aucuns, même, on l'a vu, les simples chirographaires.

Lors donc que l'héritier auroit hypothéqué les biens du défunt à ses créanciers personnels, ceux du défunt seroient toujours, par le bénéfice de la séparation, payés de préférence sur ces biens (1).

---

(1) Leg. 1, § 3, ff. *de separat.* — *Cod. civ.*, art. 2111. — *Vide* les auteurs cités sur le chap. 3.

Cette règle fondamentale n'a jamais été contestée.

II. Les légataires ont le même droit (2).

III. Le droit romain le refusoit aux créanciers de l'héritier.

Le droit français le leur accordoit ; le code civil le leur a refusé de nouveau (3).

Cette disposition est fondée sur la nature des choses. Les créanciers du défunt n'ont pas à se reprocher d'avoir placé leur confiance dans son héritier ; ils ne doivent donc pas souffrir de son fait. Au contraire, les créanciers de l'héritier ont suivi sa foi ; et comme dit la loi 1, § 2, ff. *de separat. licet alicui, adjiciendo sibi creditorem, creditoris sui facere deteriorem conditionem.*

IV. Ce droit est dû au créancier conditionnel éventuel, ou à terme. En attendant, les créanciers de l'héritier ne sont payés qu'en donnant caution (4).

V. Il est dû encore, soit au débiteur qui succède à la caution, soit à la caution qui succède au débiteur. Car, dit la loi, la confusion qui résulte de ces deux qualités ne doit pas nuire au créancier *qui sibi diligenter prospexerat* (5).

Cette loi ne parloit que du premier. L'usage, fondé sur le même motif, l'a étendu au second (6).

---

(2) Leg. 4, § 1. — Leg. 6, ff. *de separat.* — *Loi* du 11 brumaire an 7, art. 14. — *Cod. civ.*, art. 2111.

(3) Leg. 1, § 2, 5, ff. *eod.* — *Montvallon*, chap. 3, art. 17. — *Nouv. Répert.*, v.° *séparation*, § 2, n.° 5, pag. 811. — *Cod. civ.*, art. 881. — *Chabot*, cod., pag. 666.

(4) Leg. 4, ff. hoc tit. — *Nouv. Répert.*, loc. cit., § 2, n.° 2, pag. 811. — *Chabot*, loc. cit, n.° 4, pag. 652.

(5) Leg. 3., ff. hoc tit.

(6) *Montvallon*, loc. cit. — *Chabot*, loc. cit., n.° 6.

CHAPITRE IV.

VI. Le Brun l'accorde également aux créanciers de l'enfant héritier de sa mère, qui succède à son père, débiteur de la dot (7).

VII. Le cohéritier, créancier du défunt, l'a aussi contre les créanciers des autres cohéritiers (8).

VIII. Il en est de même des créanciers de celui dont l'héritier recueille les biens comme substitué (9).

---

(7) *Des successions*, liv. 4, chap. 2, sect. 1, n.° 24.
(8) Leg. 7, cod. *de bon. auctor. jud. possed.* — *Montvallon*, loc. cit., pag. 163.
(9) Leg. 1, § 7, ff. *de separat.* — *Nouv. Répert.*, loc. cit.

CHAPITRE V.

Contre quels créanciers on peut la demander.

I. On peut demander la séparation contre tous les créanciers, même contre le fisc ou autres privilégiés (1).

Si la succession passe d'un premier héritier à un second, de celui-ci à un troisième, et ainsi successivement, les créanciers de chaque succession peuvent demander la séparation contre ceux des héritiers ultérieurs. *Primi quidem creditores adversus omnes impetrare possunt separationem, secundi creditores, adversus primos non possunt; adversus tertii possunt* (2).

---

(1) Leg. 1, § 4, ff. *de separat.* — *Cod. civ.*, art. 878. — *Montvallon*, loc. cit., pag. 163.
(2) Leg. 1, § 8, ff. eod. — *Montvallon*, loc. cit. — *Chabot*, sur l'art. 878, n.° 7, pag. 655. — *Domat*, hoc tit., sect. 1, n.° 7.

CHAPITRE VI.

Sur quels biens elle a lieu.

I. Ce droit s'exerce sur tous les biens du défunt sans exception; c'est ce dont on n'a jamais douté (1).

II. On a demandé s'il pouvoit s'exercer sur les biens que le fils donataire devoit recombler dans la succession. Le Nouveau Répertoire décide, d'après Lebrun, que ces biens n'y sont pas soumis, parce que le rapport n'est dû qu'entre cohéritiers (2).

III. Les fruits recueillis avant la demande en séparation n'y sont pas soumis, à moins que l'héritier ne soit tombé en discussion, ou qu'il ait pris la succession par inventaire. Dans ces deux hypothèses, ils sont dûs depuis l'ouverture de la discussion, ou depuis le décès (3).

---

(1) *Nouv. Répert.*, v.° *séparation*, § 4, pag. 817. — *Montvallon*, loc. cit., pag. 164.

(2) *Nouv. Répert.*, loc. cit. — *Cod. civ.*, art. 857.

(3) *Montvallon*, loc. cit. — *Nouv. Répert.*, loc. cit., n.° 3, pag. 818.— *Actes de notoriété*, n.° 80.

CHAPITRE VII.

Dans quel délai elle doit être demandée.

I. Le droit romain limitoit l'action à cinq ans, du jour de l'addition de l'hérédité. Dans l'usage, on n'avoit jamais vu parmi nous opposer cette prescription; nos auteurs n'étoient pas d'accord sur le point de savoir si elle eut dû être admise (1).

---

(1) *Dupérier*, tom. 2, décis., liv. 4, n.° 345, pag. 235. — *Observat. sur les actes de notoriété*, pag. 119. — *Montvallon*, chap. 3, art. 17. —

II. Le code civil la déclare prescriptible par cinq ans pour les meubles. Il la maintient pour les immeubles, *tant qu'ils existent dans les mains de l'héritier* (2).

Domat, liv. 3, tit. 3, sect. 2. — *Chabot* sur l'art. 880. — *Nouv. Répert.*, loc. cit., § 3, n.° 3, pag. 813.
(2) Art. 880.

CHAPITRE VIII.

Dans quel cas la séparation ne peut plus être demandée.

La séparation ne peut plus être demandée quand les choses ne sont plus dans leur entier.

C'est ce qui se vérifie principalement dans trois hypothèses:
1.° Quand les biens ont été vendus.
2.° Quand ils se trouvent absolument confondus avec les biens de l'héritier.
3.° Quand le créancier a fait novation.

§ 1.
Vente des biens.

I. La loi n'admet plus la séparation quand l'héritier a vendu la succession; *ab hærede venditâ hæreditate, separatio frustrà desiderabitur* (1).

II. Il en est de même, si au lieu de vendre la succession, *jus universum*, il en a vendu les biens; *sive bona*, dit Cujas, *sive hæreditatem vendiderit* (2), et c'est ce qui résulte de l'art. 880 du code, *tant que les immeubles existent dans la main de l'héritier*.

---

(1) Loi 2, ff. *de separat.* — *Cod. civ.*, art. 880.
(2) *Cujas*, in dat. leg. 2, lib. 25. — *Quæst. Papin*, col. 646.

Et en effet, contre qui la séparation pourroit-elle alors être demandée ?

Seroit-ce contre les créanciers de l'héritier ? Ils ont cessé d'y avoir aucun droit, puisque l'héritier a cessé de les posséder. *Frustrà desiderabitur.*

Seroit-ce contre le tiers-acquéreur ? Mais l'héritier pouvoit vendre, sauf le cas de fraude; l'acquéreur ne pourroit donc être évincé, dit la loi, *si nulla fraudis suspicio incurrat ; nam, ajoute-t-elle, quæ bonâ fide, medio tempore, per hæredem gesta sunt, conservari solent* (3).

Tel est donc le sens de cette règle, que la séparation deviendroit dans ce cas illusoire et sans objet, contre les créanciers de l'héritier vendeur; illégale et inadmissible contre l'acquéreur de bonne foi.

On verra bientôt l'utilité de cette explication.

III. L'échange opère le même effet que l'aliénation; Lebrun avoit soutenu le contraire : mais M. Chabot a prouvé que c'étoit à tort (4).

IV. Il n'en seroit pas de même de l'hypothèque que l'héritier auroit consentie sur les biens du défunt. L'hypothèque peut aboutir à l'aliénation, mais elle n'est pas elle-même une aliénation; et l'on a vu ci-dessus (chap. 4, n.º 1), que l'héritier ne peut par ce moyen, porter aucun préjudice aux droits du créancier du défunt.

V. Le droit de séparation a-t-il lieu sur le prix des biens vendus tant qu'il n'a pas été payé ?

Ni

---

(3) Dict. leg. 2.
(4) *Chabot*, sur l'art. 880, n.º 6, pag. 664.
(5) *Id.*, loc. cit., n.º 5. — Leg. 1, § 3, ff. cit.

Ni le droit romain, ni le code civil n'ont rien dit sur cette question; mais la jurisprudence a adopté l'affirmative. L'acquéreur n'en reçoit aucun préjudice. Le prix encore extant dans ses mains représente la chose dans l'intérêt des créanciers du défunt, qui ne pourroient jamais être payés que par la vente des biens, et sur le prix même; et les créanciers du vendeur n'ont pas plus de droit sur le prix, que sur la chose elle-même (6).

C'est ce que la Cour de cassation a constamment jugé pour les ventes antérieures au code civil (7).

On pourroit douter si le code ayant renouvellé la disposition de la loi *ab hærede*, sans parler de la modification établie par la jurisprudence, le même usage doit avoir encore lieu pour les ventes postérieures à sa promulgation.

Mais le motif qui fit admettre cette interprétation de la loi est toujours le même. Le Nouveau Répertoire n'y met pas de doute; et c'est ce que la Cour d'Aix a jugé le 14 mars 1812, en faveur des dames de St.-Césaire, de Gras et de Gourdon, contre les créanciers du sieur de Cabris, dont les biens avoient été vendus postérieurement au code (8).

VI. Il faut observer néanmoins que la séparation ne seroit plus admise en faveur des créanciers qui auroient consenti, provoqué ou approuvé la vente, sans réserve. C'est ce qui se vérifioit parmi nous dans les instances générales, où le jugement d'ordre précédoit la vente des biens, quand ils ne l'avoient pas

---

(6) *Le Brun*, liv. 4, chap. 2, sect. 1, n.° 24, pag. 604 — *Boniface*, tom. 5, pag. 189. — *Nouv. Répert.*, loc. cit., § 3, pag. 813. — *Quest. de droit*, v.° *séparation de patrimoines*, § 2.

(7) *Sirey*, tom. 6, pag. 403; tom. 10, pag. 34, ; tom. 12, pag. 365.

(8) *Nouv. Répert.*, loc. cit.

demandée dans l'ordre même (9). C'est ce qui se vérifie encore aujourd'hui, lorsqu'ils ont eux-mêmes provoqué la vente, ou qu'ils l'ont consentie, comme l'a jugé la Cour de cassation le 25 mai 1812 (10).

VII. Mais si quand la succession, *jus universum*, a été vendue, les créanciers du défunt ne peuvent plus demander la séparation contre les créanciers de l'héritier vendeur, ne peuvent-ils pas au moins la demander contre les créanciers de l'acquéreur ?

Cette question neuve et intéressante, se présenta en 1812, au tribunal civil de Marseille, entre les hoirs Mathieu, créanciers du sieur Vollaire et les créanciers d'Honoré Mille, à qui les héritiers Vollaire avoient vendu la succession. Le tribunal refusa la séparation. Consultés sur l'appel, M. Manuel et moi, par les hoirs Mathieu, notre résolution fut que le jugement devoit être réformé.

L'acheteur de la succession, *jus universum*, tient la place de l'héritier, dont il est l'image (11). La loi accorde la séparation non seulement contre les créanciers de l'héritier, mais encore contre ceux des héritiers subséquens dans tous les degrés. Le droit de la demander, dit la Cour de cassation, *est un droit* RÉEL, *puisqu'il frappe sur les biens, et qu'il peut être exercé sur la succession* (12). C'est donc la succession qu'il affecte et non la personne de tel ou tel autre héritier. Le créancier de cette succession peut donc les suivre dans quelques mains qu'elle soit parvenue à titre universel et comme hérédité. L'erreur

---

(9) *Boniface*, loc. cit., tom. 5, pag. 189. — *Montvallon*, loc. cit.
(10) *Sirey*, tom. 12, pag. 365.
(11) *Nouv. journ. du palais*, an 12, 2.ᵉ sémestre, pag. 238.
(12) *Sirey*, tom. 11, pag. 178.

du tribunal consistoit donc en ce qu'il avoit appliqué exclusivement à la personne, ce qui devoit l'être au détenteur de l'hérédité.

L'arrêt du 19 février 1814 a réformé le jugement, plaidans MM. *Manuel* et *Chansaud*.

§ 2.

Confusion.

I. La séparation devient impossible, quand les biens du défunt et ceux de l'héritier sont tellement mêlés et confondus avec ceux de l'héritier, qu'il n'y ait plus de moyen de les distinguer. Tout ce qui se trouve dans les mains de l'héritier est censé lui appartenir ; c'est aux créanciers du défunt à prouver que les biens qu'ils demandent de faire séparer, appartenoient à ce dernier. *Confusis bonis et mixtis*, dit la loi 1, § 12, ff. de separat., *separatio impetrari non potest* (1).

Il faut donc, dit cette loi, que les meubles puissent se distinguer; *si extent vel mancipia vel pecora, vel aliud quid separari potest.*

Quant aux immeubles, il est bien difficile qu'il soient confondus au point qu'on ne puisse les reconnoître ; *quod quidem perrarò,* ajoute-t-elle, *contingere potest.*

De-là, le droit français n'admettoit la confusion qu'à l'égard des meubles : *hodiè,* dit Mornac, *servatur in solis mobilibus* (2).

Le code civil ne parle pas de cette confusion. M. Chabot en

---

(1) *Domat*, liv. 3, tit. 2, sect. 2, n.° 1. — *Nouv. Répert.*, hoc v.°, § 3, pag. 812.

(2) *Mornac*, in leg. 1, § 12, ff. hoc tit. — *Le Brun*, liv. 4, chap. 2, sect. 1, n.° 22, 23. — *Pothier, des successions*, chap. 5, art. 4.

conclut qu'il s'est référé à cet égard au droit commun (3).

II. On a demandé s'il y avoit confusion, quand l'héritier, par un seul et même acte, a vendu des biens de la succession et des biens à lui propres, pour un seul et même prix.

Il semble qu'on pourroit la faire cesser par une ventilation. Il n'est pas toujours au pouvoir d'un créancier de prévenir cet inconvénient, sur-tout s'il est créancier conditionnel, éventuel ou à terme.

Cependant on trouve dans la *jurisprudence hypothécaire* de M. Guichard un arrêt de la Cour de cassation du 25 mai 1812, section des requêtes, qui rejetta le pourvoi contre un arrêt de la Cour de Montpellier, lequel avoit admis la confusion (4). Mais on voit dans le journal de Sirey qui le rapporte aussi (5), que les biens avoient été vendus par expropriation, *en présence des créanciers*, dont l'un même s'en étoit rendu acheteur, et sans aucune réserve de leurs droits. C'étoit donc à eux à s'imputer d'avoir souffert cette confusion qui, dit l'arrêt, les avoit privés du droit de surenchérir séparément. Cet arrêt ne peut donc être regardé que comme un arrêt de circonstances, et dont la disposition se rattache à ce que l'on a dit ci-dessus, § 1, n.º 6.

III. Il n'y auroit pas confusion par cela seul que l'héritier auroit bâti ou planté sur le fonds, sauf la répétition de ses impenses en faveur de ses créanciers personnels, pour tout ce dont elles auroient augmenté la valeur vénale du fonds (6).

---

(3) Sur l'art. 880, n.º 2, pag. 661.
(4) Tom. 4, v.º *séparation*, etc., n.º 7, pag. 339.
(5) Tom. 12, pag. 365.
(6) § 30, 31, 32, instit. *de rcr. divis.* — Cod. civ., art. 555.

§ 3.

Novation.

I. Le créancier du défunt ne peut plus demander la séparation, lorsqu'il a reconnu l'héritier pour son débiteur, non en sa qualité d'héritier, mais comme débiteur personnel. Ce changement dans les qualités opère une novation, qui lui fait perdre ses droits primitifs sur la succession. *Sciendum est eos creditores impetrare posse separationem,* QUI NON NOVANDI ANIMO, *ab hærede stipulati sunt...; si eum* HOC ANIMO *secuti sunt, amiserunt separationis commodum.* La loi en donne cette raison : *quippè cum secuti sunt nomen hæredis, nec possunt jam se ab eo separare,* QUI QUODAMMODO EUM ELEGERUNT (1).

« Le droit de séparation ne peut plus être exercé, dit le » code civil, lorsqu'il y a *novation* dans la créance par l'*accep-* » *tation* de l'héritier pour débiteur (2). »

II. Mais en quoi consiste cette *acceptation*. Telle est la difficulté qui a donné lieu à tant de contestations.

Ce n'est pas sans doute parce que les créanciers du défunt se seroient pourvus en justice contre l'héritier, ou qu'ils auroient traité avec lui pour raison de leurs créances, qu'on pourroit dire qu'ils l'ont accepté pour leur débiteur. A qui donc auroient-ils pu s'adresser, si ce n'est à celui qui en recueillant les biens du défunt qu'il représente, a succédé à ses obligations, comme il a succédé à ses droits. Ce n'est donc qu'autant qu'ils ont traité avec lui personnellement, et abstraction faite de sa qualité d'hé-

---

(1) Leg. 1, § 10, ff. *de separat.*
(2) Art. 879.

ritier, qu'autant qu'ayant préféré de suivre sa foi personnelle, ils ont abandonné leurs droits sur la succession, que *quodammodo eum elegerunt*, qu'on pourroit leur opposer qu'ils ont traité *novandi animo*.

La novation, dit la loi, *ne se présume pas; il faut que la volonté de l'opérer résulte clairement de l'acte* (3). L'acte que le créancier passe avec l'héritier est toujours forcé dans son principe, puisque cet héritier est la seule partie à laquelle il puisse s'adresser; la présomption est donc qu'il n'a traité avec lui qu'en sa qualité d'héritier. Il n'y auroit donc qu'une intention bien formelle, bien clairement manifestée, qui pût faire regarder ce traité comme ayant opéré novation.

III. Le droit romain regarde comme une preuve de cette intention, l'acceptation d'une caution, d'un gage, d'une hypothèque sur les biens propres de l'héritier (4).

Il ne range dans cette classe la réception des intérêts, qu'autant qu'ils ont été reçus *eâ mente quasi eum eligendo* (5).

Il décide la même chose à raison des poursuites judiciaires, qui ne sont, dit-il, que l'ouvrage de la nécessité. *Si te non hæredis fidem secutam, sed ex necessitate, ad judicium provocare demonstraveris* (6).

Le créancier ne fait donc pas novation, quand il reçoit les intérêts de l'héritier comme héritier.

Quand il le poursuit, qu'il traite avec lui, ou qu'il inscrit contre lui en la même qualité, soit qu'il inscrive seulement sur les biens de la succession, ou même sur ses biens personnels,

---

(3) Art. 1273, 1271.
(4) Leg. 1, § 11, ff. *de separat.*
(5) § 10, *cod.*
(6) Leg. 2, cod *de bon. auctor. jud. possid.*

CHAPITRE VIII. § 3. 175

en force de l'hypothèque judiciaire ou conventionnelle qu'il auroit pu obtenir contre lui.

IV. On avoit douté si la prorogation de délai opéroit la novation.

La question se présenta sous deux rapports devant la Cour d'Aix, dans l'affaire ci-dessus rappelée des dames de St.-Césaire, etc.

1.º Ces dames transigeant avec leur frère en 1782, sur la liquidation de leur supplément de légitime, lui laissèrent ce supplément à rente constituée, sans que l'acte portât aucune réserve de leurs droits primitifs.

En l'an 12, la dame de Navailles, fille et héritière du sieur de Cabris leur frère, prétendit les réduire aux arrérages de cinq ans, à raison de la novation. Elle fut déboutée par deux arrêts des 18 messidor et 5 thermidor an 13, et son pourvoi fut rejetté par la Cour de cassation le 14 octobre 1806, *attendu*, porte l'arrêt, *qu'il eût fallu une novation expresse dans le contrat* (7).

2.º Les biens du sieur de Cabris furent vendus; les dames ses sœurs réclamèrent la séparation des deux hoiries; elle fut contestée par ses créanciers sur le même prétexte, la novation; nouvel arrêt le 14 mai 1812, qui accorda la séparation.

Les créanciers se prévaloient d'un arrêt de la même Cour, rendu le 21 août 1810, dans la cause des dames Thurbet, et lors duquel on avoit soutenu qu'autre chose est la novation ordinaire, et autre chose cette espèce de novation qui suffit pour faire perdre le droit de séparation (8).

---

(7) *Nouv. Répert.*, v.º *arrérages*, pag. 324, 327.
(8) *Jurispr. du cod.*, tom. 16, pag. 117.

Ce système, absolument inconnu jusques alors, fut aisément repoussé.

Si dans l'hypothèse de la séparation, la novation s'opère, comme dit la loi, *par l'acceptation de l'héritier pour débiteur*, ce n'est qu'autant que par là l'hoirie reste libérée, comme l'exige l'art. 1271 ; et il est sensible qu'elle ne peut l'être non seulement quand le créancier n'a traité avec l'héritier que comme héritier, mais encore, lors même qu'il ne *résulte* pas *clairement* de l'acte, qu'il a entendu traiter avec lui personnellement, et sans relation avec sa qualité d'héritier.

CHAPITRE IX.

Formalités nécessaires pour conserver le droit de séparation.

I. Le droit romain n'en exigeoit aucunes.

La loi du 17 brumaire avoit conservé la simplicité de l'ancien principe ; *conformément aux lois*, dit l'art. 14, elle avoit considéré ce droit comme *une exception aux hypothèques et aux privilèges.*

Le code civil, par l'art. 2111, le convertit en *privilège* sur *les immeubles de la succession* ; et ce fut sous ce rapport, qu'il le soumit à la formalité de l'inscription *sur chacun de ces biens, dans les six mois, à compter de l'ouverture de la succession.*

Pendant ce délai, porte le même article, aucune hypothèque ne peut être établie sur ces biens, *au préjudice des créanciers et légataires.*

Cette innovation a donné lieu à diverses questions.

II. La première étoit de savoir si cette inscription étoit
devenue

Chapitre IX.

devenue nécessaire dans l'hypothèse des successions ouvertes avant la publication du code.

Tous les principes repoussoient cette idée.

La loi ne rétroagit pas. A la vérité, elle n'est pas censée rétroagir, lorsqu'en respectant un droit acquis, elle se borne à en régler l'exercice.

Ainsi, la loi de l'an 7, en maintenant les hypothèques déjà existantes, exigea qu'elles fussent rendues publiques par l'inscription.

Mais le droit de séparation n'étoit ni une hypothèque, ni un privilège. Ce ne fut qu'en le dénaturant, pour le convertir en privilège, que le code en exigea l'inscription ; il eût donc rétroagi, s'il l'eût exigée pour les successions lors déjà ouvertes.

On avoit voulu soutenir que ce droit n'étoit pas véritablement un *droit acquis*. Mais la Cour de cassation fit justice de cette erreur, et le déclara par son arrêt du 8 mai 1811, *un droit réel, irrévocablement acquis dès l'instant du décès du débiteur* (1).

Enfin, comment eût-il été possible d'inscrire dans les six mois de l'ouverture de la succession, quand cette succession pouvoit être ouverte depuis dix, quinze ou vingt ans.

Mais tel est le sort des lois nouvelles, que l'intérêt personnel qui abuse de tout, parvient pendant un temps encore, à jeter des doutes sur leur véritable sens.

Deux systèmes également inadmissibles, avoient été adoptés par quelques tribunaux. Les uns exigeoient l'inscription dans les six mois de la publication du code, et joignoient ainsi au vice de rétroactivité, une disposition arbitraire que la loi ne porte

---

(1) *Sirey*, tom. 11, pag. 178.

pas (2). Les autres, en repoussant ce système illégal, exigeoient que la demande en séparation eût été précédée de l'inscription de la créance, parce que, disoient-ils, aucune hypothèque ne peut prendre rang que par l'inscription (3), comme si le droit de séparation, accordé même aux simples chirographaires, avoit eu avant le code, quelque chose de commun avec l'hypothèque ou le privilège, auxquels il n'avoit été jusques alors qu'une exception.

D'autres cours avoient su se garantir de cette double erreur (4).

Enfin, la Cour de cassation a fixé la jurisprudence, et par ses arrêts des 22 janvier et 8 septembre 1806, 17 octobre 1809, et 8 mai 1811, elle a décidé que dans les successions ouvertes avant le code civil, les créanciers ont le droit de demander la séparation des patrimoines sans inscription ; et ce, soit que les biens aient été vendus avant ou depuis le code (5).

III. Une seconde question est de savoir si dans une succession ouverte depuis le code, il suffit d'inscrire dans les six mois, ou s'il faut encore avoir formé la demande dans le même délai.

Les auteurs qui pensent que cette demande est nécessaire, se fondent, 1.º sur l'expression de l'art. 2111. « Les créanciers » *qui demandent* la séparation.... conservent leur privilège par » leurs inscriptions, etc. »

2.º Sur ce que cette expression, *qui demandent*, ne se trou-

---

(2) *Sirey*, loc. cit.
(3) *Jurispr. du cod.*, tom. 9, pag. 64.
(4) *Idem*, loc. cit., pag. 474. — *Sirey*, tom. 10, part. 2, pag. 344.
(5) *Sirey*, tom. 6, pag. 193, 403; tom. 10, pag. 34; tom. 11, pag. 173. — *Grenier*, tom. 1, n.º 312, pag. 548.

voit pas dans le projet et fut ajoutée lors de la discussion.

M. Grenier qui a émis cette opinion, tom. 1, n.º 312, ainsi que le Nouveau Répertoire, v.º *séparation*, § 3, n.º 6, dit que telle est encore l'opinion de M. Tarrible, consignée dans le même recueil, v.º *privilège de créances*, sect. 4, § 6, n.º 2 ; nous n'avons pas su l'y trouver.

Au fonds, ce système nous paroîtroit bien difficile à admettre.

1.º Il résulte de la discussion, que l'article proposé portoit simplement : *les créanciers conservent leur privilège*, etc., qu'il fut adopté *et amendé SANS DISCUSSION* en ces termes : *les créanciers qui demandent la séparation du patrimoine du défunt, conformément à l'art. 878, au titre des successions, conservent*, etc. (6) ; d'où l'on peut conclure que cette addition de simple rédaction, n'eut d'autre objet, que d'exprimer le rapport de cet article 2111, avec l'art. 878.

2.º L'art. 880 conserve ce droit tant que les immeubles *existent dans la main de l'héritier*. Or, dès que la demande a été formée, il n'y a plus de prescription ; cet article seroit donc évidemment inutile et sans objet, si elle devoit être formée dans les six mois de l'ouverture de la succession ; il y a plus, il seroit en contradiction manifeste avec le sens qu'on voudroit donner à l'art. 2111, et il est de principe qu'il ne peut y avoir de contradiction dans la même loi.

3.º La demande en séparation ne se dirige pas contre l'héritier qui n'y a aucun intérêt, parce que tous ses biens, quels qu'ils soient, sont également soumis à l'action de ses créanciers dont ils sont le gage. C'est donc contre ses créanciers personnels

---

(6) *Discussions* du code, par *Jouanneau*, etc., sur l'art. 2111, tom. 2, pag. 792.

qu'elle devroit l'être ; mais à cet effet, il faudroit les connoître, et c'est ce qui n'est pas toujours possible, soit qu'ils ne soient que simples chirographaires ou qu'ils n'aient pas inscrit, ou qu'enfin, soit par spéculation, ou pour toute autre cause, ils n'aient inscrit que dans les derniers jours du délai des six mois.

Il semble donc que le véritable sens de cette expression de l'art. 2111, *qui demandent*, n'est autre que celui-ci, *qui sont en droit de demander*.

Il n'est pas à notre connoissance que cette question ait été encore portée pardevant les tribunaux ; il est de notoriété que presque aucun créancier inscrivant n'a agi dans les six mois. N'est-on pas fondé à conclure de ce silence, que l'opinion générale n'a pas admis celle sur laquelle nous nous sommes permis de proposer nos doutes.

IV. On a demandé si le créancier du défunt qui avoit inscrit contre lui de son vivant, est dispensé après sa mort, d'inscrire le privilège de séparation ; on peut observer sur cette question, d'une part, que sans le privilège de séparation, cette inscription pourroit être primée par l'hypothèque légale d'un créancier personnel de l'héritier.

Que cette inscription peut rester inconnue à celui qui, traitant avec l'héritier, peut ignorer à quel titre il possède les biens qu'il a recueillis du défunt.

Que dès-lors, il est naturel de penser que la simple inscription de la créance, avant la mort du débiteur, ne rempliroit pas l'objet de la loi.

D'autre part, on peut dire qu'il n'est pas toujours possible au créancier de connoître assez à temps le décès de son débiteur ; que cet évènement s'est vérifié sur-tout dans les circonstances que nous venons de traverser ; que l'inscription prise contre le débiteur est souvent la seule précaution qu'il soit possible de prendre, et que la loi ne peut avoir voulu exiger l'impossible, pour conserver un droit qu'elle appelle de toute équité, *æquissimum.*

V. La demande en séparation peut être formée en cause d'appel, pourvu qu'en première instance, le demandeur ait réclamé la préférence (7).

VI. A défaut d'inscription dans les six mois, les créanciers du défunt et ceux de l'héritier viennent sur tous les biens promiscûment, chacun avec leurs privilèges et hypothèques, suivant leur rang. Les chirographaires viennent entre eux par contribution (8).

VII. M. Grenier pense que quand les biens du défunt sont vendus avant les six mois, ses créanciers doivent inscrire leur privilège dans la quinzaine de la transcription, conformément à l'art. 834 du code de procédure qui y assujettit les privilégiés (9).

Mais, d'après ce même article, le vendeur dont les droits y sont réservés, est encore recevable à inscrire son privilège après cette quinzaine. Les cohéritiers le sont encore pour la garantie résultante du partage, dans les soixante jours du jour de l'acte ; pourquoi donc refuseroit-on le droit au créancier du défunt pendant les six mois du jour de l'ouverture de la succession, tandis que rien n'empêche l'héritier d'en vendre les biens le lendemain.

---

(7) *Sirey,* tom. 10, pag. 34. — *Jurispr. du cod.,* tom. 9, pag. 474.
(8) *Nouv. Répert.,* v.° *privilège,* sect. 6, n.° 16, pag. 835, col. 2.
(9) *Grenier,* tom. 1, n.° 312, pag. 549.

M. Tarrible observe avec raison, dans le Nouveau Répertoire, que la loi nouvelle qui veille à la sureté du tiers-acquéreur, ne pouvoit se charger elle-même de tout ce qu'il pouvoit lui être utile de connoître ; qu'elle a dû laisser à sa sollicitude d'examiner la nature et l'origine des biens de son vendeur; de s'informer s'il en avoit payé le prix, etc. (10). C'est bien assez que contre les principes du droit ancien, elle ait soumis le créancier du défunt à inscrire le droit de séparation dans les six mois du décès, qu'il est souvent possible qu'il ait ignoré. Il seroit dur, ce semble, que dans aucun cas, ce délai pût être réduit à un délai de quinze jours, quand le vendeur n'en connoît aucun, quand le copartageant jouit encore de son délai de soixante jours, *ubi eadem ratio, ibi idem jus.*

---

(10) *Nouv. Répert.*, v.º *privilège*, sect. 5, § 5, pag. 829 ; v.º *inscription*, § 5, n.º 9, pag. 206, col. 2, pag. 207 ; v.º *hypothèque*, sect. 2, § 2, n.º 2, art. 16, pag. 889.

CHAPITRE X.

Des effets de la Séparation.

I. Quand la séparation est ordonnée, les créanciers du défunt restent entre eux sur les biens de la succession, dans leur rang primitif. La séparation ne change pas leur position respective (1).

II. Si les biens sont insuffisans, ils peuvent se payer du surplus sur les biens propres de l'héritier. Mais alors, il ne se fait plus qu'un seul ordre, dans lequel les créanciers des deux patrimoines sont indistinctement colloqués suivant leur rang.

---

(1) *Nouv. Répert.*, v.º *privilège*, sect. 4, § 6, pag. 223.

La loi 1, § 17; la loi 3, § 1, et la loi 5, ff. *de separat.* semblent, au premier aspect, se contredire sur ce point. Mais le Nouveau Répertoire résume de diverses doctrines, que la jurisprudence a préféré la disposition de la loi 3 qui leur conserve ce droit, et M. Chabot dit qu'il en est de même depuis le code civil (2).

III. En séparant les biens, on doit en déduire les dettes dues par l'héritier ou par lui acquittées (3).

IV. La séparation a lieu pour les intérêts, comme pour le principal, quoique courus même après la mort du défunt. Ces intérêts sont l'accessoire naturel du principal; ils ne deviendroient une dette personnelle de l'héritier, qu'autant que le principal le seroit devenu aussi. Tel est l'effet de la séparation, que les biens du défunt sont dans l'intérêt de ses créanciers, regardés comme absolument étrangers aux créanciers de l'héritier, jusques à ce que les premiers aient été entièrement payés; ils ne le seroient pas, s'ils ne devoient l'être aussi des intérêts, à quelque époque qu'ils aient pu courir.

Il est bien vrai, comme on l'a observé, chap. 6, n.º 3, que les fruits perçus avant la demande en séparation ne sont pas répétibles : mais la différence consiste en ce que ces fruits

---

(2) *Nouv. Répert.*, v.º *séparation*, § 5, n.º 6, pag. 819. — *Chabot*, sur l'art. 878, n.º 10, pag. 657. Le § 17 de la loi 1, présente le point de conciliation, en ce qu'il admet les créanciers au recours sur les biens de l'héritier, s'ils ont été dans l'erreur. *Si temerè separationem petierunt, impetrare veniam possunt.*

(3) *Montvallon*, chap. 3, art. 17, pag. 164. — *Boniface*, tom. 5, pag. 164. — *Lebrun*, liv. 4, chap. 2, sect. 1, n.º 23, pag. 604; liv. 3, chap. 4, n.º 54, pag. 420.

que les créanciers du défunt n'auroient intérêt de répéter, qu'autant que les biens eux-mêmes seroient insuffisans, devroient être pris sur les biens personnels de l'héritier, au préjudice de ses créanciers, tandis que les intérêts dus aux premiers, sont pris sur les biens du défunt eux-mêmes.

C'est ainsi que M. Bremond et Nous, l'avons décidé en 1813, comme arbitres, entre les sieurs Guigues et Martini.

Nous le décidâmes de même, pour les frais et dépens des poursuites que le créancier avoit été obligé de faire contre l'héritier.

OBLIGATIONS
DE LA FEMME MARIÉE,
ET
AUTORISATION
MARITALE.

TABLE
DES TITRES ET DES SECTIONS.

TITRE I.er

OBLIGATIONS.

SECTION PREMIÈRE.
  § 1. Droit écrit.
  § 2. Code civil.
Sect. II. Femme marchande.
Sect. III. Femme séparée.
Sect. IV. Cautionnement.
Sect. V. Dans quel cas la femme peut s'obliger ou aliéner.
Sect. VI. Donations.
Sect. VII. Hypothèque.
  § 1. La femme peut-elle la consentir?
  § 2. Peut-elle y renoncer?
    Article 1. Réduction.
    Art. 2. Renonciation.
Sect. VIII. Quasicontrats.
Sect. IX. Quasidélits.
Sect. X. Alimens fournis à la famille.
Sect. XI. Acquisitions.
Sect. XII. L'obligation de la femme oblige-t-elle le mari?

TITRE II.

AUTORISATION MARITALE.

Sect. I. Ce qu'elle est.

§ 1. Son origine.
§ 2. Ses motifs.
§ 3. Sa nature.
Sect. II. Autorisation pour actes.
Sect. III. Autorisation pour ester en jugement.
Sect. IV. Cas auxquels la femme ne peut être autorisée que par justice.
§ 1. Circonstances personnelles au mari.
§ 2. Nature de l'acte.
Sect. V. Cas dans lesquels l'autorisation n'est pas nécessaire.
§ 1. Pour les actes.
§ 2. Pour ester en jugement.
Sect. VI. Nullité résultante du défaut d'autorisation.
Sect. VII. Ratification.
Sect. VIII. Effets de l'autorisation.
§ 1. Relativement à la femme.
§ 2. Relativement au mari.
Article 1. Pour actes.
Art. 2. Pour ester en Jugement.
Sect. IX. Formes de l'autorisation.
§ 1. Pour actes.
§ 2. Pour ester en jugement.
Sect. X. Autorisation générale.

OBLIGATIONS
DE LA FEMME MARIÉE,
ET
AUTORISATION MARITALE.

I. Le droit écrit présentoit peu de difficultés sur les obligations contractées par les femmes mariées.

L'autorisation maritale y étoit inconnue.

II. Le code civil a fait du régime en communauté, le droit commun de la France. Il a néanmoins permis de se marier encore sous le régime dotal.

III. De-là, quelques auteurs, confondant les règles propres à l'un ou à l'autre de ces régimes, ont tenté d'appliquer les principes du régime en communauté, à la femme mariée sous le régime dotal.

D'autre part, l'autorisation maritale admise dans les pays de coutume, ne l'étoit pas par-tout sur les mêmes principes, et cette divergence y amenoit sur divers points des résultats différens.

Il est donc utile de fixer sur ces deux articles les principes actuels.

TITRE I.er

OBLIGATIONS DE LA FEMME MARIÉE.

SECTION I.

§ I.

Droit écrit.

I. Sous l'ancien droit romain, les femmes en général, étoient en tutelle; la femme mariée étoit sous la tutelle de son mari; les autres, sous celle de leurs parens; cette règle, encore en vigueur sous Auguste, s'éteignit peu à peu; il n'en restoit plus de trace sous l'Empereur Justinien (1).

On ne trouve rien dans le droit qui défendît à la femme mariée de s'obliger.

Le cautionnement seul étoit interdit à ce sexe.

On n'y trouve également aucune disposition qui lui prohibât l'aliénation de ses fonds dotaux.

Cette aliénation étoit facultative au mari; Auguste la lui interdit par la loi *Julia*, à moins que ce ne fût du consentement de la femme. Justinien la lui prohiba absolument ainsi que l'hypothèque (2).

De-là, M. Dupérier disoit qu'aux termes du droit romain, la femme mariée avoit la faculté de s'obliger et d'aliéner ses biens dotaux, sauf les droits du mari, pendant la durée du mariage.

---

(1) *Terrasson*, sur la loi 37 des 12 tables, pag. 132. — *Antoine Augustin*, de legib., v.° *claudia de tutelis*, pag. 47. — *Cujas*, notes sur Ulpien, tit. 11, tom. 1, *prior.*, col. 165.

(2) Leg. 1, § 1, cod. *de rei uxor. act.*

TITRE I. SECTION I. 191

Il convenoit néanmoins, que la jurisprudence constante repoussoit cette opinion, et que l'aliénation et l'obligation ne dévoient lui être permises que pour une *cause raisonnable* (3).

La faculté qu'avoit le mari d'aliéner le fonds dotal, étoit en quelque manière, une conséquence de sa qualité de tuteur, tandis que la femme sous la tutelle de son mari, ne pouvoit disposer sous aucun rapport, d'un bien dont elle s'étoit dépouillée pendant la durée du mariage. La défense faite par la suite au mari d'aliéner, même avec le consentement de sa femme, supposoit que celle-ci pouvoit encore moins aliéner elle-même; que par cela même, elle étoit incapable de s'obliger; car toute obligation, dit M. Locré, tend plus ou moins directement à aliéner. Défendre à la femme d'aliéner, c'est donc lui défendre de s'obliger; aussi, ajoute-t-il, le Conseil d'État, en prohibant à la femme libre d'aliéner sans le consentement de son mari, crut inutile et surabondant de lui défendre de s'obliger (4).

Tels étoient donc nos principes sur cette matière.

La femme mariée sous une constitution générale étoit incapable de s'obliger, même avec le consentement de son mari (5).

Mariée sous une constitution particulière, son obligation étoit valable en elle-même, mais elle n'avoit d'effet que sur les biens libres; elle n'en avoit aucun sur les biens dotaux, même après la dissolution du mariage (6).

---

(3) *Dupérier*, tom. 1, liv. 1, quest. 3.
(4) *Esprit du code civil*, art. 217, tom. 2, pag. 354.
(5) *De Cormis*, tom. 2, col. 1056. — *Roussilhe, de la dot*, chap. 15, sect. 2, tom. 1, pag. 384. — *Julien*, *Élémens*, etc., pag. 57.
(6) *Dupérier*, liv. 1, quest. 3, pag. 16. — *Julien*, *Élémens*, etc., loc. cit.

Mariée sans contrat de mariage, rien ne gênoit sa liberté, elle pouvoit également aliéner ses biens ou les obliger.

§ 2.

Code civil.

II. Le code civil déclare la femme mariée capable de s'obliger, hors dans les cas exprimés par la loi (7).

Pour connoître quels sont ces cas, il faut d'abord distinguer le *régime en communauté*, du *régime dotal*.

N.° 1.

Régime en communauté.

III. La femme mariée sous le régime en communauté, quelles que soient sa position ou la nature de ses biens, peut toujours s'obliger sous l'autorisation de son mari. Le titre *du contrat de mariage*, chap. 2, présente une foule d'articles relatifs à cette faculté (8).

La raison en est sensible.

Sous ce régime, comme sous le régime dotal, la loi appelle *dot*, les biens que la femme apporte au mari, pour le support des charges du mariage (9).

Sous le premier, ces biens se divisent en deux classes. Les uns entrent en communauté, ou par la disposition de la loi,

ou

---

(7) *Cod. civ.*, art. 1123, 1124, 1125.

(8) Art. 1409, 1419, 1426, 1427, 1431, 1432, 1450, 1487, 1494, etc.

(9) Art. 1540, 1541.

TITRE I. SECTION I. 193

ou par le résultat des conventions matrimoniales, les autres demeurent propres et personnels à l'épouse (10).

Le mari chef de la communauté, a seul l'administration et la disposition des biens qui la composent. Il peut les aliéner, les hypothéquer sans le concours de sa femme (11).

Il a seul l'administration et la jouissance des biens propres de la femme. Seul il peut exercer ses actions personnelles et mobiliaires (12); il exerce les immobiliaires en concours avec elle (13).

Il peut aliéner ses immeubles de son consentement (14).

Si par le contrat de mariage, les parties sont convenues de vivre séparées en biens, la femme conserve l'administration et la jouissance de ses biens; elle peut les aliéner du consentement du mari (15).

Il n'est donc sous ce régime aucun bien de la femme, qui ne puisse être aliéné, ou par son mari, avec ou sans son consentement, ou par elle-même, du consentement de son mari.

Il n'est donc aucun cas où sous ce régime, elle ne puisse s'obliger avec le concours et le consentement de son mari.

N.º 2.

Régime dotal.

IV. Sous le régime dotal, la femme est mariée sous une constitution de dot générale ou particulière, ou sans constitution de dot.

---

(10) Art. 1401, 1497.
(11) Art. 1421.
(12) Art. 1428.
(13) Art. 818.
(14) Art. 1428.
(15) Art. 1536, 1538.

Si la constitution est générale, tous ses biens sont dotaux, l'administration, la jouissance en appartiennent exclusivement au mari; lui seul peut en exercer les actions (16). Ses immeubles ne peuvent être aliénés ni hypothéqués pendant le mariage, ni par elle, ni par son mari, ni par les deux conjointement (17).

La femme dans cette hypothèse, est donc incapable de s'obliger; et si le code n'a pas énoncé littéralement cette incapacité, ce ne fut, on l'a vu, que parce que le Conseil d'État la regarda comme une conséquence de la défense d'aliéner (18).

Cette incapacité est absolue; et l'obligation, nulle dans son principe, ne revit pas par la dissolution du mariage, quoiqu'elle fasse cesser l'intérêt du mari; car alors la loi n'eût interdit l'aliénation, qu'autant qu'elle ne seroit pas consentie par le mari (19).

Le code permet, il est vrai, à la femme d'accepter un mandat; mais il déclare que le mandant ne peut agir contr'elle, que d'après les règles établies au titre *du contrat de mariage* (20), d'où il suit que par cette acceptation, la femme mariée sous le régime dotal, n'oblige pas sa dot, puisque ni elle, ni son mari ne peuvent en consentir ni l'hypothèque, ni l'aliénation (21).

V. La femme mariée sous une constitution particulière, est libre dans l'exercice de ses droits quant à ses biens paraphernaux, dont la loi lui conserve l'administration, la jouissance et même la disposition, sous l'autorisation de son mari (22).

---

(16) Art. 1542, 1549.
(17) Art. 1554.
(18) Vid. *suprà*, not. 4.
(19) Vid. *suprà*, not. 6. — *Sirey*, tom. 14, part. 2, pag. 99; tom. 12, part. 2, pag. 168. — *Rousilhe*, de la dot, not. 5.
(20) *Cod. civ.*, art. 1990. *Motifs et rapport au Tribunat* sur ledit article.
(21) *Sirey*, tom. 12, part. 2, pag. 168; tom. 11, pag. 39.
(22) *Cod. civ.*, art. 1576.

Elle peut donc s'obliger; mais son obligation, valable en général sous le rapport de la personne, ne sauroit affecter ses biens dotaux; car autre chose est la validité de l'obligation, et autre chose est l'étendue d'exécution dont l'obligation est susceptible (23).

VI. La femme mariée sans constitution de dot, demeure libre; et comme elle peut aliéner, elle peut s'obliger (24).

VII. On voit par ces détails, que nos anciens principes sur les obligations de la femme mariée, n'ont reçu aucune altération par le code civil, qui les a maintenus dans toute leur pureté.

(23) *Sirey*, aux lieux cités, not. 21, et tom. 14, pag. 99.
(24) D.º art. 1576.

SECTION II.
Femme marchande.

I. La femme marchande publique peut s'obliger pour ce qui concerne son négoce (1).

Mais elle n'est réputée marchande publique, qu'autant que son commerce est séparé de celui de son mari, et qu'elle l'exerce de son consentement (2).

II. La Cour de Paris a jugé le 26 avril 1811, que la femme titulaire d'un bureau de loterie est réputée marchande publique, et a pu en conséquence vendre ce bureau (3).

La Cour de cassation a jugé, le 8 septembre 1814, qu'il en est de même de l'immeuble acheté par la femme marchande, du produit de son commerce (4).

(1) *Cod. civ.*, art. 220, 1426. — *Cod. de comm.*, art. 5. — *De Cormis*, tom. 2, col. 1309. — *Janety*, 1777, arr. 5, pag. 44; arr. 29, pag. 219.
(2) *Cod. civ.*, art. 220. — *Cod. de comm.*, art. 4, 5. — *Locré*, eod. — *Nouv. Répert.*, v.º autorisation maritale, sect. 7, n.º 6, pag. 458.
(3) *Sirey*, tom. 11, part. 2, pag. 369.
(4) *Sirey*, tom. 15, pag. 39.

III. S'il y a communauté entr'eux, son commerce oblige le mari sur les biens communs (5).

Il en étoit de même parmi nous, quand la femme commerçoit au vu et au su de son mari; mais cette règle a cessé depuis que le code civil l'a restrainte aux époux mariés en communauté (6).

IV. Le commerce de la femme mariée sous le régime dotal, n'oblige pas ses biens dotaux; aucun article du code civil ne lui donne cet effet. Le code de commerce le lui refuse expressément (7).

---

(5) *Cod. civ.*, art. 220, 1426. — *Cod. de comm.*, art. 5. — *Jurispr. du cod.*, tom. 16, pag. 451.

(6) *De Cormis*, *Janety*, loc. cit. — *Brillon*, v.º *femme marchande*. — *Sirey*, tom. 10, part. 2, pag. 558. — *Denisart*, v.º *marchande publique*. — *Journal des aud.*, tom. 1, liv. 1, chap. 7. — *Louet*, litt. F, somm. 11.

(7) *Cod. de comm.*, art. 7. — *Sirey*, tom. 11, pag. 39. — *Jurispr. du cod.*, tom. 16, pag. 402.

Section III.
Femme séparée.

I. La femme séparée reprend la libre administration de ses biens. Elle peut disposer de son mobilier et l'aliéner.

Elle peut aliéner ses immeubles, avec le consentement de son mari, ou sous l'autorisation de la justice.

Telle est la disposition du code civil, titre *du contrat de mariage*, chap. *du régime en communauté*, art. 1449.

II. L'art. 1563, placé sous le chapitre *du régime dotal*, dit: « si la dot est mise en péril, la femme peut *poursuivre* » la séparation des biens, *ainsi qu'il est dit aux art.* 1443 » *et suivans.* »

III. De-là s'est élevée la question de savoir si sous le régime

Titre I. Section III.

dotal, la femme séparée peut aliéner ses immeubles dotaux.

Cette question vivement agitée, a partagé les auteurs et les tribunaux.

Elle doit être examinée dans trois hypothèses.

1.º Femme mariée et séparée avant le code ; 2.º mariée avant le code, séparée depuis le code ; 3.º mariée après le code.

IV. Dans la première hypothèse, on sait que la dot se régit par la loi du temps auquel elle a été constituée ; que cette loi est celle du domicile matrimonial, lors même que les époux auroient ensuite changé de domicile (1).

Or, il étoit de maxime parmi nous que la femme séparée ne pouvoit ni obliger, ni aliéner ses fonds dotaux, même ceux du mari, sur lesquels elle eût été obligée de se colloquer (2).

La femme, dans cette première hypothèse, est donc encore incapable d'obliger ses fonds dotaux ; l'aliénation lui en est restée interdite, et l'art. 1563 du code est sans application à cette hypothèse (3). C'est ce que la Cour de cassation a jugé le 19 décembre 1810, sur le pourvoi d'office du ministère public. Même arrêt de la Cour d'Aix, du 21 janvier 1810, en faveur

---

(1) *Sirey*, tom. 7, pag. 115 ; tom. 9, part. 2, pag. 327, 386 ; tom. 10, pag. 341, 372 ; tom. 11, pag. 39, 40, 45 ; tom. 14, pag. 132. — Leg. 65, ff. *de judic*. — *Nouv. Répert.*, v.º *autorisation maritale*, sect. 10, pag. 475 ; v.º *conventions matrimoniales*, § 2, pag. 200. — *Chabot, quest. transit.*, v.º *communauté conjugale*, § 2, pag. 85. — *Quest. de droit*, v.º *régime dotal*, § 2 ; supplément, tom. 3, pag. 492, etc. — *Guichard*, v.º *femme*, tom. 2, § 2, n.º 5, pag. 534, etc.

(2) Leg. *ubi adhùc* 29, cod. *de jur. dot*. — *Julien, élémens*, etc., pag. 62. — *De Cormis*, tom. 1, col. 1477 ; tom. 2, col. 685. — *Boniface*, tom. 4, liv. 5, tit. 14, chap. 3, pag. 313.

(3) *Sirey*, tom. 11, pag. 39.

de la dame Gilly, contre la dame Eyssautier, plaidans MM. *Manuel* et *Chansaud*.

V. Dans la deuxième hypothèse, c'est-à-dire, quand la femme mariée avant le code, n'a obtenu sa séparation que depuis le code, il est sensible que si cette loi a pu changer la forme de la procédure, elle n'a pu vouloir dénaturer l'effet de l'action, au préjudice des droits préalablement acquis aux deux époux.

Opposeroit-on que quand la collocation de la femme, par suite de la séparation, n'étoit que provisoire parmi nous (4), le code a rendu cette séparation définitive ? Il faudroit prouver encore que ce changement a altéré pour le passé la nature de la dot; et c'est ce qu'on ne sauroit admettre d'après le principe ci-dessus établi. C'est donc par l'époque du mariage, et non par l'époque de la séparation, que la question devoit être décidée, quand même l'art. 1563 auroit donné à la femme mariée à l'avenir sous le régime dotal, et séparée, la faculté d'aliéner ses immeubles dotaux (Vid. *Sirey*, tom. 14, pag. 132).

VI. Ce n'est donc que dans la troisième hypothèse du mariage postérieur au code civil, que la question pourroit présenter un doute sérieux.

La Cour de Nismes a déclaré, le 23 avril 1812, l'aliénation valable; le rédacteur des arrêts de cette cour a soutenu cette opinion, par une dissertation, imprimée avec l'arrêt, dans le journal de Sirey, tom. 13, part. 2, pag. 209 et suivantes. M. Delvincourt, sur les art. 1560 et 1561 du code civil, l'a également adoptée.

La Cour de Limoges et celle d'Aix, ont décidé la négative, les 18 juin 1808 et 18 février 1813. M. Sirey qui rapporte

---

(4) *Julien*, loc. cit., pag. 60, n.º 34.

ces deux arrêts, tom. 12, part. 2, pag. 168, et tom. 13, part. 2, pag. 275, a joint à ce dernier, pag. 270, des observations étendues, à l'appui de cette opinion qui est également celle de M. Pigeau, tom. 2, pag. 509; de la jurisprudence du code, tom. 11, pag. 392, où l'arrêt de Limoges est rapporté avec plus de développemens, et où l'on s'appuye de la jurisprudence ancienne; attestée par Dargou, liv. 3, chap. 9; par Salviat, n.º 4, 9.

L'arrêt de la cour d'Aix a donc consacré parmi nous le principe de l'inaliénabilité; et cet arrêt est d'autant plus remarquable, que la partie n'avoit d'autre contradicteur que le ministère public.

Thérèse Payan, femme Mouret, séparée en biens, avoit demandé au tribunal civil de Tarascon, d'être autorisée à aliéner un immeuble dotal, pour tirer son mari de prison. Le tribunal refusa, sur le fondement que la séparation lui donnoit ce droit sous l'autorisation de son mari. Elle appela; et la cour, sur la plaidoirie de M. Mouans, et les conclusions de M. l'Avocat général d'Eymar de Montmeyan, réforma le jugement, et autorisa elle-même l'aliénation, sous les formes prescrites par l'art. 1558 du code civil.

Dans l'hypothèse de l'arrêt de Limoges, la femme avoit contracté des dettes considérables pour fournitures faites à sa famille depuis la séparation; les créanciers en poursuivoient le paiement sur ses biens dotaux, mais la cour, considérant « que la » femme séparée n'ayant pas le pouvoir d'aliéner ses biens do- » taux, les jugemens obtenus contre elle, n'avoient pas l'effet » de la grever d'hypothèque, rejeta la collocation. »

L'arrêt de Nismes, comme l'observe avec raison, M. Sirey, tom. 13, part. 2, pag. 213, présente un vice de rétroactivité, en ce que le mariage étoit antérieur au code, bien que la séparation n'eût été prononcée qu'après le code.

Au fonds, si depuis l'arrêt de Thérèse Payan, la question pouvoit encore en être une parmi nous, le procès est instruit. Les deux dissertations précitées ne laissent rien à désirer pour ou contre. Nous nous bornerons donc à rappeler succinctement les motifs qui doivent, à notre avis, faire donner la préférence à la règle de l'inaliénabilité.

Sous le régime de la communauté, tous les biens de la femme peuvent être aliénés, ou par son mari, ou par elle.

Sous le régime dotal, l'immeuble dotal a toujours été et est encore inaliénable *pendant le mariage*. Le code civil, on le répète, a maintenu ce principe dans toute sa pureté.

Il étoit donc conséquent que sous le premier, la femme séparée conservât une faculté dont elle ou son mari jouissoient avant cette époque.

Ce ne seroit au contraire, que par une contradiction inconcevable, que la femme séparée sous le régime dotal, pourroit aliéner des biens que la loi a déclaré inaliénables *pendant le mariage*. Certainement la séparation, même celle de corps et de biens, ne dissout pas le mariage, qui, d'après le code civil, ne peut être dissous que par la mort ou le divorce. Son objet, on le sait, n'est autre que de rendre l'administration et la jouissance de la dot à la femme, quand elle ne peut plus vivre en sureté avec son mari; d'assurer cette dot quand la décadence de ses affaires l'a mise en péril; d'éviter que les fruits, saisis par les créanciers du mari, soient détournés de leur destination essentielle

tielle, au préjudice de la famille, destination que la loi a maintenue encore après la séparation (5).

Quand le mari n'avoit pas cessé de mériter la confiance de son épouse et celle de la loi, toute aliénation lui étoit sévèrement interdite. Pourroit-on admettre que la séparation des biens lui fournit un moyen indirect d'arriver à ce but, par l'ascendant qu'il conserve encore sur son épouse, et que cette même inconduite qui a nécessité l'action de l'épouse, devînt pour elle et pour sa famille l'occasion de leur ruine totale. « Nous ne » concevons pas, disoit judicieusement M. Sirey (6), que le » dérangement du mari puisse faire autoriser la femme à aliéner » sa dot, pour lui complaire; tandis que c'est principalement, » pour préserver les femmes de ce malheur, que les familles » en s'unissant, ont préféré le régime dotal au régime de la » communauté. »

Le code civil, après avoir consacré le principe de l'inaliénabilité de la dot, sauf les exceptions, présente ces exceptions, et on n'y trouve rien de relatif au cas de la séparation (7).

Sans doute, si l'art. 1563 avoit dit formellement que la femme séparée sous le régime dotal, pourroit aliéner ses fonds dotaux, quelque inconséquente que pût paroître cette disposition, il faudroit bien s'y soumettre; mais lorsqu'il dit simplement que si sa dot est en péril, elle pourra poursuivre la séparation de biens, *ainsi qu'il est dit aux art. 1443 et suivans*, peut-on raisonnablement conclure d'une expression relative à la marche de la procédure, une faculté aussi extraordinaire, que le sens

---

(5) *Code civ.*, art. 1448.
(6) *Sirey*, tom. 13, part. 2, pag. 213, 272, col. 1.
(7) Art. 1554 et suiv. — *Sirey*, tom. 13, part. 2, pag. 270.

littéral ne présente pas, que tous les principes désavouent (8), tandis que l'inaliénabilité dans cette hypothèse, se trouve parfaitement en harmonie avec les principes du régime dotal.

Vainement on oppose que cet article est absolu, précisément parce qu'en se référant aux articles 1443, etc., il ne présente aucune restriction.

L'art. 217 dit en général, que la femme, dans quelque position qu'elle se trouve, ne peut aliéner, hypothéquer ses biens sans le consentement ou le concours de son mari. On avoit tenté d'en induire, avant la publication du titre *du contrat de mariage*, qu'avec ce consentement, elle pouvoit aliéner ses fonds dotaux. Mais la Cour d'appel de Paris, rejeta cette prétention, par ce motif que cette disposition générale devoit s'expliquer par les principes relatifs à l'un ou à l'autre régime.

Déjà, Dumoulin avoit dit, que toute loi doit être interprétée : *etiam verba ejus dispositiva restringendo, si opus sit, vel ampliando, ut non contineat aliquid iniquum, vel absurdum* (9). Et comme l'observe l'auteur des questions de droit, on ne peut admettre des contradictions dans la même loi : il faut toujours l'expliquer de manière que les principes soient conservés (10).

On a dit que sous le régime en communauté, la séparation dissout la communauté ; et de-là, on a tiré cette conséquence, que sous le régime dotal, elle dissout la dotalité.

Mais cette induction est littéralement repoussée par l'art.

---

(8) *Sirey*, loc. cit., pag. 272.
(9) *Dumoulin*, tom. 1, *des fiefs*, § 13, gloss. 4, n.º 8, pag. 255.
(10) *Quest. de droit*, v.º *triage*, § 1, pag. 270.

1554 du code, qui déclare le fonds dotal inaliénable *pendant le mariage*.

Elle l'est encore par cette considération, qu'il ne peut exister de communauté quand la femme est autorisée à reprendre ses biens ; tandis que la dotalité n'a rien d'incompatible avec la séparation, nécessitée par la décadence des affaires du mari (11).

Nous ne nous livrerons pas à l'examen des autres objections présentées dans la dissertation de Nismes : elles nous ont paru faciles à résoudre. Elles l'ont été d'ailleurs par les observations de M. Sirey, pag. 272, etc. (12).

Cette question est pour nous d'une haute importance.

---

(11) *Sirey*, tom. 13, part. 2, pag. 272.

(12) Il est néanmoins une objection, dont il n'est pas parlé dans ces observations, et qui paroît mériter une réponse. L'art. 1558, dit-on, permet l'aliénation de la dot pour fournir à la famille, des alimens dans les cas prévus par les art. 203, 205 et 206. L'obligation de la femme séparée sur l'entretien de sa famille, est retracée dans l'art. 1448. Or, si la loi avoit voulu que le lien de la dotalité surécvût à la séparation, elle eût ajouté par l'art. 1558, cet art. 1448, aux art. 203, 205 et 206. Le silence de l'art. 1558 prouve donc que l'obligation de la femme séparée à cet égard n'est plus régie par cet article.

Cette objection nous paroît déjà répondue par les observations que l'on vient de présenter sur l'art. 217. Mais en elle-même, le vice du raisonnement consiste, à notre avis, en ce qu'il suppose que les cas prévus par les art. 203, 205 et 206, « se rapportent tous aux obli-
» gations communes des époux unis par un mariage, *dont rien n'a*
» *rompu les conventions quant aux biens.* »

Cette supposition nous paroît bien gratuite ; l'obligation retracée par les trois articles, est un principe de droit naturel, également commun et aux époux vis-à-vis leurs enfans, et aux enfans vis-à-vis leurs parens. Elle affecte également tous leurs biens, de quelque nature qu'ils

Nous pensons, avec M. Sirey (13), que le système de l'aliénabilité est *presque effrayant*. Nous devons rendre graces à notre Cour, qui l'a proscrit d'une manière assez expresse, pour espérer que ce sera sans retour.

---

soient, dans quelque position que les uns ou les autres puissent se trouver : et l'art. 1448 n'a fait qu'appliquer ce principe à la femme séparée, comme les art. 1537 et 1575 l'appliquent à celle qui sous le régime en communauté, s'est mariée avec la clause de séparation de biens; et à la femme qui, sous le régime dotal, n'a que des biens paraphernaux.

(13) *Sirey*, tom. 13, part. 2, pag. 213.

Section IV.

Cautionnement.

I. Le sénatus-consulte Velleïen défendoit aux femmes en général de s'obliger pour autrui, *ne pro ullo intercederent*.

Il prohiboit plus particulièrement à la femme mariée de cautionner pour son mari (1).

II. Mais il n'étoit pas admis par toute la France; de-là on jugeoit que la capacité de la femme se régloit non par la loi du lieu où elle s'étoit mariée, mais par la loi de son domicile à l'époque du cautionnement (2).

III. Cette prohibition n'existe plus depuis le code civil qui ne l'a pas adoptée (3).

---

(1) *Julien*, *Élémens*, etc., pag. 270.
(2) *Sirey*, tom. 14, part. 2, pag. 26. — *Nouv. Répert.*, v.° *Velleïen*, pag. 749.
(3) *Code civ.*, art. 1123, 1125.

IV. La femme mariée peut donc cautionner, même pour son mari. Mais sous le régime dotal, elle ne le peut, qu'autant qu'elle est capable de s'obliger ; dans ce cas même, son cautionnement ne peut jamais affecter ses biens dotaux (4).

V. La femme commune qui s'oblige avec son mari, est réputée n'être que sa caution, et le mari doit l'indemniser (5).

---

(4) *Sirey*, tom. 11, pag. 39.
(5) *Code civ.*, art. 1431.

Section V.

En quel cas la femme peut aliéner ou s'obliger.

I. La loi qui a déclaré l'immeuble dotal inaliénable, a dû excepter les aliénations nécessaires.

Le code en a déterminé les cas (1). Ils étoient à peu près les mêmes dans nos usages ; mais avec cette différence, que quand le mari pouvoit aliéner librement et sans formalités de justice, pourvu qu'il constât de la nécessité (2) ; le code ne permet l'aliénation que d'autorité de justice et aux enchères.

II. L'aliénation est permise, soit quand la faculté en a été accordée au mari par le contrat de mariage, soit pour tirer le mari ou la femme des prisons ; — pour fournir des alimens à la famille ; — pour payer des dettes de la femme ou de ceux qui ont constitué la dot, ayant une date certaine antérieure au

---

(1) *Code civ.*, art. 1554, etc.
(2) Leg. 1, ff. *de fund. dotal.* — Leg. 20, ff. *solut. matrim.* — Leg. 26, 73, § 1, ff. *de jur. dot.* — Leg. 61, § 1 ; leg. ult. eod. — *Observations* sur les actes de notoriété, n.º 67. — *Julien*, *Statuts*, tom. 1, pag. 417. — *Idem*, *Élémens*, etc., pag. 56, etc.

mariage; — pour grosses réparations indispensables à l'immeuble dotal.

Elle l'est encore quand l'immeuble indivis avec des tiers est impartageable.

Le code autorise également l'échange, avec le consentement de la femme, et avec permission de la justice, et après une estimation par experts, en prouvant l'utilité (3).

Il n'admet pas d'autres exceptions (4).

III. Dès que le fonds dotal peut être *aliéné* pour causes nécessaires, il est conséquent que la femme puisse *s'obliger* pour les mêmes causes, quand les circonstances indiquent cette préférence. Ainsi celle qui n'ayant qu'un immeuble de 50000 fr. pour tout bien, n'auroit besoin que de 2 ou 3000 fr., trouveroit certainement plus d'avantage à emprunter cette somme qu'à vendre son fonds (5).

IV. Il a été jugé que l'on ne regarde comme dette antérieure au mariage que celle dont le titre exécutoire existoit déjà à cette époque, et qu'une condamnation intervenue après le mariage, ne feroit pas regarder la dette comme antérieure, bien que le fait sur lequel elle est intervenue, fût antérieur (6).

V. On a vu quelquefois des femmes mariées sous des articles privés de mariage, aliéner leurs fonds dotaux sous la qualité de femmes *libres*, et attaquer ensuite l'aliénation. Divers arrêts du Parlement d'Aix les avoient déclarées non-recevables, *exceptione doli*. Tels sont les arrêts du 6 juillet 1774, en faveur du sieur Sage, contre le sieur Sarraire; du 23 décembre 1750,

---

(3) Art. 1559.
(4) Art. 1560.
(5) *Julien*, *Élémens*, etc., pag. 57, n.° 29.
(6) *Boniface*, tom. 1, pag. 430.

en faveur de Pierre Mille, contre Hélène Laval, femme Perrinet. C' st ainsi que la question fut décidée par feu M. Pazery, tiers-arbitre, entre MM. Aude et Bremond, le 23 germinal an 6, en faveur du sieur Bruno Lieutaud, contre Anne Martel, femme Niel.

VI. On a dit, n.° 2, que l'aliénation du fonds dotal peut être permise par contrat de mariage ; mais la mineure qui se marie peut-elle donner cette faculté au mari ?

Le droit romain permettoit au curateur de vendre le bien de la mineure, pour lui constituer le prix en dot; mais il exigeoit l'autorisation du juge (7).

M. Rousilhe dans son traité *de la dot*, enseigne que, quoique le mineur soit réputé majeur pour les conventions matrimoniales, la fille mineure ne peut, sans le décret du juge, y convenir que le fonds estimé restera au mari, ni permettre au mari de le vendre, là où ce fonds est stipulé dotal (8). Le même principe est attesté par le Nouveau Répertoire (9). Il l'avoit été déjà par les docteurs, et notamment par le Cardinal de Luca (10).

Sous le régime de la communauté, la mineure ne pouvoit en général stipuler que ses immeubles seroient réputés meubles, à l'effet d'entrer dans la communauté (11). C'étoit-là une suite du même principe.

Mais l'art. 1398 du code civil porte que le mineur habile à

---

(7) Leg. 61, ff. *de jur. dot.* — Leg. 22, cod. *de admin. tutor.* — *Cujas*, eod., col. 541. — *Buisson*, cod. *eod.*

(8) Tom. 1, chap. 10, dist. 1, n.° 206, pag. 213.

(9) V.° *mineur*, § 5; v.° *dot*, § 2, n.° 11.

(10) *De dote*, disc. 21, n.° 2; disc. 181, n.° 3; disc. 191, n.° 7, tom. 3.

(11) *Nouv. Répert.*, v.° *contrat de mariage*, § 2, n.° 14, v.° *ameublissement*.

contracter mariage est habile à consentir *toutes les conventions dont ce contrat est susceptible*, pourvu toutefois qu'il ait été assisté dans ce contrat, des personnes dont le consentement est nécessaire pour la validité du mariage.

Or, cette loi, par l'art. 1503 et suivant, permet en général l'*ameublissement*.

L'art. 1552 porte que l'estimation donnée à l'immeuble constitué en dot en transporte la propriété au mari, s'il y en a déclaration expresse dans le contrat.

L'art. 1557 permet l'aliénation du bien dotal, quand elle a été autorisée par le contrat de mariage.

Ce contrat est donc *susceptible* de tous ces divers pactes; et de-là, le Nouveau Répertoire, v.º *ameublissement* et v.º *dot*, § 2, n.º 11, induit qu'aujourd'hui la mineure, assistée comme l'indique l'art. 1358, peut consentir, dans le contrat, l'ameublissement, l'estimation ou l'aliénation.

La question ne subsiste donc plus que pour les contrats antérieurs au code; et à cet égard, la jurisprudence, attestée par les lois et les autorités que l'on vient de rappeler, a été reconnue tout récemment par la Cour royale d'Aix, dans la cause de la dame Dupay, pour laquelle plaidoit M. *Marius Aillaud*.

SECTION VI.

Donations.

I. Sous le régime dotal, la femme peut, du consentement du mari, ou à défaut, avec permission de justice, donner ses biens dotaux pour l'établissement de ses enfans, même de ceux qu'elle a eus d'un mariage antérieur.

Mais

Titre I. Section VI.

Mais dans ce dernier cas, quand elle n'est autorisée que par justice, elle doit réserver la jouissance au mari (1).

Notre usage autorisoit ces donations.

II. Le code ne l'autorise point à donner à tous autres, qu'à ses enfans. La faveur même du mariage n'autoriseroit plus ces sortes de donations.

III. Avant cette loi, rien n'étoit plus incertain parmi nous que la jurisprudence sur ce point; il n'étoit pas de question, comme l'observe Latouloubre sur Dupérier (2), sur laquelle il fut intervenu dans le même Parlement, tant d'arrêts opposés les uns aux autres. On en compte plus de vingt, rapportés soit par cet auteur, soit par Boniface, Debézieux, de Cormis et Bonnet (3), et dont le dernier connu est du 27 novembre 1730. Dix ont cassé les donations; les autres les ont confirmées.

Il n'y a pas d'hypothèse en ce genre, sur laquelle ces arrêts n'aient varié ; donations à des frères, à des neveux ou autres collatéraux, à des étrangers, en mariage ou hors mariage, avec ou sans le consentement du mari, sous réserve des fruits au mari, ou sans cette réserve.

Quelques-uns ont cassé ces donations pour les biens dotaux, et les ont confirmées pour les biens paraphernaux.

Cette diversité tenoit à l'application de deux principes opposés, dont l'un regardoit la défense d'aliéner les biens dotaux, comme

---

(1) *Code civ.*, art. 1555, 1556.
(2) Tom. 1, liv. 1, quest. 3.
(3) *Boniface*, tom. 2, liv. 7, tit. 4, chap. 1, 2, 3, 6, 7, 8; tom. 3, liv. 1, tit. 4, chap. 6, 7; tom. 4, liv. 7, tit. 3, chap. 1, 2. — *Debézieux*, pag. 288, 291, 293. — *De Cormis*, tom. 2, col 1055. — *Bonnet*, litt. *D*, somm. 10, pag. 94.

faite dans l'intérêt seul du mari, et l'autre, comme la suite de l'incapacité absolue de la femme mariée sous le régime dotal, pour tout ce qui concerne la disposition de ses biens dotaux.

M. Dupérier pensoit que pour concilier ces deux principes, l'usage avoit sagement établi que la femme ne pouvoit aliéner sa dot que pour des causes *raisonnables*; et il paroissoit ranger dans cette classe les donations, même à d'autres qu'aux enfans, fondées sur des motifs apparens. Latouloubre, son annotateur, penchoit pour cette opinion, lors sur-tout qu'elles étoient faites du consentement du mari, et qu'elles ne devoient avoir leur effet qu'après la mort de la donante. De Cormis, tom. 2, col. 1055, avoit soutenu l'opinion contraire, et l'arrêt qu'il rapporte, cassa la donation. M. Julien, dans ses *élémens de jurisprudence*, se borne à observer qu'il existoit sur la question des arrêts pour et contre (4).

Si, comme disoit Latouloubre, il est permis dans ce conflit, d'émettre une opinion, nous regarderions celle qui déclare les donations nulles, comme la plus conforme au principe de l'inaliénabilité de la dot.

Ceux qui tenoient pour la validité de la donation, observoient qu'aucune loi n'avoit interdit à la femme d'aliéner sa dot; que cette aliénation étoit permise au mari du consentement de la femme; que si cette faculté lui fut enlevée par la loi unic. *De rei uxor. act.*, § 15, cette loi ne statua rien sur l'aliénation faite par la femme du consentement du mari; qu'enfin, la loi 21, cod. *de donat.*, supposoit que ce n'étoit que dans l'intérêt du mari, que les donations du bien dotal avoient été prohibées

---

(4) Pag. 58.

à la femme ; et de-là, ils tiroient cette conséquence, que ces donations devenoient valables quand le mari les avoit consenties, ou quand les fruits lui étoient réservés.

Ceux, au contraire, qui regardoient ces donations comme nulles, observoient que les lois qui avoient permis au mari l'aliénation du fonds dotal, du consentement de la femme, avoient cessé depuis la loi de Justinien, qui les lui prohiboit même dans ce cas ; qu'il seroit contradictoire de supposer que cette loi eût entendu que la femme pût encore aliéner elle-même du consentement du mari ; que dès-lors, la loi 21, cod. *de donat.*, étoit restée sans application dans le sens qu'on vouloit lui donner, puisque, dans ce sens, le consentement du mari eût suffi pour valider l'aliénation ; qu'en un mot, la femme mariée étant également incapable d'obliger ou d'aliéner sa dot, même du consentement du mari, celui-ci de son côté, n'étant que simple administrateur de cette dot, l'aliénation comme l'obligation étant si absolument nulles qu'elles ne sauroient obtenir leur effet, même après la dissolution du mariage, la vérité des principes menoit à cette conséquence, que dans aucun cas, la femme ne pouvoit valablement donner ses biens dotaux à tous autres qu'à ses enfans.

Le code civil nous paroît donc s'être conformé au vrai principe de la matière, lorsqu'il a restraint la faculté de donner à tous autres qu'aux enfans de la donante, et, par là même, en faisant cesser pour l'avenir la versatilité de la jurisprudence sur cette question, on peut dire qu'il l'a résolue non-seulement pour l'avenir, mais encore que sa décision doit servir de règle pour les donations antérieures, sur lesquelles il peut y avoir encore lieu de statuer.

Section VII.

Hypothèque.

Deux questions intéressantes sont ici à examiner.
1.º Le fonds dotal peut-il être hypothéqué ?
2.º La femme peut-elle renoncer à son hypothèque sur les biens de son mari, ou même en consentir la réduction ?

§ 1.

I. Ni la femme, ni le mari ne peuvent pas plus hypothéquer le fonds dotal, qu'ils ne peuvent l'aliéner (1) ;

Lors même qu'ils seroient séparés en biens (2).

II. Le code de commerce le prohibe à la femme marchande (3).

III. Mais là où la femme peut aliéner ou s'obliger, elle peut consentir l'hypothèque pour l'exécution de l'acte (4).

§ 2.

I. Le droit romain autorisoit la femme à renoncer à son hypothèque sur les biens de son mari (5).

Mais elle étoit relevée, si le mari étoit insolvable (6).

---

(1) *Code civ.*, art. 1554. — *Nouv. Répert.*, v.º *hypothèque*, sect. 1, § 2, n.º 5, pag. 775. — *Julien, élémens*, etc., pag. 57, n.º 28.

(2) Vide *suprà*, sect. 3, n.º III.

(3) Art. 7.

(4) *Julien*, loc. cit., n.º 29, pag. 58.

(5) Leg. 11, 21, cod. *ad S. C. Vell.*—Leg. 1, § 15, cod. *de rei ux. act.*

(6) *Buisson, Mornac*, sur ladite loi 11.—*Mornac*, sur la loi 26, ff. *de pact.* — *Louet*, litt. *M*, somm. 4.

Elle ne pouvoit pas y renoncer parmi nous (7).

Le nouveau régime hypothécaire a amené sur ce point des changemens qu'il importe d'apprécier.

II. La femme avoit jadis l'hypothèque, ou conventionnelle, ou légale, à défaut de conventions écrites.

L'une et l'autre affectoient les biens présens et à venir de son mari.

L'hypothèque conventionnelle résultoit de la seule publicité de l'acte, indépendamment de toute stipulation.

Le code civil a maintenu l'hypothèque légale sur les biens présens et à venir. Il l'a même affranchie de l'inscription (8).

Il n'a pas prohibé à la femme de stipuler dans le contrat de mariage, l'hypothèque conventionnelle ; mais il n'admet cette hypothèque, qu'autant que la stipulation est spéciale, et seulement, sur les immeubles individuellement désignés (9).

Cela posé, examinons la question sous les deux rapports de la réduction et de la renonciation.

Art. 1. Réduction.

III. Le droit ancien ne connoissoit pas la réductibilité de l'hypothèque.

Le code ne l'admet pas dans l'hypothèque conventionnelle (10).

---

(7) *De Cormis*, tit. 2, col. 1120.—*Jurispr. du cod.*, tom. 15, pag. 181.— *Sirey*, tom. 10, pag. 341 ; tom. 11, pag. 157.— *Guichard*, v.º *femme*, § 2, n.º 1, pag. 528.

(8) Art. 2135, 2136.

(9) Art. 2129, 2136.

(10) Art. 2161.—*Jurispr. du cod.*, tom. 5, pag. 195 ; tom. 14, pag. 32.

Mais il l'admet en cas d'excès, pour l'hypothèque légale (11).

Il ne permet pas, il est vrai, à la femme de convenir qu'elle ne prendra aucune inscription sur les biens de son mari. Mais il lui permet de consentir qu'il n'en soit pris que sur certains de ces immeubles (12), et alors les autres sont libérés (13).

On sent que dans ce cas, cette hypothèque devient conventionnelle.

A défaut de cette stipulation, le mari, soit que la femme n'ait pas encore inscrit, soit qu'elle ait inscrit sur plus d'immeubles différens qu'il n'est nécessaire pour la conservation de ses droits, peut, en rapportant son consentement, et après avoir pris l'avis de ses quatre plus proches parens, réunis en assemblée de famille, demander que l'hypothèque soit restrainte aux immeubles suffisans (14).

IV. On a agité la question de savoir si le mari peut demander cette réduction dans l'hypothèse d'une hypothèque antérieure au code.

La difficulté s'est présentée sous les deux rapports de l'hypothèque conventionnelle générale, et de l'hypothèque légale qui est toujours générale.

V. La Cour de Nismes, partant du principe, que toute hypothèque générale, quelle qu'en fût l'époque, ne pouvoit être regardée comme conventionnelle, lorsque l'acte ne portoit pas la stipulation expresse et la désignation des immeubles hypothéqués, a jugé, le 19 mai 1807, que l'hypothèque conven-

---

(11) Art. 2144, 2161.
(12) Art. 2140.
(13) Eod. et art. 2145.
(14) Art. 2144, 2161.

tionnelle ancienne n'étoit pas moins réductible que l'hypothèque légale (15).

Mais l'erreur est sensible. Le droit ancien reconnoissoit comme véritablement conventionnelle, l'hypothèque générale, résultante de la seule publicité de l'acte; le code n'eût donc pu, sans rétroagir, lui enlever ce caractère.

C'est ce qu'ont jugé les Cours d'Agen, de Caën, de Paris, d'Aix et de Besançon, les 4 thermidor an 13, 16 février 1806, 18 juillet 1807, 11 fructidor an 12 et 22 juin 1809 (16). L'hypothèque est un droit réel; elle affecte tous les biens qui y sont soumis et chaque partie de ces biens : elle est *tota in toto et tota in quâlibet parte*. Celui qui l'a acquise, ne peut en être dessaisi, même en partie, sans être dépouillé d'un droit acquis, conséquemment, sans faire rétroagir la loi.

Dans l'hypothèse de l'arrêt de la Cour d'Aix, l'acte étoit intervenu sur un droit duquel résultoit en faveur du créancier une hypothèque légale : la Cour jugea que cet acte ne l'avoit pas rendue conventionnelle, et par là, il préjugea que considérée comme conventionnelle, elle eût été irréductible.

La même Cour a jugé, il est vrai, le 1.er février 1811, qu'une femme mariée en 1781, sous un contrat de mariage, séparée de biens en l'an 6, et qui n'avoit inscrit qu'en l'an 11, et sur un des fonds seulement de son mari, avoit par là renoncé à son hypothèque sur les autres fonds (17).

---

(15) *Sirey*, tom. 7, part. 2, pag. 185.
(16) *Sirey*, tom. 5, part. 2, pag. 183; tom. 9, part. 2, pag. 29; tom. 7, part. 2, pag. 184; tom. 13, part. 2, pag. 318. — *Jurispr. du cod.*, tom. 3, pag. 290. — *Guichard*, v.° *réduction*, pag. 217.
(17) *Jurispr. du cod.*, tom. 17, pag. 144. — *Sirey*, tom. 14, part. 2, pag. 97.

Mais le motif fut, que le défaut d'inscription dans le délai de la loi du 11 brumaire an 7, époque à laquelle elle étoit devenue libre d'agir, lui avoit fait perdre son hypothèque conventionnelle ; et par là, cet arrêt reste sans influence sur la question.

VI. Quant à l'hypothèque légale, on vient de voir que la Cour d'Aix l'a jugée réductible en général, quoique antérieure au code. Le Nouveau Répertoire établit la même règle (18) ; mais ni l'auteur, ni l'arrêt n'ont traité la question dans l'hypothèse de l'hypothèque légale de la femme. Or, dans cette hypothèse, il a toujours été de principe que les avantages que la loi locale accordoit à la femme à défaut de conventions écrites, étoient regardés comme véritablement conventionnels : on présumoit, disent tous les auteurs, que les époux étoient convenus de s'en rapporter à cette loi (19). Le code a établi une règle nouvelle ; il l'a pu sans doute, mais a-t-il voulu faire rétroagir cette loi sur le passé, enlever à la femme un droit acquis ? C'est à quoi tous les principes répugneroient. Tel est l'avis de Chabot dans ses questions transitoires ; tel étoit celui du Ministère public lors de l'arrêt de la Cour de cassation, du 19 avril 1812, rapporté par Sirey, tom. 13, pag. 5, 8.

VII. Nous avons vu que l'hypothèque conventionnelle est irréductible : de-là, quelle que pût être la valeur des biens qui en sont affectés, en comparaison des droits à conserver, la réduction

――――――

(18) V.° *radiation*, n.° 12, pag. 485.

(19) *Chabot*, quest. transit., v.° *douaire coutumier*, pag. 312. — *Jurispr. du cod.*, tom. 16, pag. 292. — *Sirey*, tom. 5, pag. 333 ; tom. 6, pag. 392 ; tom. 9, part. 2, pag. 125, 132 ; tom. 10, part. 2, pag. 350 ; tom. 12, part. 2, pag. 384.

duction ne pourroit en être ordonnée sous aucun prétexte, au préjudice du droit acquis en force d'une convention autorisée par la loi, *pacta servabo* (20).

Ainsi, s'il a été convenu dans le contrat de mariage, que la femme prendroit inscription sur tels immeubles du mari, son hypothèque, devenue par là conventionnelle, est irréductible.

Art. 2. Renonciation.

VIII. L'hypothèque est un *droit réel* (21). Toute renonciation à un droit réel, est une véritable aliénation.

La loi ne permet cette renonciation qu'aux parties *ayant capacité à cet effet* (22).

La femme, on l'a vu, n'a pas la capacité d'aliéner ses droits réels; elle ne peut donc renoncer à son hypothèque. Elle ne pourroit convenir qu'il ne seroit pris en son nom aucune inscription; elle ne peut être obligée de réduire son hypothèque conventionnelle : elle ne peut donc s'en départir ; telle est la règle constante (23).

IX. Par la même raison, elle ne peut céder aux autres créanciers de son mari sa priorité d'hypothèque (24).

---

(20) *Nouv. Répert.*, v.° radiation, n.° 13, 15, pag. 485, 487.
(21) *Cod. civ.*, art. 2114. — *Sirey*, tom. 7, part. 2, pag. 128.
(22) Art. 2157. — *Sirey*, loc. cit.
(23) *Nouv. Répert.*, loc. cit., n.° 2, pag. 478; v.° *inscription*, § 3, art. 18, etc., pag. 190, etc. — *Jurispr. du cod.*, tom. 5, pag. 195. — *Persil*, sur l'art. 2161, n.° 2, pag. 319. — *Chabot*, quest. transit., v.° *hypothèque*, § 1, pag. 47. — *Sirey*, tom. 10, pag. 341 ; tom. 11, pag. 159. — *Guichard*, v.° *femme*, § 5, n.° 1, pag. 528 ; n.° 4, pag. 532.
(24) *Sirey*, tom. 10, pag. 341.

X. La Cour de cassation a jugé que la femme commune en bien, avoit pu, en vendant conjointement avec son mari, un fonds de la communauté, se départir en faveur de l'acheteur de son hypothèque sur ce fonds (25).

Elle a jugé, ainsi que la Cour de Paris, que la femme commune, obligée avec son mari envers un tiers, avoit pu céder au créancier sa priorité d'inscription; que cette cession se présumoit même de droit, par le seul fait de son obligation (26).

Mais on a vu que la femme commune, peut dans l'intérêt du tiers, s'obliger solidairement avec son mari (27).

XI. L'expérience prouve l'utilité de ces observations. Tous les jours des praticiens peu attentifs, induisent les femmes mariées sous le régime dotal, à renoncer à leurs hypothèques, à consentir la réduction de celles qui n'étoient pas susceptibles de l'être. Ce n'est pas sans peine que les jurisconsultes parviennent à arrêter ces mesures désastreuses.

C'est bien assez, que par une contradiction peu digne, ce semble, de la sagesse des lois, quand la femme a été dispensée d'inscrire, parce qu'on a prévu qu'elle n'en seroit presque jamais la maîtresse, un tiers-acquéreur puisse lui enlever son hypothèque légale, par cela seul, que sur une notification, dont il est si facile, si usuel de lui dérober la connoissance, elle n'aura pas rempli cette formalité. Le mari qui a vendu, lui en laisseroit bien moins encore la liberté; ses parens sacrifient son intérêt à son repos, au leur propre; il est peut-être sans

―――――――――――――――――――――――

(25) *Guichard*, loc. cit. — *Sirey*, tom. 11, pag. 157.
(26) *Sirey*, tom. 13, part. 2, pag. 5, 161. — *Jurispr. du cod.*, tom. 19, pag. 187.
(27) *Suprà*, sect. 4, n.º v.

exemple que le Ministère public ait usé de la faculté que la loi lui donne dans cette occurrence; la loi abandonne donc la femme, au moment où elle auroit le plus besoin de son secours, en paroissant l'entourer de moyens illusoires. La loi de l'an 7 qui la forçoit d'inscrire, étoit injuste sans doute; mais au moins elle étoit franche, quand le code semble n'avoir voulu lui inspirer qu'une sécurité funeste.

Sachons attendre avec confiance les améliorations dont ce système peut être susceptible, si toutefois il est possible d'obtenir un système hypothécaire, qui ne sacrifie pas toujours l'intérêt des familles, à l'intérêt des acquéreurs.

XII. Au surplus, si la femme inscrite avoit radié son inscription, elle ne pourroit faire valoir la nullité de cette radiation contre le tiers qui depuis lors auroit traité avec son mari. C'est ce qu'a jugé la Cour de cassation, le 26 janvier 1814 (28).

---

(28) *Sirey*, tom. 14, pag. 179.

SECTION VIII.

Quasi-Contrats.

Dans les quasi-contrats, l'obligation ne naît pas de la convention, mais du fait (1). Mais comme ce fait est volontaire, il pourroit difficilement obliger la dot, sauf néanmoins le cas où un tiers, par une dépense nécessaire, auroit conservé les droits ou les fonds dotaux (2).

---

(1) *Galtier*, princ. inst. de oblig. quæ ex quasi-contr. — *Pothier*, pandect. de oblig., n.° 14. — *Idem*, des obligations, n.° 113. — Cod. civ., art. 1371. — Motifs eod.

(2) *Pothier*, des obligations, n.° 115.

Section IX.

Délits, Quasi-Délits.

I. Le mari n'est pas responsable des délits de sa femme. Tant que le mariage subsiste, le créancier ne peut poursuivre que sur la nue propriété des biens dotaux (1).

Cette règle, rappelée par le code civil, dans le chapitre du régime en communauté, n'est pas moins applicable au régime dotal (2).

II. On en excepte les délits ruraux ; telle est la disposition de la loi du 28 septembre 1791, art. 7.

III. A défaut du père, la mère répond des délits de ses enfans mineurs habitans avec elle (3).

---

(1) *Cod. civ.*, art. 1424, 1425. — *Sirey*, tom. 7, pag. 461. — *Nouv. Répert.*, v.º *délit*, § 8. — *Jurispr. du cod.*, tom. 9, pag. 457.
(2) *Boniface*, tom. 1, pag. 430.
(3) Art. 1384.

Section X.

Alimens fournis à la famille.

Les époux contractent par le seul fait du mariage, l'obligation de nourrir, entretenir et élever leurs enfans (1).

Le mari est obligé de fournir à la femme tout ce qui est nécessaire pour les besoins de la vie (2).

Mais la femme n'est pas moins tenue d'assister son mari dans ses besoins ; *les époux se doivent mutuellement secours, assis-*

---

(1) *Cod. civ.*, art. 203.
(2) Art. 214.

Titre I. Section X.

tance (3), et la femme séparée en biens, doit contribuer aux charges communes à proportion de son revenu (4).

Les besoins de la famille sont donc en première ligne, à la charge du mari ; la femme en général, n'est pas tenue des obligations qu'il contracte pour cet objet (5) ; il ne seroit pas juste que, quand il a joui du revenu de ses biens, il pût en déverser les charges sur elle.

Mais la femme en est tenue à son défaut, parce que ces charges sont communes. La loi, on l'a vu, autorise même à cet effet l'aliénation du fonds dotal (6).

La femme n'est donc pas tenue des fournitures faites à la famille, si le mari étoit alors solvable, si le créancier avoit pu se faire payer. A défaut, la dette lui devient propre et personnelle (7).

C'est par cette distinction, que l'on doit expliquer les divers arrêts intervenus sur cette matière (8).

––––––––––––––––––––––––––––––––––––

(3) Art. 212.
(4) Art. 1448, 1537, 1575.
(5) Cod. *ne uxor pro marit.*, etc.
(6) *Nov.* 117, cap. 7. — Leg. 73, § 1, ff. *de jur. dot.* — Leg. 29, cod. *eod.* — *Code civ.*, art. 1558. — Leg. 20, ff. *solut. matrim.*
(7) *Surdus, de alimentis*, privil. 43, pag. 505. — *Dupérier*, tom. 1, liv. 4, quest. 2, pag. 446. — *De Cormsi*, tom. 2, col. 1443. — *De Luca, de dote*, disc. 166, n.º 4, 9, 52, tom. 2, pag. 407.
(8) *Expilly*, arr. 84, pag. 396. — *Basset*, tom. 2, liv. 4, tit. 12, chap. 2, pag. 140. — *Nouv. Brillon*, v.º *alimens.* — *Journal des aud.*, tom. 7, liv. 1, chap. 6 ; arrêt du 21 janvier 1718, pag. 5 ; et au supplément, liv. 1, chap. 8, pag. 102. — *Louet*, litt. C, chap. 29, n.º 5, 7. — *Boniface*, tom. 1, liv. 1, tit. 19, chap. 10, pag. 74 ; tom. 4, liv. 6, tit. 10, chap. 3, pag. 362. — *Sirey*, tom. 10, part. 2, pag. 259 ; tom. 14, pag. 86 ; tom. 13, part. 2, pag. 369.

Section XI.

Acquisitions.

I. Les principes et les convenances veulent que sous tous les régimes, dans toutes les positions, ce que la femme a sans titre apparent, soit regardé comme appartenant à son mari, si elle ne prouve *undè habuerit*; c'est la disposition de la fameuse loi *Quintus Mucius* 51, ff. *de donat. int. vir. et uxor.* (1).

Mais comme ce n'est là qu'une présomption, que cette présomption n'est pas même du nombre de celles auxquelles la loi attache ce caractère légal qui n'admet pas la preuve contraire (2), elle peut être repoussée non-seulement par des preuves formelles, mais encore par d'autres présomptions.

Ainsi, l'on excepte la femme marchande publique, celle dont le mari est pauvre, si elle avoit des biens libres (3).

La présomption générale est donc, que ce que la femme a acquis pendant le mariage, a été acquis des deniers du mari.

Cette présomption devient une sorte de certitude, à l'égard de la femme mariée sous une constitution générale, puisque tous ses biens sont dans les mains du mari, qui seul en a l'administration et la jouissance.

---

(1) *Nouv. Répert.*, v.° *femme*, n.° 9, pag. 193.
(2) *Code civ.*, art. 1350, 1352.
(3) *Actes de notoriété*, n.° 36. — *Boniface*, tom. 4, liv. 3, tit. 14, chap. 1, pag. 307.—*Julien*, *Élémens*, etc., pag. 409.—*Debézieux*, pag. 352. — *Janety*, 1783, arr. 28, pag. 228. — *Catelan* et *Vedel*, liv. 4, chap. 5. — *Faber*, cod. *de probat.*, definit. 7, 36, 41. — *Journal des aud.*, tom. 5, liv. 5, chap. 29; arrêt du 26 juillet 1689, tom. 5, pag. 312. — *Pothier, de la communauté*, n.° 466. — *Maleville*, sur l'art. 1536. — *Mornac*, in leg. *Quintus Mucius*, tom. 1, pag. 906.

11. La question est de savoir si ce qu'elle a acquis des deniers du mari, appartient à elle ou au mari.

La femme mariée n'est pas incapable d'acquérir ; la loi exige seulement qu'elle soit autorisée par son mari (4). Ne l'eût-elle pas été, elle seule, ou son mari et leurs héritiers, pourroient alléguer le défaut d'autorisation (5).

Il est de principe que celui qui acquiert en son nom, quoique des deniers d'un autre, acquiert pour lui ; que tout ce que l'autre peut réclamer, c'est le remboursement de ses deniers. *Qui alienâ pecuniâ comparat, non ei cujus nummi fuerunt, sed sibi, tam actionem empti, quàm dominium, si ei tradita possessio fuerit, quærit.* Leg. 8 ; leg. 1, 3, 6 ; cod. *si quis alter vel sibi*, etc.

La loi 9, cod. *de donat. int. vir. et uxor.*, dit également : *et si de tuâ pecuniâ, mancipia uxori tuæ comparata sunt, eorum dominium non ad te, sed ad eam pertinet.* Pecuniæ autem tantummodo repetitionem habes.

La loi 16 du même titre, présente le même résultat, dans l'hypothèse d'un mari qui avoit acquis de ses deniers, mais sous le nom de sa femme. Si, dit-elle, le nom de la femme n'y est énoncé que par égard, *honoris causâ*; si la possession a été livrée au mari, le fonds reste à ce dernier. Mais si elle l'a été à la femme, l'acquisition est pour elle, à la charge d'en rembourser le prix au mari. *Nam*, dit Godefroi sur cette loi, *quotiès titulus et traditio in personâ uxoris concurrit, acquiritur uxori dominium.*

---

(4) *Code civ.*, art. 217.
(5) Art. 225.

Tous les auteurs ont professé la même doctrine (6).

On a opposé qu'il en résulteroit une donation indirecte prohibée entre époux, en ce que le mari se priveroit par là des profits qu'il eût pu faire sur le bien acquis de ses deniers.

Mais, 1.º cette donation seroit au moins confirmée par la mort, lorsqu'il n'auroit pas réclamé de son vivant.

2.º Les donations ne sont pas prohibées entre époux, par cela seul que le donataire en devient plus riche ; il faut encore que le donateur en soit devenu plus pauvre. *Ubicumque non deminuit de facultatibus suis qui donavit, valet donatio.* Leg. 5, § 13 ; § 16, ff. *de donat. int. vir. et uxor.* (7).

La loi du 24 novembre 1790, art. 17, et le code de commerce, art. 346, 347, ont établi une règle contraire, à l'égard des femmes des receveurs de districts, ou des commerçans faillis.

Mais ces dispositions sont une exception à la règle générale, déterminée par l'état du mari, *exceptio firmat regulam* ; c'est ce qu'on induit de l'observation du Nouveau Répertoire, v.º *femme*, n.º 9, pag. 194.

La Cour de cassation, par un arrêt du 1.er brumaire an 13, a rejeté le pourvoi contre un arrêt de la Cour de Lyon, qui avoit jugé qu'une femme, à laquelle son mari avoit donné une procuration pour acheter un domaine en son nom à lui, l'ayant acquis tant pour elle que pour lui, le domaine appartenoit au mari (8). Cet

---

(6) *Vide* les auteurs cités, note 3. — *Pothier*, pand. *de actionibus empti*, n.º 2, not. a. — *Jurispr. du code*, tom. 17, pag. 288.

(7) *Pothier*, pand. *de donat. int. vir. et uxor.*, n.º 26, etc., et *de reg. jur.*, n.º 385, en rapporte une foule d'exemples.

(8) *Sirey*, tom. 5, part. 2, pag. 667.

Titre I. Section XI.

Cet arrêt est étranger à la question, sur-tout si l'on observe que la femme n'avoit pas été autorisée par son mari à acquérir elle-même.

La Cour de Rioms a décidé la question contre la femme, en thèse générale (9); mais cette décision est vivement combattue par l'auteur de la jurisprudence du code, et nous pensons que c'est avec raison. Que la loi soit plus ou moins sévère sur la preuve que les deniers ont été fournis par la femme, à la bonne heure; c'est aux circonstances qu'il convient de se référer sur ce point; mais on ne voit aucun motif plausible pour enlever à la femme, un bien qu'elle a acquis en son nom, des deniers de son mari; pour adjuger ce bien au mari qui n'a pas voulu acquérir pour lui, qui, dès-lors, ne peut se dire propriétaire; qui a fourni les deniers à sa femme, comme il eût pu les prêter à un tiers dans le même objet; qui par là, n'a réellement rien perdu, qui n'a pas diminué son patrimoine au préjudice des tiers intéressés.

Nous pensons que cette règle doit être suivie, même à l'égard de la femme mariée sous une constitution générale. L'incapacité dans laquelle cet état la place, n'est que dans son intérêt et celui de son mari. Le vendeur ne seroit pas recevable à s'en prévaloir (10). Le mari qui l'a autorisée, ne pourroit dire d'ailleurs qu'il en ait reçu aucun préjudice. Le même motif repousseroit et ses héritiers, ceux même à qui il peut être dû une réserve légale, et ses créanciers qui n'ont d'autre droit que celui de réclamer le remboursement des de-

---

(9) *Sirey*, tom. 12, part. 2, pag. 198. — *Jurispr. du cod.*, tom. 21, pag. 78.

(10) *Code civ.*, art. 1125.

niers fournis par le mari. La décence, les mœurs publiques n'en reçoivent aucune atteinte.

C'est ce qu'avoit jugé le Parlement de Toulouse en 1677; l'arrêt est rapporté par Catelan (11). C'est ce qu'a jugé la Cour de Grenoble, le 22 juillet 1811, en même temps qu'elle soumit la femme à rembourser aux créanciers du mari le prix de son acquisition (12). « Ni la législation romaine, » ni la législation française, disoit cette Cour, n'interdisent à » la femme la faculté de faire des acquisitions *constante ma-* » *trimonio*, lors même qu'elle s'est mariée sous le régime dotal, » et qu'elle s'est fait *une constitution générale*. »

La Cour de Lyon a jugé, le 27 août 1813, qu'une femme mariée sous une constitution générale, étoit non-recevable à faire une sur-enchère à la vente par expropriation des biens de son mari.

Cet arrêt peut être juste, en ce que la constitution générale la laissoit évidemment sans moyens, et ne lui permettoit pas de s'en procurer par l'aliénation de ses biens dotaux, même du consentement du mari; et c'est ce qu'observe M. Sirey (13).

Mais, M. Sirey, et le rédacteur de la jurisprudence du code, qui rapporte le même arrêt (14), s'élèvent également contre les autres motifs que la Cour de Lyon paroît avoir adoptés.

L'immeuble, disoit-elle, acquis des deniers dotaux n'est pas dotal (Code, art. 1553).

Mais, c'est parce qu'il a été acquis au nom du mari.

---

(11) *Catelan*, tom. 2, liv. 4, chap. 3, pag. 15.
(12) *Jurispr. du code*, tom. 17, pag. 288.
(13) *Sirey*, tom. 13, part. 2, pag. 367.
(14) *Jurispr. du code*, tom. 21, pag. 78, etc.

Le mari, ajoutoit-elle, n'a pu autoriser la femme à acquérir, parce qu'en acquérant pour son profit à lui, il seroit *auctor in rem suam*.

Mais ce n'est là qu'une pure pétition de principe.

L'objection manqueroit d'ailleurs, si la femme étoit autorisée par justice.

La foiblesse de ces motifs écarte ce préjugé.

Section XII.

L'obligation de la femme oblige-t-elle le mari.

I. Il est de règle générale, que tout comme la femme n'est pas obligée par l'obligation du mari, le mari ne l'est pas par les obligations de la femme, *cum neque maritum pro uxoris obligatione conveniri posse constet, nisi ipse pro eâ se obnoxium fecit* (1).

II. Sous le régime communal, les actes faits par la femme du consentement du mari, engagent les biens de la communauté. Ils ne produisent plus cet effet, si le mari ne l'a pas autorisée; l'eût-elle été même par justice (2).

Mais cette règle même, indique que l'obligation ne s'étend pas aux biens propres du mari.

III. On a vu, section IX, que le mari n'est pas responsable du délit de sa femme; que le créancier ne peut pas même, pendant la durée du mariage, le priver des fruits des biens de son épouse, quand il a le droit d'en jouir.

IV. On a vu également, section II, quels sont, par rapport

---

(1) Leg. 3, cod. *ne uxor pro marit.* etc.
(2) *Code civ.*, art. 1426.

au mari, les résultats de l'obligation contractée par la femme marchande publique.

V. Celle qui, sans être marchande publique, se mêle du commerce de son mari ne peut en son propre nom, obliger son mari, s'il n'est prouvé que c'est lui qui l'a préposée à ce commerce, au moins tacitement (3).

Mais, dans cette hypothèse même, elle n'a pas le droit de signer des lettres-de-change sans un pouvoir exprès; et il faut encore que ces lettres aient eu pour objet, le commerce de son mari (4).

Une procuration générale de son mari ne lui donneroit pas le droit de transporter à un tiers la propriété de ses billets commerciaux, si cette procuration ne lui donne le pouvoir d'aliéner (5).

VI. Sous le régime dotal, la femme mariée sous une constitution générale, est sans capacité, sans action; et, comme elle ne pourroit s'obliger elle-même, son obligation ne sauroit lier le mari.

Celle qui a des biens libres et paraphernaux peut s'obliger. Mais son obligation n'est valable qu'autant qu'elle a été autorisée par le mari, ou à défaut par justice. Là où elle ne l'a pas été, l'obligation est nulle, tant dans l'intérêt du mari que dans le sien propre, et le mari peut en faire prononcer la nullité (6).

---

(3) *Sirey*, tom. 7, part. 2, pag. 969; tom. 9, part. 2, pag. 209.— *Code de commerce*, art. 4, 5.— *Code civ.*, art. 220.
(4) *Sirey*, tom. 9, part. 2, pag. 209.
(5) *Sirey*, tom. 7, part. 2, pag. 988; tom. 10, part. 2, pag. 531.
(6) *Code civ.*, art. 217, 225.— *Vide infrà*, tit. 2, sect. 6.

Si elle n'a été autorisée que par justice, son obligation reste étrangère au mari ; il ne peut en recevoir aucun préjudice (7).

L'eût-il autorisée lui-même, on verra sous le titre II que l'autorisation qu'il lui donne, ne l'engage pas vis-à-vis le tiers, là où il n'a personnellement aucun intérêt à l'obligation (8).

VII. On a bien souvent agité au palais la question de savoir si le mari est tenu des fournitures faites à sa femme, ou des obligations par elle contractées pour les besoins journaliers du ménage intérieur.

Le mari est le chef du ménage, puisqu'il est le chef de la société conjugale. C'est à lui a pourvoir aux besoins de sa femme et de la famille (9), mais rarement il se mêle des détails du ménage intérieur. Ses occupations ne le lui permettroient guères; et les femmes en général, s'acquittent bien mieux de ces menus soins. Tel est l'usage le plus commun; et d'après cet usage, on ne sauroit disconvenir que le mari ne soit censé avoir départi et confié à la femme cette branche de son administration; que la femme ne doive être regardée comme la mandataire spéciale, bien que tacite du mari; que dès-lors celui-ci ne soit tenu des engagemens qu'elle a contractés pour cet objet, et c'est à cette hypothèse que l'on peut rapporter le mot de la loi : *nisi ipse pro eâ se obnoxium fecit.*

Mais cette règle a ses exceptions; elle n'est fondée que sur une présomption légitime, il est vrai, mais qui doit céder à des présomptions contraires.

Ainsi, les fournisseurs ne pourroient l'invoquer, si les mar-

---

(7) *Infrà*, tit. 2, sect. 8, § 2, art. 1, n.º VII, etc.
(8) *Infrà*, tit. 2, sect. 8, § 2, n.º V.
(9) *Code civ.*, art. 203, 214.

chandises, denrées et autres objets, soit par leur excès, soit par leur nature, étoient dans une disproportion évidente avec l'état et la fortune du mari. Si elles avoient été continuées pendant un long espace de temps, sans que jamais ils l'eussent au moins prévenu ; s'il étoit de notoriété que le mari pourvoyoit par lui-même aux besoins journaliers. Moins encore le pourroient-ils, si, usant de la précaution indiquée par la loi 11, ff. *de institor. act.*, il leur avoit prohibé de ne rien fournir à sa femme, sans son ordre.

On trouve sur cette question des arrêts sans nombre ; les uns ont fait droit à la demande des fournisseurs, les autres l'ont rejetée. La diversité des circonstances a dû amener cette diversité dans les résultats.

Mais la question principale reste toujours de savoir si, abstraction faite des circonstances, la femme est censée avoir agi comme mandataire du mari.

Telle est l'opinion commune. Ce n'est pas la femme, dit M. Pothier, *de la puissance du mari*, n.º 49, qui est censée acheter en son nom ; c'est le mari qui est censé avoir acheté par le ministère de sa femme, en usage de se charger de ce soin, par le consentement tacite du mari.

M. de Lamoignon en avoit fait une règle générale dans ses fameux arrêtés (10).

Le Nouveau Répertoire (11), en rapporte une multitude d'arrêts de divers parlemens. La ville de Paris étoit, dit-il, la

---

(10) Titre *de la communauté*, art. 69.
(11) V.º *autorisation maritale*, sect. 7, n.º 1, pag. 455, et n.º 7, pag. 460.

Titre I. Section XII.

seule, où, par des motifs particuliers, on avoit adopté une règle contraire. Il rappelle, entre autres, six arrêts consécutifs du parlement de Dijon. Cette Cour rendit un arrêt tout contraire, le 28 mars 1708. Elle fut même plus loin ; par ce même arrêt, elle défendit à tous marchands de livrer à crédit, aucunes marchandises aux femmes en puissance de maris, sans un ordre d'eux par écrit. Mais le Nouveau Répertoire observe que cet arrêt isolé, désaprouvé par les autres chambres et par le barreau, fut vivement critiqué par le président Bouhier, célèbre magistrat de la même Cour, dans son Commentaire sur la coutume de Bourgogne.

Le parlement de Flandres, par un arrêt rapporté dans le même Répertoire, condamna le mari à payer les habits de nôces achetés par sa femme, à une fille qu'elle avoit eu d'un précédent mariage, attendu que cet achat faisoit partie de l'administration confiée à la femme.

Cette jurisprudence avoit paru dangereuse à nos pères. Un arrêt de règlement du parlement d'Aix, du 15 avril 1636, avoit défendu aux marchands de fournir des marchandises aux enfans de famille et aux mineurs, sans l'exprès consentement des pères, mères, tuteurs ou curateurs (12).

L'assemblée générale des communautés de Provence, avoit délibéré, en 1639, de demander au Roi, que les livres des marchands qui, d'après nos statuts, faisoient foi quand on y trouvoit mentionnés les fournitures et les paiemens (13), ne

---

(12) *Boniface*, tom. 1, liv. 4, tit. 7, chap. 1. — *Julien*, sur le Statut, tom. 1, pag. 589.

(13) *Julien*, loc. cit., pag. 588. — *Mourgues*, pag. 302.

fissent pas foi contre les particuliers y dénommés, si les fournitures n'étoient par eux signées, ou par des témoins (14).

Un second arrêt de règlement, du 13 juin 1668, adopta cette exception; et en reconnoissant les défenses portées par celui de 1636, relativement aux enfans de famille et aux mineurs, il les étendit *aux femmes mariées, sans l'ordre de leurs maris* (15).

L'assemblée générale de 1668, délibéra encore de demander au Roi de cofirmer et autoriser ce dernier arrêt, *pour servir de règlement perpétuel et irrévocable en cette province, faire cesser le luxe et éviter la ruine de plusieurs bonnes familles* (16).

Il paroît que ces délibérations n'eurent aucune suite, ou que la demande ne fut pas accordée, puisque Mourgues, Julien et M. de Montvallon, attestent également que les livres des marchands fesoient foi parmi nous, pour l'expédition de la marchandise s'ils étoient tenus dans une forme régulière (17). Boniface lui-même en rapporte un arrêt du 3 juin 1683, lors duquel on produisit un acte de notoriété conforme, expédié par les avocats d'Aix (18).

De-là, on est fondé à conclure que les deux arrêts de règlement de 1636 et 1668, restèrent également sans exécution, relativement aux marchandises livrées aux femmes sans l'ordre de

---

(14) Cahier de 1639, pag. 8.
(15) *Julien*, loc. cit., pag. 589. — *Boniface*, loc. cit., chap. 2. — Cahier de 1668, pag. 39.
(16) Cahier de 1668, pag. 39.
(17) *Mourgues, Julien*, loc. cit. — *Montvallon, précis*, etc., v.º *livres des marchands*.
(18) *Boniface*, tom. 4, liv. 9, tit. 6, chap. 2.

de leurs maris, sauf les exceptions dont on a parlé ci-dessus ; et telle est, à notre avis, la règle la plus juste, d'après l'usage général de presque toutes les familles. Les maris n'ignorent pas qu'il faut pourvoir aux besoins du ménage : ils ne peuvent se dissimuler que lorsqu'ils n'y pourvoient pas par eux-mêmes, leurs femmes se chargent de ce soin. On en a vu repousser les demandes des fournisseurs, en alléguant qu'ils avoient fourni à leurs femmes les deniers nécessaires. Mais lorsqu'il pourroit arriver qu'elles eussent abusé de leur confiance, pour détourner ces deniers à leur profit, ne seroit-ce pas à eux à s'imputer leur négligence; seroit-il juste que les fournisseurs qui ont suivi de bonne foi l'usage ordinaire, fussent les victimes d'un arrangement qu'ils auroient ignoré, parce que le mari auroit négligé de veiller à ce que lui-même ne fût pas trompé.

TITRE II.

AUTORISATION MARITALE.

I. L'autorisation est le consentement exprès ou tacite donné à un acte fait par celui qui est sous notre dépendance, et qui ne peut agir, soit pour lui, ou pour nous, sans notre participation (1).

II. L'autorisation maritale est donc le consentement par lequel le mari habilite sa femme pour quelque acte qu'elle ne peut faire que dépendamment de lui (2).

Inconnue jadis dans les pays de droit écrit (3), le code civil

---

(1) *Nouv. Répert.*, v.° *autorisation maritale*, pag. 434.
(2) *Pothier*, traité *de la puissance du mari*, etc., n.° 3.
(3) Leg. 8, 11, cod. *de pact. convent.*, etc.—*Nouv. Répert.*, loc. cit.—*Jurispr. du cod.*, tom. 1, pag. 354.

en a fait pour toute la France une règle générale.

Elle exige donc parmi nous une étude plus particulière.

SECTION I.

Son origine, ses motifs, sa nature.

§ I.

Origine.

I. Le mari est le chef de la société conjugale ; la femme y est donc sous sa dépendance : elle y est à titre de *déférence* et de *protection* (1).

De-là, la règle qui l'a soumise à rapporter l'autorisation de son mari, soit pour contracter, ou pour ester en jugement.

II. Cette règle étoit particulière aux pays coutumiers, dans lesquels la communauté entre les époux étoit le droit commun.

Sous ce régime, le mari, chef de la communauté, maître de disposer des biens qui la composent, seul administrateur des biens propres de la femme, pouvant même les aliéner de son consentement, peut permettre à la femme d'obliger soit les biens communs, soit ses biens propres ; il étoit donc conséquent qu'elle ne pût s'obliger que sous son autorisation (2).

Elle seule, il est vrai, a la jouissance et l'administration des biens qu'elle possède séparément ; mais l'empire que les anciennes mœurs des Francs donnoient au mari, firent aisément étendre à ces biens même, la nécessité de cette autorisation.

---

(1) *Cod. civ.*, art. 213. — *Motifs*, *Locré*, cod. — *Pothier*, *puissance du mari*, etc., n.° 4. — Le Tribun *Gillet*, sur l'art. 217.

(2) *Vid.* tit. I.er, sect. I.

Sous le régime dotal, au contraire, les biens dotaux sont essentiellement inaliénables et insusceptibles d'obligation. La femme est, quant à ces biens, sans capacité légale; ses actions résident exclusivement dans la personne du mari; il n'est donc aucun cas où elle soit à même d'être autorisée, soit pour contracter, ou pour ester en jugement, à raison de ces biens.

Quant à ses biens libres, *paraphernaux*, le droit écrit qui les considéroit comme étrangers aux conventions matrimoniales, avoit cru devoir respecter le pacte qui les affranchissoit du pouvoir marital. *Quamvis enim*, dit la loi 8, cod. *de pact. convent.*, etc. *Bonum erat mulierem quæ se ipsam marito committit, res etiam ejusdem pati arbitrio gubernari, attamen, quoniam conditores legum æquitatis convenit esse fautores, nullomodo, muliere prohibente, virum in paraphernis se voluerunt commiscere* (3).

III. Tel étoit l'état de la jurisprudence, quand le code civil, considérant l'autorisation maritale, sous l'un et l'autre régime, comme une conséquence naturelle de la société conjugale, en a fait une loi générale pour toute la France (4).

§ 2.

Motifs.

IV. Les auteurs ne sont pas d'accord sur les motifs de cette institution. Cette divergence tient au plus ou moins d'étendue que les diverses coutumes donnoient à la règle en elle-même.

---

(3) *Nouv. Répert.*, v.° *autorisation maritale*, sect. 1. — Le Tribun *Gillet*, sur l'art. 217.

(4) Art. 215, 217.

Les uns pensoient qu'à l'exemple du sénatus-consulte Velléien, elle n'avoit en vue que la foiblesse du sexe. Mais alors on l'eût étendue aux veuves et aux filles que l'ont eût soumis à l'autorisation de leurs parens, comme on le pratique en Italie.

D'autres n'y voyoient que l'intérêt du mari; mais alors l'obligation de la femme non autorisée, suspendue pendant la durée du mariage, eût eu son effet après sa dissolution; et le principe est contraire.

Une troisième opinion la regardoit comme fondée, uniquement sur la puissance du mari.

Mais, depuis que le code a déclaré son autorisation insuffisante, lors qu'il est mineur, ou que l'obligation est dans son seul intérêt, il a fallu encore renoncer à ce système (5).

V. C'est donc dans les dispositions du code civil, qu'il faut chercher ses véritables motifs.

Le mari doit *protection* à sa femme; la femme doit *obéissance* à son mari (6).

Comme chef de la société, il doit pourvoir aux besoins communs (7).

Mais la femme n'est pas moins tenue d'y contribuer sur ses biens libres (8).

La puissance du mari est donc tout à la fois, comme on l'a dit, un pouvoir de *déférence* et de *protection*; et de ce pou-

---

(5) *Nouv. Répert.*, loc. cit., sect. 2. — *Daguesseau*, tom. 2, plaid. 3, pag. 61. — *Pothier, puissance*, etc., n.° 3, 34, 42.

(6) *Cod. civ.*, art. 213.

(7) *Idem*, art. 203, 214.

(8) *Idem*, art. 1448, 1537, 1575.

voir naît le droit de surveillance de direction et d'intérêt, à ce que la femme, par des dispositions indiscrètes, ne tarisse la source de ses revenus.

L'autorisation maritale a donc aujourd'hui pour motif, la déférence due au chef de la société; son intérêt personnel, celui enfin de la femme, intérêt dont la surveillance est la conséquence naturelle de la protection que lui doit le mari (9).

Cette discussion n'est point l'objet d'une vaine curiosité; ce n'est qu'en connoissant les véritables motifs de la règle, telle qu'elle existe aujourd'hui, qu'on peut résoudre les difficultés qu'elle présente dans son application.

§ 3.

Nature.

VI. La loi qui l'a établie, est un statut personnel, vu qu'elle règle la capacité de la personne.

Cette capacité se règle par la loi du domicile matrimonial.

Du reste, cette question est devenue moins importante, depuis que le code a fixé sur cette matière, des règles uniformes pour toute la France (10).

---

(9) *Locré, motifs* sur l'art. 213, 217. — Le Tribun *Gillet*, sur l'art. 217, § 4. — *Motifs* sur le titre du code de procéd., *autorisation de la femme mariée.* — *Jurispr. du cod.*, tom. 14, pag. 159; tom. 17, pag. 417. — *Nouv. Répert.*, loc. cit., sect. 3, § 1, pag. 437.

(10) *Nouv. Répert.*, loc. cit., sect. 10, pag. 472; v.° *divorce*, sect. 4, § 10, pag. 473. — *Sirey*, tom. 7, pag. 115.

Autorisation maritale.
Section II.
Autorisation, actes.

I. Sous l'un et l'autre régime, la femme, même non commune, ou séparée en biens, ou ayant des biens paraphernaux, ne peut, sans l'autorisation de son mari, à défaut de justice, donner (1), — accepter une donation (2), — une succession (3); aliéner (4), — aliéner ses immeubles dotaux, là où ils peuvent l'être (5),—les échanger (6),—les hypothéquer (7); payer (8),— recevoir le remboursement d'un capital dotal (9); — s'obliger (10); — acquérir à titre onéreux ou gratuit (11); — renoncer à une action immobilière (12).

II. La femme mariée avant le code, en pays de droit écrit, est aujourd'hui soumise à cette règle (13).

---

(1) *Cod. civ.*, art. 217, 905, 1427, 1555, 1556.
(2) Art. 934, 217.— *Ordonnance* de 1731, art. 9.
(3) Art. 776.— *Jurispr. du cod.*, tom. 7, pag. 79.
(4) Art. 217.
(5) Art. 217, 1449, 1535, 1538, 1555, 1556, 1558, 1559, 1576.
(6) Art. 1559.
(7) Art. 217.
(8) Art. 1238.— *Nouv. Répert.*, v.° *autorisation*, etc., sect. 7, n.° 9, pag. 462.
(9) *Nouv. Répert.*, loc. cit., n.° 5, pag. 458, col. 2.
(10) *Locré*, sur l'art. 217, tom. 2, pag. 354.
(11) Art. 217, 934.
(12) *Sirey*, tom. 7, part. 2, pag. 128; tom. 10, pag. 189.— *Nouv. Répert.*, v.° *dot*, sect. 2, n.° 7.
(13) *Quest. transit.*, v.° *autorisation*, etc., § 1, pag. 20.—*Jurispr. du cod.*, tom. 1, pag. 449; tom. 2, pag. 129, 362; tom. 3, pag. 33.— *Sirey*, tom. 4, part. 2, pag. 142, 166.— *Discussions du cod.* sur l'art. 1388, tom. 2, pag. 355.

III. Les obligations privées par elle souscrites à une date antérieure au code, ou à son mariage, sont réputées antidatées, s'il n'y a preuve du contraire (14).

IV. Il est dans l'ordre des principes, que la simple séparation des biens ne forme pas une exception à la règle. Cette séparation n'affranchit pas la femme du pouvoir marital; et ses biens, dont elle lui rend l'administration, ne restent pas moins soumis aux besoins communs du ménage (15).

V. Il eût dû, ce semble, en être autrement de la séparation de corps et de biens. Si elle ne dissout pas le mariage, elle affranchit la femme de l'autorité de son mari. Celui-ci n'a plus de droit sur ses biens; il ne peut plus se présenter comme son protecteur; que pourroit-on attendre de lui sous ce rapport, quand par l'abus le plus indigne de sa puissance, il l'a forcée de se soustraire à sa férocité.

Ce n'est pas que dans cette hypothèse, la femme puisse prétendre à cette liberté absolue que la dissolution du mariage peut seule lui rendre. Le mariage subsiste; les époux peuvent encore se réunir; mais toutes relations sont rompues entre eux; la sureté même de l'épouse lui en fait une obligation. Pourquoi donc, dans ce cas, ne lui permettroit-on pas de s'adresser directement à la justice, comme la loi le lui a prescrit, ainsi qu'on le verra bientôt, quand le mari est mineur, interdit, absent, etc.

L'expérience a prouvé que le recours au mari n'est qu'une

---

(14) *Nouv. Répert.*, v.° *autorisation*, etc., sect. 4, § 4, pag. 439.— *Cod. civ.*, art. 1410.

(15) *Code civ.*, art. 1448.

vaine formalité; qu'il refuse toujours d'autoriser des actes auxquels il est désormais sans intérêt, parce qu'il ne peut plus les diriger à son gré. Est-il donc de la dignité des lois, d'exiger sans motifs, un circuit évidemment inutile? Seroit-il de leur sagesse de donner encore quelque confiance à celui qu'elles en ont elles-mêmes déclaré indigne? De leur justice, de forcer une malheureuse épouse de s'adresser encore au seul auteur de ses maux?

Cette vaine formalité étoit au moins sans conséquence avant que la loi eût admis le divorce. Mais qui ne sait que, depuis ce moment, elle a décidé une multitude des femmes à préférer le divorce à la séparation? On se rappellera long-temps parmi nous, ce divorce récent et si déplorable, dont les suites ont, dans moins de huit jours, entraîné dans la même tombe, toute une famille recommandable. Qui ignore que le choix de ce moyen, comme l'avoit dit plus d'une fois le père de l'épouse, n'eut pas d'autre motif?

S'il est vrai que dans le vœu de la nature et de la société, le divorce, ne doit être admis que comme un moyen extrême, comme une dernière ressource, la loi doit diriger vers la séparation, plutôt que vers le divorce: elle doit donc épargner à l'épouse la triste obligation de recourir encore à son oppresseur, pour obtenir ce qu'en dernier résultat, elle n'obtient jamais que de la justice.

Ces observations dont l'idée appartient à un de mes confrères, aussi recommandable par ses vertus que par ses talens, M. *Chansaud*, m'ont paru mériter une attention sérieuse. Le Gouvernement, s'il y a lieu, les pèsera dans sa sagesse.

Mais

Titre II. Section II.

Mais, en attendant, la règle est absolue: la femme, même séparée de corps et de biens, ne peut passer aucun acte, qu'elle ne soit autorisée par son mari; et ce n'est qu'en cas de refus de sa part, qu'elle peut s'adresser à la justice (16).

VI. Si le mari ne peut ou ne veut autoriser sa femme, elle peut l'être par justice, comme on l'expliquera dans la section IX, *des formes de l'autorisation* (17).

---

(16) *Locré*, sur les art. 308, etc., tom. 3, pag. 352. — *Jurispr. du cod.*, tom. 1, pag. 425.

(17) *Code civ.*, art. 219.

Section III.

Autorisation pour ester en jugement.

I. Sous les deux régimes, la femme, même non commune, ou séparée en biens, ou marchande publique, ne peut ester en jugement sans l'autorisation de son mari (1).

Les observations que l'on vient de présenter sur la femme séparée de corps et de biens, reçoivent encore ici leur application.

II. La procuration du mari ne suffiroit pas si elle n'est expresse (2).

III. Cette autorisation n'est pas moins nécessaire à la femme,

---

(1) *Code civ.*, art. 215. — *Nouv. Répert.*, v.° *autorisation*, etc., sect. 7, n.° 6, pag. 460. — *Pothier, puissance*, etc., n.° 55.

(2) *Sirey*, tom. 6, pag. 349. — *Nouv. Répert.*, loc. cit., sect. 6, § 1, pag. 442.

même mariée en pays de droit écrit avant le code, lors même que le procès eût été commencé auparavant (3).

IV. Elle est nécessaire à la femme qui plaide contre son mari, si ce n'est en divorce (4).

V. Le mari peut encore autoriser sa femme, quand l'instance a été introduite sans son autorisation (5).

VI. Les tribunaux peuvent ordonner d'office, qu'elle se fera autoriser (6).

VII. Au refus du mari, la justice peut l'autoriser elle-même, ainsi qu'il sera expliqué dans la section IX (7).

---

(3) Vid. *suprà*, sect. II, n.º 11, et les autorités ramenées sur la not. 13.

(4) *Jurispr. du cod.*, tom. 5, pag. 93; tom. 1, pag. 363, 367; tom. 2, pag. 355. — *Locré*, sur les art. 218, 219 du cod., tom. 2, pag. 367. — *Quest. transit.*, v.º *autorisation*, etc., § 1, tom. 1, pag. 20. — *Sirey*, tom. 4, part. 2, pag. 142, 166; tom. 7, part. 2, pag. 790. — *Nouv. Répert.*, v.º *autorisation*, etc., sect. 7, n.º 16, pag. 465.

(5) *Locré*, sur l'art. 223, tom. 2, pag. 363. — *Pothier, puissance*, etc., n.º 68, 74. — *Discussions du code* sur l'art. 217, tom. 1, pag. 309. — *Nouv. Répert.*, loc. cit., sect. 6, § 3, pag. 453, 470. — *Sirey*, tom. 13, pag. 8; tom. 4, part. 2, pag. 29. — *Jurispr. du cod.*, tom. 5, pag. 396; tom. 4, pag. 166.

(6) *Jurispr. du cod.*, tom. 2, pag. 129.

(7) *Cod. civ.*, art. 218.

Section IV.

Cas dans lesquels la femme ne peut être autorisée que par justice.

I. Les circonstances dans lesquelles la femme ne peut être

autorisée que par la justice, sont personnelles au mari, ou relatives à la nature de l'acte.

§ 1.

Circonstances personnelles au mari.

II. La femme ne peut être autorisée que par justice, quand le mari est mineur (1);

Interdit (2);

Condamné à une peine afflictive ou infamante (3);

Ou absent, soit que l'absence soit déclarée ou simplement présumée (4).

III. On a beaucoup agité la question de savoir, s'il en est de même dans les obligations qu'elle contracte envers lui, ou conjointement avec lui, dans son seul intérêt à lui.

Ceux qui regardoient l'autorisation comme une dépendance absolue du pouvoir marital, tenoient l'affirmative (5).

---

(1) *Cod. civ.*, art. 224, 2208. — *Locré*, sur l'art. 224. — *Nouv. Répert.*, v.° *autorisation*, etc., sect. 5, § 1, pag. 440. — *Pothier*, *puissance*, etc., n.° 29. — *Sirey*, tom. 12, part. 2, pag. 181.

(2) *Cod. civ.*, art. 222. — *Cod. de procéd.*, art. 864.

(3) *Cod. civ.*, art. 221. — *Locré*, eod., tom. 2, pag. 367. — *Nouv. Répert.*, loc. cit., sect. 7, n.° 3, pag. 456. — *Discussions du code*, tom. 3, pag. 33.

(4) *Cod. civ.*, art. 222. — *Cod. de procéd.*, art. 863. — *Discussions*, etc., sur l'art. 322, pag. 312. — *Sirey*, tom. 7, part. 2, pag. 790. — *Jurispr. du cod.*, tom. 7, pag. 260. — *Nouv. Répert.*, loc. cit., n.° 1, pag. 455.

(5) *Pothier*, loc. cit., n.° 42.

En général, on pensoit le contraire, d'après la règle *nemo auctor in rem suam* (6).

La Cour de cassation a déclaré l'autorisation de la justice, nécessaire, quand la femme s'oblige envers son mari seulement (7).

Elle a déclaré l'autorisation du mari suffisante, quand la femme s'est obligée avec lui, envers un tiers, quoique dans son intérêt à lui (8).

Les Cours de Gênes et de Colmar, ont adopté cette opinion (9).

La Cour d'Aix a jugé le contraire, le 28 thermidor an 12, dans l'affaire de la dame Boucanier (10).

Les motifs qui ont déterminé l'autorisation maritale, telle qu'elle existe aujourd'hui, devroient, ce semble, faire préférer la décision de la Cour d'Aix.

» Il répugne, disoit M. Portalis, sur l'art. 1595 du code,
» que l'on puisse être tout à la fois juge et partie. Quand on
» autorise, on est juge. On est partie, quand on traite. On
» peut, comme partie, chercher son bien propre et particulier.
» Comme autorisant, on ne doit travailler qu'au bien d'autrui. »

On ne conteste pas que sous le régime de la communauté, la femme ne puisse s'obliger pour son mari (11); que la femme

---

(6) *Jurispr. du cod.*, tom. 3, pag. 124; tom. 14, pag. 155, 164; tom. 17, pag. 417.

(7) *Sirey*, tom. 10, pag. 189.

(8) *Sirey*, tom. 13, pag. 143. — *Jurispr. du cod.*, tom. 16, pag. 236.

(9) *Idem*, tom. 12, part. 2, pag. 181; tom. 13, part. 2, pag. 224.— *Jurispr. du cod.*, tom. 17, pag. 417; tom. 20, pag. 176.

(10) *Jurispr. du cod.*, tom. 3, pag. 120, 124.

(11) *Code civ.*, art. 1431.

libre, ne le puisse aussi sous le régime dotal. Mais les principes, l'équité, la prudence, peuvent-ils permettre qu'elle le puisse sous sa seule autorisation ? Cette circonstance ne la place-t-elle pas sous son empire absolu ? Peut-on regarder le mari comme son protecteur, là où il n'agit que dans son seul intérêt ? Peut-on se dissimuler que dans ce cas, sa déférence n'est que l'effet d'un ascendant souvent irrésistible dont il lui est si facile d'abuser ? *Meritò*, disoit M. d'Argentré, *suspectus fuit consensus mulierum* (12).

Si l'autorisation du mari est insuffisante; là où la femme ne s'oblige qu'envers lui, comment pourroit-elle suffire, parce qu'elle s'oblige envers un tiers, quand c'est dans son intérêt à lui ? N'est-ce pas aussi envers le tiers qu'elle s'oblige, quand elle aliène son fonds dotal pour tirer son mari de prison, et cependant le code, on va le voir, a voulu qu'elle ne puisse y être autorisée que par justice ? Vainement diroit-on que dans cette hypothèse, il s'agit du fonds dotal, inaliénable de sa nature : 1.º il y s'agit aussi de l'obligation personnelle de la femme mariée sous le régime de la communauté (art. 1427); 2.º le principe est toujours le même, le danger de l'autorité maritale, quand elle agit dans son intérêt personnel ; et la règle une fois déterminée, le tiers ne seroit pas plus exposé à être trompé, qu'il ne pourroit dire avoir été trompé, s'il achetoit le fonds dotal sous la seule autorisation du mari.

Cette question, sur laquelle les deux systèmes sont déve-

---

(12) Sur l'art. 411, *Coutum. de Bretagne.* — *Louet*, litt. R, som. 29, n.º 9, 11. — *Pothier*, traité de la *communauté*, n.º 585. — *Nouv. Répert.*, v.º *remploi*, § 2.

loppés dans la jurisprudence du code (13), semble donc mériter un nouvel examen.

§ 2.

Nature de l'acte.

IV. On vient de le voir, la femme, sous le régime de la communauté, ne peut, sans être autorisée par justice, s'obliger, ni engager les biens de la communauté, soit pour tirer son mari de prison, soit pour l'établissement de ses enfans en l'absence de son mari (14).

V. La même autorisation lui est nécessaire sous le régime dotal, pour aliéner ses biens dotaux, là où la loi en a permis l'aliénation (15).

---

(13) Tom. 16, pag. 239; tom. 14, pag. 155; tom. 17, pag. 417.
(14) *Code civ.*, art. 1427.
(15) Art. 1558, 1559.

SECTION V.

Circonstances dans lesquelles l'autorisation n'est pas nécessaire.

§ 1.

Pour actes.

I. La femme séparée ou libre dans ses biens, n'a pas besoin d'autorisation pour tout ce qui tient à la simple administration (1).

---

(1) *Code civ.*, art. 1449, 1536, 1563, 1576. — *Locré* sur l'art. 217. — *Sirey*, tom. 10, part. 2, pag. 313; tom. 11, part. 2, pag. 369. — *Pothier*, *puissance*, etc., n.° 15. — *Discussions* sur l'art. 217. — *Nouv. Répert.*, v.° *autorisation*, etc., sect. 7, n.° 5.

Titre II. Section V.

II. Elle peut librement disposer de son mobilier et l'aliéner (2);

III. Recevoir le paiement d'une créance paraphernale, et consentir la radiation de l'hypothèque (3);

IV. S'obliger jusques à concurrence de son mobilier, sans toutefois que son obligation puisse avoir aucun effet sur ses immeubles (4).

V. Elle peut faire tous actes conservatoires, sauf d'obtenir ensuite l'autorisation (5);

VI. Tester (6);

VII. Révoquer une donation qu'elle auroit fait à son mari pendant le mariage (7);

VIII. Exercer les actes de petite administration dans le ménage, sur-tout en l'absence du mari et sans abus (8);

IX. Consentir tous actes en exécution d'un jugement, lors duquel elle avoit été autorisée (9).

X. La femme marchande publique, peut s'obliger sans autorisation pour le fait de son commerce (10).

---

(2) *Code civ.*, art. 1449, 1536. — *Locré*, loc. cit.

(3) *Sirey*, tom. 13, part. 2, pag. 359.

(4) *Jurispr. du cod.*, tom. 21, pag. 115. — *Sirey*, tom. 10, part. 2, pag. 313. — *Discussions*, etc., tom. 3, pag. 33.

(5) *Nouv. Répert.*, v.º autorisation, etc., sect. 8, pag. 468. — *Sirey*, tom. 6, pag. 17 ; tom. 8, pag 127.

(6) *Code civ.*, art. 226. — *Pothier, puissance*, etc., n.º 43.

(7) *Code civ.*, art. 1096.

(8) *Nouv. Répert.*, loc. cit., sect. 7. n.º 3, 7, pag. 455, 460.

(9) *Idem*, loc. cit.

(10) *Code civ.*, art. 220. — *Code de commerce*, art. 4, 5, — *Locré*, eod., pag. 357. — *Nouv. Répert.*, loc. cit., sect. 7, n.º 6, pag. 458. — *Pothier*, loc. cit., n.º 20. — *De Cormis*, tom. 2, col. 1309. — *Janety*, 1777, arr. 5, 29, pag. 44, 219.

Mais, comme on l'a dit sur l'art. 1.er, n.º III, ce commerce ne peut obliger ses biens dotaux.

XI. Il a été jugé plusieurs fois, que les actes passés sans autorisation, pendant l'émigration du mari, étoient valables, là où cette émigration emportoit la mort civile (11).

§ 2.

Pour ester en jugement.

XII. La femme poursuivie au criminel ou en police, n'a pas besoin d'être autorisée (12).

Mais elle doit l'être, si c'est elle qui poursuit (13).

XIII. L'autorisation ne lui est pas nécessaire pour les procédures conservatoires (14).

XIV. Celle qui est autorisée pour ester en jugement, l'est par cela même, pour se présenter à la conciliation.

Mais elle ne peut y transiger sans une nouvelle autorisation (15).

XV. La femme du débiteur exproprié, assignée dans l'ordre comme créancière, peut s'y présenter sans être autorisée, pourvu qu'il n'y soit prononcé contre elle aucune condamnation.

De-là

---

(11) *Nouv. Répert.*, loc. cit., sect. 7, n.º 3, pag. 456. — *Sirey*, tom. 5, pag. 301, 310, et part. 2, pag. 17. — *Jurispr. du cod.*, tom. 3, pag. 97.

(12) *Code civ.*, art. 216. — *Nouv. Répert.*, v.º *autorisation*, etc., sect. 7, n.º 18, pag. 467. — *Locré* sur l'art. 216, pag. 356.

(13) *Sirey*, tom. 8, pag. 528.

(14) Vid. *Suprà*, § 1, n.º IV.

(15) *Sirey*, tom. 8, pag. 310.

De-là il suit qu'elle doit l'être, soit qu'on lui conteste ses droits, ou qu'elle-même conteste les demandes de quelque créancier (16).

XVI. La femme séparée en biens peut-elle, sans être autorisée, plaider sur des intérêts mobiliers ? La Cour d'appel de Paris, a jugé l'affirmative le 8 février 1808; mais dans l'hypothèse, le procès avoit été commencé avant le code, et M. Pigeau pense que l'autorisation est nécessaire, d'après la disposition absolue de l'art. 215 auquel l'art. 1449 n'a pas dérogé (17).

---

(16) *Sirey*, tom. 4, part. 2, pag. 672.— *Jurispr. du cod.*, tom. 2, pag. 94; tom. 5, pag. 107.

(17) *Sirey*, tom. 7, part. 2, pag. 968. — *Pigeau*, tom. 1, pag. 83.

Section VI.

Nullité résultante du défaut d'autorisation.

I. L'acte consenti par une femme non autorisée est nul (1).

Il en est de même de tout jugement rendu contre elle (2).

II. Cette nullité est absolue à l'égard des deux époux, vu qu'elle est établie dans leur intérêt respectif (3).

---

(1) *Code civ.*, art. 217, 225. — *Locré* sur l'art. 225, pag. 372. — *Pothier, puissance*, etc, n.° 4, 5. — *Sirey*, tom. 8, pag. 213; tom. 10, part. 2, pag. 313. — *Nouv. Répert.*, v.° *autorisation*, etc., sect. 3, § 1, pag. 437.

(2) *Code civ.*, art. 215. — *Sirey*, tom. 8, pag. 213, 528; tom. 4, part. 2, pag. 142, 166. — *Jurispr. du cod.*, tom. 19, pag. 19.

(3) *Nouv. Répert.*, *Locré*, loc. cit. — *Code civ.*, art. 225. — *Sirey*, tom. 5, part. 2, pag. 567. — *Pothier*, loc. cit., n.° 1. — *Jurispr. du cod.*, tom. 1, pag. 353, 358; tom. 4, pag. 166.

III. Mais, par cela même qu'elle n'est que dans leur intérêt, elle ne peut être opposée que par eux-mêmes ou par leurs héritiers. Celui qui a traité avec la femme, ne peut se plaindre d'une négligence qui est son propre fait. Il ne sauroit, dit M. Locré, s'en faire un titre pour se délier de son obligation (4).

IV. On a jugé que la caution de la femme étoit recevable à opposer cette nullité, attendu la nullité absolue de l'obligation principale, quoique l'obligation naturelle de la femme continue de subsister (5).

V. En est-il de même de ses créanciers ? Le code civil (art. 1166, 1167) les admet en général à exercer les actions de leur débiteur, qui ne sont pas exclusivement attachés à sa personne, à attaquer les actes par lui faits en fraude de leurs droits. Mais l'art. 1167 les soumet à se conformer aux règles prescrites au titre *du contrat de mariage*. De-là, la Cour d'Angers a jugé, le 1.er août 1810, que l'article 225 ne parlant que du *mari* de la *femme* ou de leurs *héritiers*, les créanciers n'étoient pas recevables (6).

L'auteur du Nouveau Répertoire n'a pas partagé cette opinion. Il observe (v.º *autorisation maritale*, sect. 9), que la ratification de la femme n'auroit pas, comme on le verra dans la section suivante, d'effet rétroactif contre le créancier avec qui elle auroit traité dans l'intervalle, vu, dit-il, que là où elle ne fait pas valoir la nullité, il peut la proposer lui-même, conformément à l'art. 1166.

Cette opinion nous paroît plus conforme aux principes. Per-

---

(4) *Locré*, loc. cit.
(5) *Nouv. Répert.*, loc. cit., sect. 3, § 2.
(6) *Sirey*, tom. 14, part. 2, pag. 144.

sonne ne peut renoncer à un droit acquis, au préjudice de ses créanciers. On ne pense pas que la restriction apposée dans cet article 1166, puisse s'appliquer à l'hypothèse, ni que le droit accordé au mari ou à la femme, soit un droit purement personnel, par cela même qu'il l'accorde à leurs héritiers, bien moins favorables dans l'ordre des règles et de la justice, que les créanciers.

VI. La femme peut opposer le défaut d'autorisation, encore qu'elle ait assuré faussement être fille, veuve ou autorisée; c'est à celui avec qui elle traite à s'en assurer (7).

Il en seroit autrement, si l'on avoit un juste motif de croire le mari mort, ou la non existence du mariage, comme s'il avoit été tenu secret (8).

VII. La femme ne seroit pas écoutée si l'acte, quoique non autorisé, a tourné à son avantage (9).

---

(7) *Sirey*, tom. 7, part. 2, pag. 790, 791; tom. 5, part. 2, pag. 108. — *Nouv. Répert.*, loc. cit., sect. 7, n.º 19, pag. 467.

(8) *Pothier, puissance*, etc., n.º 28.—*Nouv. Répert.*, loc. cit., n.º 4, pag. 458.—*Jurispr. du code*, tom. 12, pag. 23.—*Sirey*, tom. 9, pag. 43.

(9) *Pothier, puissance*, etc., n.º 50. — *Nouv. Répert.*, loc. cit., sect. 7, n.º 8, pag. 462; n.º 7, pag. 460, etc.

SECTION VII.

Ratification.

I. La femme devenue libre, peut ratifier l'acte non autorisé (1).
II. Cette ratification a un effet rétroactif (2).

---

(1) *Pothier*, loc. cit., n.º 4, 5, 68, 74. — *Nouv. Répert.*, v.º *autorisation*, etc., sect. 9, pag. 470; sect. 6, § 3, pag. 453.

(2) Les mêmes. — *Locré*, sur les art. 223, 225.—*Sirey*, tom. 4, part. 2, pag. 29.

Hors en donation (3);

Ou au préjudice du tiers avec qui la femme, comme on l'a vu, sect. 6, n.º 4, auroit traité dans l'intervalle ; soit parce qu'alors elle seroit présumée avoir révoqué l'acte non autorisé; ou soit, parce que le tiers, comme son créancier, seroit recevable à exercer ses droits.

III. L'exécution volontaire dans un temps libre, vaut ratification (4).

IV. Le mari peut aussi ratifier expressément ou tacitement (5); mais néanmoins cette ratification, dans son seul intérêt, ne couvriroit pas le droit acquis à la femme par le défaut d'autorisation (6).

V. Celui qui s'est porté fort pour sa femme, est censé l'avoir autorisée à ratifier (7).

---

(3) *Code civ.*, art. 1339. — *Nouv. Répert.*, loc. cit., § 9, pag. 470.
(4) *Code civ.*, art. 1338.
(5) *Locré*, loc. cit.
(6) *Nouv. Répert.*, loc. cit., sect. 6, § 3, pag. 455.
(7) *Sirey*, tom. 4, part. 2, pag. 393.

Section VIII.

Effets de l'autorisation.

I. Les effets de l'autorisation peuvent être considérés sous deux rapports :

Relativement à la femme;
Relativement au mari.

§ 1.

Relativement à la femme.

II. La femme autorisée est capable de l'acte pour lequel

elle l'a été, comme elle en eût été capable, si elle n'étoit pas mariée.

III. Mais l'autorisation ne donne pas d'autre effet à cet acte, que celui qu'il eût eu si elle n'avoit pas été engagée dans les liens du mariage. Ainsi, la femme mineure, quoique autorisée, peut encore réclamer contre une aliénation faite sans observer les formes légales.

Mais, alors, la nullité n'étant plus que dans son intérêt, elle seule pourroit attaquer l'aliénation (1).

§ 2.

Relativement au mari.

IV. Le mari qui autorise sa femme ne s'oblige pas par là envers le tiers. Tel est le principe général attesté par M. Tronchet (2).

V. Néanmoins, sous le régime de la communauté, son autorisation oblige les biens de la communauté envers le tiers qui a traité avec la femme (3).

VI. Il en est de même de la dette contractée par la femme en vertu de la procuration du mari (4).

VII. De l'acceptation qu'elle a faite sous son autorisation d'une succession tout à la fois mobiliaire et immobiliaire, s'il n'a fait inventaire, sauf son indemnité (5);

Ou d'une donation (6).

---

(1) *Pothier, puissance*, etc., n.° 76, 77.
(2) *Locré*, sur l'art. 219, pag. 366.
(3) *Code civ.*, art. 1419, 1420, 1426. — *Pothier*, loc. cit., n.° 13, 78.
(4) *Code civ.*, art. 1420.
(5) *Idem*, art. 1413, 1414.
(6) Art. 1418.

VIII. Mais l'autorisation du mari l'oblige-t-elle envers sa femme ?

Cette question peut être agitée dans deux hypothèses :

Autorisation pour actes ;

Autorisation pour ester en jugement.

Art. 1. *Pour actes.*

Ici, il faut distinguer le régime en communauté, du régime dotal.

IX. Sous le *régime en communauté*, la femme obligée solidairement avec le mari, dans l'intérêt du mari ou de la communauté, est réputée n'être que sa caution et doit être indemnisée (7).

X. Le mari est garant du défaut d'emploi du prix de l'immeuble de la femme *séparée*, vendu sous son autorisation.

Il ne l'est pas, si à son refus, la femme a été autorisée par justice, à moins qu'il n'ait concouru à l'acte, ou qu'il ait reçu le prix, ou qu'il en ait profité.

Il n'est pas garant de l'utilité de l'emploi (8).

XI. Cette règle établie par le code, dans l'hypothèse de la femme séparée de biens par autorité de justice, est-elle applicable à la séparation stipulée par le contrat de mariage ?

La question avoit été agitée avant le code ; elle n'a pas été résolue par cette loi ; elle est néanmoins importante en elle-même ; elle l'est non moins encore pour nous, par l'application qu'on peut en faire sous le régime dotal, à l'aliénation des biens paraphernaux.

---

(7) *Code civ.*, art. 1431.

(8) *Idem*, art. 1450.

Titre II. Section VIII.

La justice ne sauroit permettre que le mari s'approprie le bien de son épouse. Sous l'un et l'autre régime, il seroit tenu de lui rendre ce dont il se seroit emparé.

Le droit coutumier présumoit ce fait, par cela seul qu'en vendant un propre de sa femme, il n'avoit pas fait emploi du prix (9).

Le code civil a adopté le principe (10).

On avoit mis en doute s'il en étoit de même quand la femme avoit obtenu en justice la séparation des biens.

Les uns pensoient que cette séparation, opérant la dissolution de la communauté, il n'étoit plus à craindre que le mari eût avantagé la communauté en y versant le prix du bien vendu.

Les autres répondoient qu'il devoit être présumé en avoir profité personnellement. Rejeter la présomption dans ce cas, ce seroit, disoient-ils, lui fournir un moyen indirect d'obtenir ce qu'il n'eût pu espérer avant la séparation ; que dans l'un comme dans l'autre hypothèse, par cela même qu'il autorisoit la vente, il s'engageoit à surveiller l'emploi du prix ; que la séparation ne lui faisoit pas perdre un ascendant souvent irrésistible, et d'autant plus dangereux dans cette hypothèse, qu'il pourroit en abuser impunément.

La jurisprudence avoit décidé le doute en faveur de la femme séparée, à moins qu'il n'apparût, par les circonstances, que le mari ne pouvoit être suspecté d'avoir profité du prix (11).

---

(9) *Cochin*, tom. 5, caus. 123, pag. 99. — *Nouv. Répert.*, v.º *remploi*, § 2.

(10) Art. 1470, 1493.

(11) *Journ. du palais*, tom. 1, pag. 777. — *Nouv. Répert.*, v.º *autorisation*, etc. — *Idem*, v.º *remploi*, § 2, n.º 3, pag. 15. — *Denisart*, v.º *remploi*, n.º 40. — *Pothier*, de la *communauté*, n.º 605.

Le code, on l'a vu, a adopté cette décision par l'art. 1450. Le mari est garant du défaut d'emploi des prix des biens de la femme séparée par justice, tout comme les art. 1470 et 1493 le déclarent responsable du défaut d'emploi du prix des propres de la femme.

Mais, étoit-il aussi garant, dans l'hypothèse de la séparation de biens stipulée par le contrat de mariage ?

Le motif étoit le même ; car la femme ne pouvoit pas plus vendre ses biens libres sans autorisation, que ceux qui avoient fait partie de sa dot. Dans l'une et l'autre hypothèse, la garantie devoit donc être le résultat de l'autorisation.

Quelques auteurs avoient néanmoins pensé que le mari n'y étoit pas soumis dans l'hypothèse de la séparation contractuelle (12).

Mais, Denisart rapporte divers arrêts qui l'y avoient également soumis (13).

Le code, on l'a dit, n'a pas disposé sur ce point. Mais on voit dans la discussion sur l'art. 218, que M. Tronchet posoit comme un principe général, que le mari, par son autorisation, *contracte envers sa femme l'obligation de surveiller l'emploi* (14).

C'est ce qu'a décidé la Cour de Besançon, par son arrêt du 17 février 1811, dont on va bientôt rendre compte.

C'est ce qui se résume de l'observation de M. Pothier, sur la garantie, dans l'hypothèse de la femme séparée, où, après avoir

---

(12) *Journal du palais*, loc. cit., pag. 778, col. 1.
(13) *Denisart*, loc. cit.
(14) *Locré* sur l'art. 219, pag. 366. — *Discussions*, etc, eod., pag. 311.

avoir relevé les dangers qui résulteroient de la règle contraire, il ajoute : « il n'y a pas d'autre moyen de remédier à cet in-
» convénient, que celui d'obliger le mari à faire l'emploi dont
» on vient de parler. On ne fait en cela aucun grief au mari,
» *au pouvoir duquel il est, de ne pas autoriser sa femme*
» *à vendre ses héritages ; ou lorsqu'il l'y autorise, de tenir*
» *arrêté chez le notaire, le prix, jusques à ce qu'on ait*
» *trouvé à en faire emploi. Lorsque les deniers ne se trou-*
» *vent plus, sans qu'il en ait été fait emploi, le mari est*
» *légitimement suspect de se l'être approprié* (15). »

On trouve un arrêt contraire de la Cour de Paris, du 2 messidor an 11, dans l'hypothèse de la séparation contractuelle ; mais il étoit prouvé en fait, que le mari n'avoit touché aucune partie du prix (16).

Ces observations, combinées avec les principes actuels, sur les motifs de l'autorisation maritale, généralisent, à notre avis, la règle, et la rendent également applicable aux deux hypothèses de la séparation contractuelle et de la séparation judiciaire.

XII. Sous le *régime dotal*, les biens dotaux sont inaliénables.

Là où la loi en a permis l'aliénation, l'excédant du prix au-dessus des besoins qui l'ont déterminée, demeure *dotal*, et elle veut qu'il en soit fait emploi (17).

Le mari est donc garant de cet emploi, puisque lui seul a les actions de la dot (18).

---

(15) *De la communauté*, n.º 605.
(16) *Sirey*, tom. 7, part. 2, pag. 1171.
(17) *Code civ.*, art. 1558.
(18) Art. 1549. — *Nouv. Répert.*, v.º *remploi*, § 2, n.º 8, pag. 18.

Il en seroit de même sous ce régime, là où la femme séparée pourroit aliéner sous son autorisation, puisque sous le régime communal, l'art. 1450 l'y soumet dans la même hypothèse.

Là, encore, où elle recevroit le remboursement d'un capital dotal, puisque, comme on l'a vu, elle ne pourroit le recevoir que sous son autorisation (19).

XIII. Quant aux biens paraphernaux, la femme, avant le code, pouvoit les vendre sans autorisation ; le mari qui ne pouvoit l'en empêcher, qui n'avoit pas le droit de surveiller ni la vente, ni l'emploi du prix, ne devoit donc aucune garantie, s'il n'étoit prouvé qu'il avoit profité du prix. La présomption légale ne militoit pas alors contre lui.

Mais depuis que le code a exigé l'autorisation, cette présomption pourroit-elle être méconnue, l'autorisation ne seroit-elle donc qu'une formalité inutile et sans objet?

C'est ce qu'observoit la Cour de Besançon, par son arrêt précité, intervenu dans l'hypothèse de la vente d'un bien paraphernal. *La responsabilité du mari*, disoit-elle, *est la suite de son autorisation* ; et le code ayant exigé cette autorisation pour la vente des biens paraphernaux, comme il l'exige pour la vente dans l'hypothèse de la séparation judiciaire, *ce seroit une formalité illusoire, si elle n'entraînoit pas dans un cas la responsabilité qu'elle entraîne dans l'autre* (20).

Louet rappelle un ancien arrêt du Parlement de Paris, qui

---

(19) Vid. *suprà*, sect. 2, n.° 1, not. 9.
(20) *Sirey*, tom. 11, part. 2, pag. 356. — *Jurispr. du cod.*, tom. 19, pag. 131.

l'avoit ainsi décidé dans la même hypothèse de la vente d'un bien paraphernal (21).

XIV. On conçoit que cette question excitera encore de vifs débats.

Ceux qui contestent la garantie diront qu'on ne peut étendre cette disposition de rigueur, hors des cas dans lesquels le code l'a expressément établie ;

Que sous le régime communal, les art. 1433, 1470 et 1493, y ont soumis le mari dans le cas de la vente d'un immeuble de la femme, soit qu'elle partage la communauté, soit qu'elle y renonce, comme l'art. 1450 l'y a soumis dans l'hypothèse de la femme séparée de biens par justice, que le code n'en parle plus, dans le cas de la séparation contractuelle sous ce régime ;

Qu'il ne parle pas du remploi sous le régime dotal ;

Que dès-lors, la garantie n'est due ni sous le régime en communauté, dans l'hypothèse de la séparation contractuelle, ni sous le régime dotal, pour l'aliénation des biens paraphernaux.

Les autres répondront, que sous les deux régimes, toute aliénation des biens de la femme est aujourd'hui subordonnée à l'autorisation du mari ;

Que, quels que fussent avant le code et d'après les dispositions des diverses coutumes, les motifs et les effets de cette autorisation, on ne sauroit disconvenir que dans les principes du code, elle n'est plus le simple résultat de la puissance du mari ; mais qu'à ce motif de déférence, se joignent encore *la protection* qu'il doit à sa femme; et dès-lors, la surveillance de

---

(21) *Louet*, litt. R, som. 29, n.° 16, pag. 398, col. 2.

ses intérêts, ainsi que des siens propres, comme étant tous également placés dans ses mains;

Que dans ces circonstances, sa négligence sur l'emploi du prix des biens aliénés, est non-seulement par elle-même une faute inexcusable, mais que de cette faute naît la présomption légitime d'un abus qui ne seroit pas moins à craindre dans cette hypothèse, que la loi ne l'a craint dans l'hypothèse de la séparation judiciaire.

Ils diront, avec MM. Pothier et Tronchet, que la garantie est le résultat naturel et inévitable de l'autorisation; que le mari pourroit d'autant moins s'y soustraire, qu'il étoit libre de ne pas autoriser sa femme, ou en l'autorisant, de faire séquestrer les deniers jusques à l'emploi;

Que l'ancienne jurisprudence soumettoit, on l'a vu, le mari à cette garantie, sous le régime communal, dans l'hypothèse de la séparation contractuelle;

Qu'il seroit impossible d'assigner, sous ce rapport, une différence raisonnable, entre les trois hypothèses de la séparation contractuelle ou judiciaire, sous le régime communal, et de celle qui existe sous le régime dotal, pour les biens paraphernaux; que dès-lors le silence du code sur l'hypothèse de la séparation contractuelle et de la vente des biens paraphernaux, n'a rien dont on puisse se prévaloir, parce que le principe général est posé par l'art. 1450, dans l'hypothèse de la séparation judiciaire, et qu'il n'est dans ce cas comme dans les autres, que le résultat naturel de l'autorisation dans ses motifs.

Il est à regretter que le code ait laissé subsister ce doute sur une question aussi importante et qui peut se présenter tous les jours.

Il seroit difficile, ce semble, de contester que si la garantie est due sous le régime communal, dans l'hypothèse de la séparation contractuelle, elle ne le soit pas aussi sous le régime dotal, pour l'aliénation des biens paraphernaux. On ne voit pas quelle différence il seroit possible d'assigner entre ces deux hypothèses.

Or, l'ancienne jurisprudence y soumettoit le mari dans la première. Le code l'y soumet dans le cas de la vente des biens personnels de la femme. M. Tronchet ne fut point contredit dans le Conseil d'État, lorsqu'il y proclamoit comme une règle générale, que le mari par son autorisation, *contracte envers sa femme, l'obligation de surveiller l'emploi.*

Nous ne prétendons pas décider la question; mais cette dernière opinion nous paroît préférable, en ce qu'elle met la loi en harmonie avec elle-même, qu'elle garantit les femmes d'une perte dont il leur seroit souvent impossible de se défendre, et qu'elle n'impose au mari qu'une obligation sans danger pour lui, soit parce qu'il peut laisser autoriser sa femme par justice, soit parce que s'il est garant du défaut d'emploi, il ne l'est pas de l'utilité de l'emploi.

XV. Sous le régime dotal, la femme qui donne ses biens dotaux aux enfans qu'elle avoit eus d'un mariage antérieur, est tenue d'en réserver les fruits au mari, lorsqu'au refus de ce dernier, elle y a été autorisée par justice. Mais le mari perd ces fruits, s'il l'y a autorisée lui-même (22).

N.º 2.

Effets de l'autorisation du mari pour ester en jugement.

XVI. Sous les deux régimes, le mari qui autorise sa femme

---

(22) *Code civ.*, art. 1555.

à plaider sur les biens dont elle a conservé l'administration, n'est pas garant des dépens (23).

XVII. Sous le régime dotal, la femme n'est jamais au cas de plaider contre des tiers pour ses biens dotaux, dont les actions appartiennent exclusivement au mari. Mais à la dissolution du mariage, le mari est remboursé des dépens qu'il a dû payer, si le procès a été intenté utilement (24).

XVIII. Sous le régime communal, le mari qui a autorisé sa femme sur les biens dont il a seul l'administration, est tenu des dépens, lors même que sur son silence ou sur son refus non motivé, la femme auroit été autorisée par justice (25).

---

(23) *Sirey*, tom. 1, pag. 170; tom. 5, part. 2, pag. 135. — *Nouv. Répert.*, v.° *autorisation*, etc., sect. 8, pag. 469. — *Prat. franç.*, tom. 1, pag. 401; tom. 4, pag. 250.—*Jurispr. du cod.*, tom. 4, pag. 249.— *Pigeau*, tom. 1, pag. 518.

(24) *Despeisses*, tom. 1, *de la dot*, sect. 3, n.° 75, 76, pag. 134. — *Boniface*, tom. 1, pag. 424; tom. 4, pag. 370. — *Dupérier*, tom. 3, pag. 134.

(25) *Sirey*, tom. 7, part. 2, pag. 894. — *Nouv. Répert.*, v.° *autorisation*, etc., sect. 8, pag. 469. — *Jurispr. du cod.*, tom. 7, pag. 31.

Section IX.

Formes de l'autorisation.

§ 1.

Pour contracter.

I. On exigeoit autrefois que l'autorisation fût expresse. Le code exige seulement *le concours du mari dans l'acte ou son consentement par écrit* (1).

La femme est donc valablement autorisée pour les actes qu'elle passe conjointement avec son mari (2).

II. On ne regarde pas comme acte conjoint, le cautionnement de la femme au bas d'une lettre-de-change tirée par son mari, s'il est donné postérieurement à la signature de la lettre (3).

Au contraire, celle sur qui le mari a tiré une lettre-de-change, est par cela même autorisée à l'accepter (4).

III. Une procuration expresse du mari, opère le même effet (5).

IV. L'autorisation peut précéder l'acte (6).

Si elle n'est intervenue qu'après l'acte, elle vaut ratification de la part du mari (7).

V. Si le mari refuse d'autoriser sa femme, elle peut le faire citer devant le tribunal civil du domicile commun, lequel statue;

---

(1) *Pothier, puissance*, etc, n.º 68. — *Code civ.*, art. 217. — *Locré* sur l'art. 223. — *Nouv. Répert.*, v.º *autorisation*, etc., sect. 6, § 1, pag. 642. — *Sirey*, tom. 4, part. 2, pag. 137; tom. 10, part. 2, pag. 268; tom. 11, part. 2, pag. 231. — *Jurispr. du cod.*, tom. 11, pag. 55.

(2) *Jurispr. du cod.*, tom. 2, pag. 23.

(3) *Sirey*, tom. 14, part. 2, pag. 99.

(4) *Idem*, loc. cit., pag. 399.

(5) *Pothier, puissance*, etc., n.º 49.

(6) *Locré* sur les art. 223, 225, pag. 363, 373. — *Pothier*, loc. cit., n.º 68, 74. — *Discussions* sur l'art. 217, pag. 309. — *Nouv. Répert.*, v.º *autorisation*, etc., § 3, pag. 453. — Vid. *Sirey*, tom. 4, part. 2, pag. 29.

(7) Vid. *suprà*, sect. 7. — *Locré* sur l'art. 223, pag. 363.

le mari entendu, ou appellé dans la chambre du conseil (8).

La citation doit être précédée d'une sommation au mari qui constate son refus (9).

VI. Là où le mari est mineur, interdit, absent, ou autrement incapable, la femme s'adresse directement au tribunal qui prononce, sur le vu des pièces justificatives, de l'incapacité (10).

Quand l'absence du mari n'est que présumée, il suffit d'en rapporter un acte de notoriété (11).

VII. Le ministère public doit toujours être ouï (12).

§ 2.

Formes de l'autorisation pour ester en jugement.

VIII. La femme est censée autorisée, quand son mari plaide conjointement avec elle (13).

IX.

---

(8) *Code civ.*, art. 219. — *Nouv. Répert.*, loc. cit., sect. 8, pag. 468. — *Pigeau*, tom. 2, pag. 354. — *Sirey*, tom. 6, part. 2, pag. 865; tom. 11, part. 2, pag. 206, 468. — *Jurispr. du cod.*, tom. 1, pag. 344, 350; tom. 14, pag. 289. — *Motifs du code de procédure*, part. 2, liv. 1, tit. 7.

(9) *Code de procéd.*, art. 862, 863. — *Pigeau*, loc. cit.

(10) *Code de procéd.*, art. 864. — *Code civ.*, art. 221, 222, 224. — *Nouv. Répert.*, *Pigeau*, loc. cit., not. 8.

(11) *Pigeau*, tom. 2, pag. 364; tom. 1, pag. 86.

(12) *Idem*, loc. cit. — *Code de procéd.*, art. 862, 863.

(13) *Pothier, puissance*, etc., n.º 75. — *Sirey*, tom. 8, pag. 526; tom. 7, part. 2, pag. 790; tom. 11, part. 2, pag. 185, 190, 485. — *Nouv. Répert.*, loc. cit., sect. 6, § 1, pag. 442. — *Jurispr. du cod.*, tom. 11, pag. 55; tom. 17, pag. 245.

IX. Une procuration ancienne ne suffiroit pas (14).

X. Le mari peut l'autoriser dans le cours de l'instance, introduite sans son autorisation (15).

XI. On a vu qu'au refus du mari, la femme peut être autorisée par justice (16).

A cet effet, après avoir fait constér de son refus par une sommation, elle s'adresse au président du tribunal qui lui permet de faire citer son mari à la chambre du conseil (17).

Si le mari est absent ou incapable, on procède comme on l'a expliqué ci-dessus, § 1, n.° VI.

XII. Le tribunal compétent est celui du domicile commun, là où la femme est demanderesse (18).

Mais, si elle est défenderesse, elle peut être autorisée par le tribunal saisi de la contestation, même par un tribunal de commerce, comme l'a jugé la Cour de cassation, le 17 août 1813. La Cour de Colmar et celle de Bruxelles, l'avoient décidé de même en 1810 et 1811 (19).

XIII. L'autorisation du tribunal peut être implicite; ainsi, la permission donnée à la femme de faire assembler le conseil

---

(14) *Nouv. Répert.*, loc. cit. — *Sirey*, tom. 6, pag. 349.

(15) *Locré*, sur les art. 223, 225, pag. 363, 373. — *Pothier*, loc. cit. n.° 68, 74. — *Discussions* sur l'art. 217, pag. 309. — *Nouv. Répert.*, loc. cit., § 3, pag. 463. — *Sirey*, tom. 4, part. 2, pag. 29.

(16) *Code civ.*, art. 218. — *Code de procéd.*, art. 861.

(17) *Code de procéd.* eod.

(18) *Code civ.*, art. 219. — *Code de procéd.*, art. 861. — *Nouv. Répert.* v.° *autorisation*, etc., sect. 8, pag. 470.

(19) *Sirey*, tom. 13, pag. 444; tom. 11, part. 2, pag. 206; tom. 12, part. 2, pag. 264.

de famille pour provoquer l'interdiction de son mari, équivaut à l'autorisation (20).

XIV. On a déjà observé (sect. 3, n.º VI), que les tribunaux peuvent ordonner d'office, que la femme demanderesse, non autorisée, rapportera l'autorisation.

XV. Là où elle est défenderesse, le demandeur doit, avant de la faire assigner, sommer le mari de l'autoriser. A défaut, il doit la faire autoriser par justice.

Il peut aussi, en la faisant assigner, notifier la citation au mari, et l'assigner lui-même aux fins qu'il ait à l'autoriser ; à défaut, la justice l'autorise (21).

---

(20) *Jurispr. du cod.*, tom. 4, pag. 255. — *Sirey*, tom. 5, part. 2, pag. 113; tom. 6, part. 2, pag. 182.

(21) *Sirey*, tom. 12, pag. 317. — *Motifs du code de procédure.* — *Sirey*, tom. 6, part. 2, col. 865.

SECTION X.

Autorisation générale.

I. Toute autorisation générale, fût-elle même stipulée par le contrat de mariage, n'est valable que pour l'administration (1).

La femme doit donc rapporter une autorisation spéciale pour chaque acte, chaque procès (2).

---

(1) *Code civ.*, art. 223. — *Locré*, sur ledit article, pag. 360.
(2) *Locré*, loc. cit. — *Pothier*, *puissance*, etc., n.º 67. — *Nouv. Répert.*, v.º *autorisation*, sect. 6, § 2, pag. 447. — *Sirey*, tom. 7, part. 2, pag. 128; tom. 5, part. 2, pag. 81. — *Jurispr. du cod.*, tom. 3, pag. 449.

II. L'autorisation générale ne lui suffiroit pas pour souscrire, ou pour endosser un billet à ordre (3);

III. Pour s'obliger à l'effet de tirer son mari de prison (4);

IV. Ni enfin, pour acquérir pour elle, ou pour son mari (5).

---

(3) *Sirey*, tom. 10, part. 2, pag. 531; tom. 5, part. 2, pag. 81.
(4) *Code civ.* art. 1427, 1558, 223. — *Pothier*, loc. cit., n.° 35. — *Nouv. Répert.*, loc. cit., sect. 7, n.° 11, 12, pag. 463.
(5) *Sirey*, tom. 5, part. 2, pag. 667.

F I N.

CORRECTIONS ET ADDITIONS.

Page 2, n.º vi, ligne 16, à la place de ces mots : *distance du fonds voisin*, etc., lisez, *distance que les voisins doivent observer pour le placement de leurs ruches.*

Pag. 4, not. 13, ajoutez : *arrêté* du Gouvernement, du 16 thermidor an 8, art. 52, dans le bulletin des lois, de l'an 8, n.º 38, pag. 11.

Pag. 12, ligne 5, à la note 10, ajoutez : *Nouv. Répert.*, v.º *moulins*, § 5.

On a dit, pag. 111, n.º 16, et pag. 143, n.º 57, que les parties sont recevables à alléguer la simulation là où il y a dol ; que dans ce cas, elles sont admises à prouver le dol par témoins.

Mais quelle doit être la nature de ce dol ? C'est ce qu'il est nécessaire d'expliquer.

On distingue le dol réel, *reipsâ*, et le dol personnel.

Le premier est un fait matériel, la lésion : il se prouve par une expertise et non par témoins.

Le second est le résultat d'un fait personnel : *machinatio, fallacia, calliditas ad decipiendum alterum adhibita.* Leg. 1, § 2, ff. de dol. mal.

Le dol *reipsâ*, est étranger à la simulation, dont quelquefois néanmoins, il peut fournir un indice.

Quant au dol personnel, il faut, 1.º qu'il ait été la cause unique de l'acte. (Code civil, art. 1116.)

2.º Qu'il soit qualifié, c'est-à-dire, qu'il dégénère en véritable délit.

Corrections et Additions.

C'est ce qu'établit la Cour de cassation, par son arrêt du 13 fructidor an 12, rapporté au journal de *Sirey*, tom. 4, part. 2, pag. 717, et dans la jurisprudence du code, tom. 2, pag. 241. « Considérant, y est-il dit, qu'aux termes de l'art.
» 1341 du code civil, la preuve testimoniale ne peut être ad-
» mise contre un acte par écrit, à moins qu'il ne soit attaqué
» pour dol qualifié, et par des faits constituant un véritable
» délit soumis à la vindicte publique. »

Il s'agissoit dans cette hypothèse, d'une action en simulation intentée par un héritier, contre une vente faite par son auteur, qu'il disoit n'avoir par reçu le prix dont l'acte énonçoit la numération. La Cour cassa l'arrêt du Tribunal criminel de la Seine, qui avoit annullé l'acte comme simulé.

La Cour de Toulouse a sanctionné le même principe par son arrêt du 24 juillet 1810. (*Sirey*, tom. 4, pag. 322; tom. 11, part. 2, pag. 105.)

La preuve par témoins n'est donc pas admissible, quand le dol n'est pas le résultat de manœuvres illicites, pratiquées à l'insu de celui qui l'allègue; car, comme dit la loi 145, ff. *de regul. jur. nemo videtur fraudare eos qui sciunt et consentiunt.*

Pag. 112, pénultième ligne des notes, au lieu de *quod. metus causâ*, lisez; *quod metus causa.*

Pag. 123, n.° 33. Les auteurs sont généralement d'accord sur ce point, que le tireur ou l'endosseur d'une lettre-de-change, *valeur reçue*, et sur-tout, *valeur reçue comptant*, sont non recevables à opposer au preneur qu'ils n'ont pas reçu cette valeur, s'ils ne se présentent avec une preuve écrite, ou du moins, avec un commencement de preuve par écrit (1). C'est ce que la Cour d'appel d'Aix a jugé, le 2 février 1811, pour les sieurs Loubon et Comp., contre François Vaquier; plaidans MM. Manuel et Jules Laget.

Pag. 132, § 6. Depuis l'impression de cette partie de l'ouvrage, il a paru dans le journal de *Sirey*, tom. 14, pag. 161, un arrêt de la Cour de cassation, du 18 janvier 1814, confirmatif d'un arrêt qui avoit annullé une vente passée à des juifs, comme un contrat pignoratif dissimulé.

La qualité des acheteurs fit présumer l'usure.

C'est en quoi cet arrêt diffère de celui que la même Cour avoit rendu le 22 mars 1810, dans la cause des frères Rey, rapporté dans les *Questions de droit*, v.° *pignoratif*, au supplément.

Le soupçon d'usure n'entroit pour rien dans l'hypothèse de ce dernier arrêt. Mais la Cour, ainsi qu'il résulte des motifs et encore plus des conclusions du Ministère public, se décida, d'après la loi du 16 septembre 1807, depuis laquelle elle a cru ne pouvoir plus casser pour fausse interprétation du contrat.

De-là, nous avons eu raison de dire, que si dans les principes actuels, on ne peut plus regarder comme contrat pignoratif et prêt déguisé, l'acte de vente, sous prétexte de la ré-

---

(1) *Pothier, du contrat de change*, n.° 34. — *Dupuy de la Serra*, en son traité *des lettres-de-change*, chap. 5, n.° 22. — *Nouv. Répert.*, v.° *lettres-de-change*, § 4, n.° 5, pag. 422. — *Casaregis*, disc. 48, n.° 7, pag. 154. — *Ansaldus*, disc. 25, n.° 36, 37. — *Toubeau*, inst. au droit consulaire, tom. 2, pag. 210. — *Boucher*, inst. commerc., n.° 1008, pag. 199. — *Rogue*, tom. 2, pag. 408, n.° 8. — *Pardessus, des lettres-de-change*, n.° 504.

serve de rachat, de la rélocation, et même de la vilité du prix, l'ancienne règle subsiste encore, quand la qualité des parties, ou d'autres circonstances déterminantes, indiquent l'usure.

Pag. 168, à la fin du § IV, ajoutez le n.º (5), et au dernier mot de la note 5, au lieu de *cit.*, lisez *eod.*

TABLE

TABLE
ALPHABÉTIQUE ET ANALYTIQUE.

ABEILLES. Comment on en acquiert la propriété. *Page* 1
Comment on la conserve. 2
Distance des ruches du voisin. Ibid. et 269
Sont immeubles par destination. 3
Peut-on en tenir un nombre illimité ? Ibid.
Lieux où on ne peut les placer. 4
Manœuvres illicites pour les faire fuir ou périr. Ibid.
Saisie des ruches. Ibid. et 269
ACTION POSSESSOIRE. V. *Chemins*.
AIRE. Vid. *Arbres*.
APPUYAGE. Droit d'appuyage. Vid. *Carq*.
ARBRES. Distance du fonds voisin. 5
Haies vives. 7
Distance, prescription. 8
Distance des arbres dans les jardins des villes. 9
Racines, ombre. 10
Arbres limitrophes. 12, 13
Fruits de l'arbre mitoyen, ou dont les branches penchent sur le fonds voisin. 14

AUTORISATION de la femme mariée. Vid. *Obligations*.

CARQ. Droit de carq ou d'appuyage. 50
CHEMINS. 23
Chemins publics. 24
——— vicinaux ou de communes. 24
CHEMINS privés. 25
——— voisinaux ou de quartier. Ibid.
Chemins privés, droit de passage. 28
Moyens de les acquérir. Ibid.
Forcés par la situation des lieux. 30
Étendue du droit de passage. 33
Emplacement. 34
Largeur. 35
Réparations. 37
Perte du droit. 38
Action qui dérive du droit de passage. Ibid.
Action possessoire ou en complainte. Ibid.
Chemins, compétence. 41
CIRE. Vid. *Abeilles*.

COMPLAINTE. Vid. *Chemins, action possessoire.*

DESTINATION DU PÈRE DE FAMILLE. 64
Son influence sur les diverses espèces de servitudes. 70
Doit-elle être prouvée par écrit ? 68
Inconnue jadis en Provence. 64, 68, 69
Distinction à faire sur la destination du père de famille, établie par l'art. 693 du code civil, et la disposition de l'art. 694. 65
DOMMAGES AUX CHAMPS. 86
Plainte ou *dénonce*, droit ancien et actuel. Ibid.

ÉMULATION. Entreprise, ou plainte sans intérêt et par émulation. 76

FEMME MARIÉE. Obligations. Vid. *Obligations.*
FENÊTRES. VUES. 61
Sur le mur mitoyen. Ibid.
Sur le mur non mitoyen. Ibid.
Ce droit s'acquiert par prescription. 62
Le voisin peut-il les boucher en bâtissant ? 63, 70
Droit de fenêtre ne donne le droit de jet. 63
FOSSÉS. 15
Creusé près le fonds voisin. Ibid.

Entre deux héritages. Mitoyenneté. 16
Mitoyenneté. Prescription. 18
Fossés des moulins. 19
Fossés Dérivation des eaux par la voie publique. 20
FOSSÉS D'AISANCE. Vid. *Latrines.*

HAIES VIVES. Vid. *Arbres.*

JET. Vid. *Fenêtres.*

LATRINES, PRIVÉS. Manière de les établir. 22
LIMITES. Vid. *Termes.*

MIEL. Vid. *Abeilles.*
MAISON possédée par divers propriétaires, Réparations. 60
MURS. 43
Murs mitoyens. 44
Murs de clôture, dans les villes, sont mitoyens de droit. Ibid.
MUR *mitoyen.* Épaisseur. Ibid.
Mur qui sépare deux possessions, est présumé mitoyen. Ibid.
Présomptions actuelles de non-mitoyenneté. 45
Présomptions de non-mitoyenneté dans nos usages anciens. 45, 46
La mitoyenneté des murs dans les champs n'est présumée qu'entre les enclos. 45, 47
Comment on peut rendre mitoyen

le mur qui ne l'est pas. 48
Ce qu'on ne peut se permettre sur le mur mitoyen. 51
Réparations, reconstructions. 53
Mur de clôture. 54
Leur élévation. Ibid.
Le voisin peut-il, dans les champs, cultiver son fonds jusques au pied du mur de clôture ? 56
Mur de soutenement aux champs. Ibid.
Mur, Exhaussement. 58

OBLIGATIONS, femmes mariées ;
Obligations, autorisation. 189
Obligations. Droit écrit. 190
Code civil. 191
Régime en communauté. 192
Régime dotal. 193
Femme marchande. 195
Femme séparée. 196
La femme séparée sous le régime dotal, peut-elle aliéner sa dot ? Ibid.
Cautionnement. 204
En quel cas la femme peut aliéner ou s'obliger. 205
La mineure qui se marie, peut-elle autoriser son mari à aliéner les immeubles qu'elle se constitue en dot ? 207
Donations. 208
La femme peut-elle consentir l'hypothèque de son fonds dotal ? 212
Peut-elle renoncer à son hypothèque contre son mari ou contre des tiers ? 212, 217
Ou en consentir la réduction. 213
Le mari peut-il demander la réduction de l'hypothèque antérieure au code ? 214
Quasi-Contrats. 219
Délits, *Quasi-Délits.* 220
Alimens fournis à la famille. 220
Acquisitions. 222
L'obligation de la femme oblige-t-elle le mari ? 227
AUTORISATION MARITALE. 233
Origine. 234
Motifs. 235
Nature de l'autorisation. 237
Autorisation pour actes. 238
Pour ester en jugement. 241
Dans quels cas la femme ne peut être autorisée que par justice. 242
Le mari peut-il autoriser sa femme à s'obliger envers lui ou envers un tiers, dans son seul intérêt à lui ? 243
Quand l'autorisation n'est pas nécessaire. 246
Pour actes. Ibid.
Pour ester en jugement. 248
Nullité résultante du défaut d'autorisation. 249

AUTORISATION MARITALE.
Ratification. 251
Effets de l'autorisation. 252
Relativement à la femme. Ibid.
Relativement au mari, envers le tiers. 253
Effets de l'autorisation du mari envers sa femme. 254
Pour actes, sous le régime de la communauté. Ibid.
Sous le régime dotal. 257
Le mari est-il tenu sous les deux régimes, du défaut d'emploi du prix des biens de sa femme, vendus sous son autorisation. 254
Effets de l'autorisation donnée par le mari, pour ester en jugement. 261
Formes de l'autorisation. 262
Pour actes. Ibid.
Pour ester en jugement. 264
Autorisation générale. 266

PRÉCAIRE. Révocation. 90, 92
Est indépendant de l'hypothèque. 95
Déconfiture de l'acquéreur. 93, 96
Défaut de paiement. 91, 93
PUITS, PUISARDS. 21
PRIVÉS, Vid. *Latrines*.

SÉPARATION DE PATRIMOINE. 159
Ses motifs. Ibid.
Suite de la législation. 161
Est indépendante du privilège et de l'hypothèque auxquels elle étoit une exception. 162
Le code civil l'a convertie en privilège soumis à l'inscription. 163, 176
Tous les créanciers du défunt peuvent la demander. 163
Même les légataires. 164
Les créanciers de l'héritier n'y sont pas admis. Ibid.
On peut la demander contre tous créanciers. 165
Si la succession passe du premier héritier à des héritiers ultérieurs, les créanciers de chaque succession peuvent la demander contre ceux de ces héritiers. 165
Elle a lieu sur tous les biens. 166
Elle n'a pas lieu sur les fruits recueillis avant la demande, s'il n'y a bénéfice d'inventaire, ou discussion. Ibid.
Dans quel délai elle doit être demandée. Ibid.
Elle ne peut plus l'être, quand les choses ne sont plus dans leur entier. 167
Vente des biens. Ibid.
Si la succession elle-même a été vendue, les créanciers du défunt peuvent-ils la demander contre ceux de l'acheteur ? 170

SÉPARATION, etc. *Confusion.* 171
Y a-t-il confusion quand l'héritier a vendu les biens de la succession et les siens propres, pour un seul et même prix. 172
Novation. 173
Comment et par quels actes s'opère-t-elle ? Ibid.
Formalités nécessaires pour conserver le droit de séparation : Inscription. 176
Sont-elles nécessaires pour les successions ouvertes avant le code ? Ibid.
Suffit-il d'inscrire dans le délai, ou faut-il encore former la demande dans le même délai ? 178
L'inscription de la créance avant la mort du défunt, dispense-t-elle d'inscrire le privilège de séparation ? 180
Effets de la séparation. 182
A-t-elle lieu pour les intérêts. 183
Pour les dépens. 184
SIMULATION. 103
Suppose le concours des deux parties. Ibid.
En quoi elle diffère du faux. Ibid.
Elle est absolue ou relative. 104
Absolue, quand les parties n'ont pas entendu former un engagement sérieux. Ibid.
Relative, quand elles ont voulu déguiser le contrat réel, sous un contrat apparent. 105
Sens de la règle que la simulation doit céder à la vérité. Ibid.

En simulation absolue, il n'y a pas d'engagement. 106
En simulation relative, le contrat réel l'emporte sur le contrat apparent. Ibid.
La simulation n'est illicite, que quand elle a pour objet de frauder les droits du tiers, ou de masquer un contrat prohibé par les lois ou par les mœurs. 107
Qui peut alléguer la simulation ? 109
Les parties. Ibid.
Les héritiers. 113
Le tiers. 114
Les parties le peuvent, lorsqu'elles en rapportent une preuve écrite, ou un commencement de preuve par écrit. 111
Lorsque la convention est illicite. 112
Lorsqu'il y a eu fraude, violence ou dol. 112, 143
Quel doit être le caractère de ce dol. 269
Les héritiers peuvent l'alléguer à raison des droits à eux personnels. 113
Peut-on alléguer la simulation contre tous les actes indistinctement ? 115
L'acte public. Ibid.
Mariage, Divorce. 118
Conventions matrimoniales. 120
Quittances, exception non numeratæ pecuniæ. 121
Engagemens de commerce. 122

La SIMULATION dans ce cas, se prouve même par témoins. 122

Lettres-de-change. 271

Contrat pignoratif. On regardoit comme contrat pignoratif déguisé, la vente à réméré, avec rélocation. La faculté de stipuler l'intérêt du prêt à jour, a fait cesser cette présomption. 123

Hors en cas d'usure. 272

Retrait successoral. 124

Les donations ne peuvent être arguées de simulation, qu'autant qu'elles sont faites par un incapable de disposer à titre gratuit, ou à une personne incapable de recevoir, soit en général, soit au-delà d'une somme déterminée. Ibid.

Cette règle s'applique même aux donations faites sous la loi du 17 nivôse de l'an 2, quand le donateur a survécu à la loi du 4 germinal de l'an 8. 129

Là où il y a incapacité active ou passive, toute simulation, même par interposition de personnes, annulle la donation. 126, 132

Hors de-là, elles sont seulement réductibles, là où elles excèdent la quotité disponible. 130

Le tiers peut les arguer dans son intérêt. 127

Quelles sont les personnes que la loi répute interposées. 133

Acquisition par le père ou le mari, sous le nom de sa femme ou de son fils. 133

Le mari ou ses héritiers peuvent-ils arguer de simulation, les reconnoissances ou les quittances de dot, soit dans le contrat de mariage, ou pendant le mariage? 134

Le Tiers le peut toujours; mais il doit en fournir la preuve. 139

Contre quelles personnes on peut alléguer la simulation? 140

Preuves de la simulation. Ibid.

La simulation est une question de fait. Ibid.

Elle se prouve par écrit. 141

Ou par un commencement de preuve par écrit, soutenue par la preuve par témoins. 111, 141, 142

Dans ces deux cas, les parties contractantes sont admises à la preuve. 111, 141

Elles sont admises à la preuve par témoins, en cas de dol caractérisé, fraude, violence, ou contrat illicite. 112, 143

On ne peut les soumettre aux réponses cathégoriques, qu'autant que la simulation entraîneroit l'annullation de l'acte, ou la réduction des dispositions. 141

Preuves par présomptions. 143

Théorie des présomptions. 144

Les présomptions légales dispensent de toute autre preuve. 145

Les présomptions légales n'admet-

tent pas de preuve contraire, là où la loi, sur le fondement de ces présomptions, annulle certains actes ou dénie l'action. 145
Les présomptions ordinaires sont abandonnées à la prudence et aux lumières du magistrat. 146
Quelle doit en être la nature et la force ? 147
Elles ne peuvent être admises, que là où la loi admet la preuve par témoins. Ibid.
Règles générales sur la nature des présomptions en fait de simulation. 148
1.° La substance de l'acte l'emporte sur la dénomination que les parties lui ont donnée. 149
2.° Le doute est en faveur de l'acte. Ibid.
3.° Les parties, là où elles sont recevables, sont soumises à des preuves plus rigoureuses que le tiers. Ibid.
4.° La simulation se présume difficilement, là où elle n'auroit pas de motif. 150
5.° Elle se présume plutôt entre parens. Ibid.
6.° *Qui non potest dare, non potest confiteri.* Ibid.
7.° La simulation dans la cause, est indifférente, s'il existe une cause réelle et licite. 151
8.° Simulation par interposition de personnes. Ibid.
9.° La force des présomptions doit être la même que celle qui résulteroit de la preuve par témoins. Ibid.
Indices généraux. 152
Par quelle voie on peut attaquer l'acte simulé. 153
Effets de la simulation. 154
Décisions diverses. 155

TERMES. *Limites.* 79
Enlèvement, déplacement. 79, 84
Conditions nécessaires pour rendre le terme légal. 82
Peut-on prescrire au-delà du terme ? 83

VENTE. Résolution à défaut de paiement. 91, 94
Cette résolution est indépendante de l'hypothèque. 95
VUES. Vid. *Fenêtres.*

Fin de la Table.

www.ingramcontent.com/pod-product-compliance
Lightning Source LLC
Chambersburg PA
CBHW071421150426
43191CB00008B/1002